MORGAN LLWYD:

Ei Gyfeillion a'i Gyfnod

Morgan Llwyd:
Ei Gyfeillion a'i Gyfnod

M. Wynn Thomas

Gwasg Prifysgol Cymru
Caerdydd
1991

Cedwir pob hawl. Ni cheir atgynhyrchu unrhyw ran o'r
cyhoeddiad hwn na'i gadw mewn cyfundrefn adferadwy na'i
drosglwyddo mewn unrhyw ddull na thrwy unrhyw gyfrwng
electronig, mecanyddol, ffoto-gopïo, recordio, nac fel
arall, heb ganiatâd ymlaen llaw gan Wasg Prifysgol Cymru,
6 Stryd Gwennyth, Caerdydd, CF2 4YD.

Manylion Catalogio Cyhoeddi (CIP) y Llyfrgell Brydeinig

Thomas, M. Wynn
  Morgan Llwyd: Ei Gyfeillion a'i Gyfnod
  I. Teitl
  285.9092

  ISBN 0 7083 1121 0

Cyfieithwyd y Manylion Catalogio Cyhoeddi gan y Cyhoeddwyr

Dyluniwyd y siaced gan A. P. Daly
Cysodwyd yng Nghymru gan Afal, Caerdydd
Argraffwyd yn Lloegr gan Hartnolls Ltd, Bodmin

I'R
DDWY FERCH — A'R BACHGEN

Cynnwys

Rhagair

Nid rhywbeth a orffennwyd yw'r gorffennol. Y mae fel petai'n newid rhyw gymaint o hyd, bob tro y dygir ef yn ôl i gof. Gwelir hyn yn eglur yn achos yr olwg ddethol a dehongliadol honno ar y gorffennol a elwir yn 'Hanes'. Mae'r olwg honno'n newid yn gyson, ac un enghraifft o'r newid hwn yw'r ffordd y mae barn haneswyr am agweddau pwysig ar y cyfnod y perthyn Morgan Llwyd iddo wedi newid yn ddirfawr er i astudiaeth werthfawr E. Lewis Evans ymddangos yn 1930. Yn wir, byddai ambell arbenigwr yn barod i honni fod gweithgareddau'r pleidiau radical yn ystod y cyfnod rhwng dau frenin wedi cael mwy o sylw yn ddiweddar nag odid yr un wedd arall ar hanes gwledydd Prydain yn y cyfnod modern. Boed hynny fel y bo, yn sgil yr holl drafod awchus a deallus a fu yn Lloegr ar y maes hwn, mae'n bryd i ninnau yng Nghymru edrych o'r newydd ar weithiau ac ar weithgarwch Morgan Llwyd, gan synied amdano'n bennaf, am y tro, fel cynnyrch cyfnod penodol, a hwnnw'n gyfnod go arbennig ar sawl cyfrif.

Wrth inni synied amdano felly o'r newydd, mae un peth yn rhwym o ddigwydd. Ymddengys syniadau Morgan Llwyd yn rhai llawer llai hynod nag a gredid ar un adeg, hyd yn oed gan y Parch Lewis Evans. Dyna paham y teimlais, wrth baratoi'r llyfr hwn, y dylwn osgoi astudio Morgan Llwyd ar ei ben ei hun, ac y dylwn yn hytrach geisio'i weld ar hyd yr amser mewn perthynas ag eraill. Afraid ychwanegu, gobeithio, nad oeddwn am funud am fwrw amheuaeth ar athrylith lachar yr awdur nac ar ysbrydolrwydd amlwg y sant. Pery dawn a daioni Morgan Llwyd i'n synnu a'n cyfareddu o hyd.

Ymddangosodd traean cynnwys y llyfr hwn mewn print o'r blaen, mewn nifer o ysgrifau a gyhoeddwyd gennyf yn ystod cyfnod o ddeng mlynedd. Yn wir, y mae rhagor na phymtheng mlynedd wedi mynd heibio er pan ddechreuais ymddiddori o ddifrif yng ngwaith Morgan Llwyd. Bûm mor ffodus â chael cyfle ar y cychwyn i drafod y testun gyda Dr Lewis Evans, ac yr wyf yn ymwybodol iawn o hyd o'r fraint, yn ogystal â'r budd, a gefais bryd hynny. Bu llawer o ysgolheigion eraill yn barod iawn eu cymwynas ac yn garedig iawn eu hymateb o bryd i'w gilydd. Carwn ddiolch i'r Athro Geraint H. Jenkins, Dr John Gwynfor Jones, yr Athro Derec Llwyd Morgan, Dr Brynley Roberts, yr Athro J. E. Caerwyn Williams, ac yn fwyaf arbennig i Mr Brinley Rees. Yr wyf yn ddyledus hefyd i Esyllt Penri, Gwasg Prifysgol Cymru, am ei gofal wrth lywio'r gwaith trwy'r wasg.

Byrfoddau

G,1. Gweithiau Morgan Llwyd o Wynedd, Cyfrol 1, gol., T. E. Ellis (Bangor a Gwynedd, 1899).

G,2. Gweithiau Morgan Llwyd o Wynedd, Cyfrol 2, gol., John Davies (Bangor a Llundain, 1907).

Ll. Llyfr y Tri Aderyn, gol., M. Wynn Thomas (Caerdydd, 1988).

YB Ysgrifeniadau Byrion Morgan Llwyd, gol., P. J. Donovan (Caerdydd, 1985).

I

Morgan Llwyd y Piwritan

Yn ei ragymadrodd (1800) i weithiau'r Piwritan enwog
Walter Cradoc (1610–59), mae Thomas Charles yn adrodd
stori am 'Mr Morgan Howel', gŵr bonheddig o Sir Aber-
teifi. 'Roedd hwnnw'n elyn i'r Piwritaniaid, felly pan ym-
welodd Cradoc â'r plwyf i bregethu yn yr awyr agored,
dyma Morgan Howel a chriw o lanciau penboeth o'r lle yn
penderfynu mynychu'r cyfarfod er mwyn creu anhrefn.
Wrth i'r bregeth ddechrau, dyma hwy'n cychwyn gêm bêl-
droed reit yn ymyl y pregethwr, gan anelu'r bêl yn fwriadol
ato. Ond, meddai Charles, wele Dduw yn amddiffyn ei
was. Wrth i Forgan Howel roi cic i'r bêl, dyma fe'n troi ar ei
figwrn, ac wedi'r ysigiad methai'n lân â symud. Felly, bu
raid iddo eistedd yn ei unfan a gwrando ar weddill y
bregeth. Cafodd honno ddylanwad ysgytwol arno, a chyn i
Gradoc orffen yr oedd Morgan Howel wedi ei argyhoedd-
i'n llwyr mai pechadur ydoedd, ac yn erfyn am faddeuant.[1]
Nid ar chwarae bach y bydd Cymro, hyd yn oed heddiw, yn
mentro tarfu ar bregeth!

Mae'r stori hon yn un awgrymog o ddau safbwynt. Yn
gyntaf, o gofio mai Thomas Charles sy'n ei hadrodd,
mae'n arwydd o dwf y syniad o draddodiad Anghydffurfiol
yng Nghymru. Dyma Thomas Charles, y Methodist, yn
arddel ei berthynas ysbrydol â Phiwritaniaid canol yr ail
ganrif ar bymtheg, gan gydnabod eu bod yn gyndeidiau
iddo yn yr ysbryd. Erbyn diwedd y bedwaredd ganrif ar
bymtheg byddai'r enwadau Anghydffurfiol a reolai'r

bywyd crefyddol yng Nghymru i gyd o'r un farn ag ef.
Byddent hefyd yn gytûn mai pechaduriaid tebyg i Forgan
Howel oedd y Cymry bron i gyd cyn i'r Piwritaniaid a'u
disgynyddion fynd ati i achub eneidiau eu cydgenedl.
Ond yn ail, mae'r darlun a gyflwynir i ni gan Thomas
Charles, sef darlun o Dduw Piwritanaidd yn gwgu ar hwyl
y werin bobl, ac yn mynnu rhoi terfyn ar eu chwaraeon
ofer, yn cadarnhau'r rhagfarn sydd gan lawer ynghylch y
Piwritaniaid. Credir yn gyffredin mai pobl gul, sur a sarrug
oeddynt, a'u bod yn addoli Duw cyfiawn, dicllon, didostur.
Defnyddir y term 'Piwritaniaid' yn aml i ddisgrifio Anghyd-
ffurfwyr y ddeunawfed ganrif a'r bedwaredd ganrif ar
bymtheg, pan ddylid cyfyngu'r term a'i gadw fel enw ar
garfan selog o addolwyr a geid y tu mewn a'r tu allan i
Eglwys Loegr yn ystod ail hanner yr unfed ganrif ar
bymtheg a thrwy gydol yr ail ganrif ar bymtheg. Mynnent
ddiwygio'r gyfundrefn eglwysig a phuro patrwm y gwasan-
aeth. Credent fod yr Anglicaniaid yn anwybyddu gwir-
ioneddau'r Gair a ddatgelid yng ngeiriau'r Beibl, ac nad
oedd eglwys 'frenhinol' Lloegr yn ddim amgen nag un o
brif sefydliadau gwladwriaeth fydol, lygredig. O'r cych-
wyn, felly, 'roedd agweddau gwleidyddol a chymdeithasol
go chwyldroadol i athrawiaeth y Piwritaniaid. Daeth hynny
i'r amlwg yn y modd mwyaf dramatig posibl pan esgorodd
eu hanniddigrwydd crefyddol a gwleidyddol hwy ar y
Rhyfel Cartref yn 1642.
 Nid gwŷr a gwragedd yn gaeth i ddysgeidiaeth sych oedd
y Piwritaniaid gwreiddiol. Herient y byd a'r betws, ac ym
marn eu gwrthwynebwyr yr oeddynt yn bygwth holl seiliau
cymdeithas wâr. Ond os oedd Piwritaniaeth yn fudiad
chwyldroadol, yr oedd hefyd, pan ddaeth i Gymru, yn
fudiad trwyadl Seisnig. Gan ei fod yn golygu annibyniaeth
barn, apeliai'n bennaf at y rhai oedd am fod yn rhydd i
ddewis ac i ddilyn eu llwybrau economaidd, cymdeithasol a
chrefyddol eu hunain. Mân foneddigion, marsiandïwyr,
gwŷr cefnog y dosbarth canol, ac eraill oedd ar i fyny yn y
gymdeithas oedd llawer o'r rhain. Ym mharthau mwyaf
ffyniannus Lloegr, ac yn y trefi, yr oeddynt i'w cael, gan

mwyaf, ond yn ystod y degawd cyn i'r Rhyfel Cartref ddechrau, croesodd yr awydd am ddiwygiad crefyddol Glawdd Offa ac ymledu ar hyd y gororau. Ymwreiddiodd y gredo Biwritanaidd hon yn Wrecsam yn anad unlle, am fod yna uchelwyr dylanwadol yn y cyffiniau a oedd â chydymdeimlad â'r diwygwyr, ac am fod y dref ei hun yn llewyrchus a chanddi ddosbarth canol hyderus, egnïol a groesawai'r ddysgeidiaeth ysbrydol, ddisgybledig a grymus a oedd gan Biwritaniaeth i'w chynnig. Pwy ddaeth i Wrecsam, felly, ar ôl cael ei erlid o Gaerdydd, ond offeiriad ifanc o'r enw Walter Cradoc. Ni osodai Eglwys Loegr y pryd hynny fawr o bwys ar bregethu'r Gair. Yn wir dim ond gan nifer bach iawn o offeiriaid trwyddedig yr oedd yr hawl i bregethu o gwbl. Ond am fod Cradoc yn Biwritan, yr oedd yn bregethwr cwbl argyhoeddedig, a chan fod ganddo ddawn yr oedd hefyd yn bregethwr ysbrydoledig.

Nid Mr Morgan Howel oedd yr unig un o'i wrandawyr, o bell ffordd, i gael ei siglo i'r gwraidd gan anerchiadau tanbaid, treiddgar Walter Cradoc. Ymhlith y rhai y cafodd ddylanwad cyffelyb arnynt yr oedd Morgan arall – Morgan Llwyd o Wynedd. Yng Nghynfal, ym mro Ardudwy, Sir Feirionnydd, y ganed ac y maged Morgan Llwyd, ond symudodd i Wrecsam yng nghwmni ei fam pan oedd yn fachgen: 'ym Meirionydd gynt im ganwyd / yn Sir Ddinbech im newidiwyd' meddai'n ddiweddarach (G,1.57). Credai, wrth gwrs, mai gras Duw oedd yn gyfrifol am y 'newid' syfrdanol hwnnw yn ei hanes, ond cydnabyddai yn llawen mai drwy Cradoc yr oedd yr Hollalluog wedi gweithredu. Droeon fe geisiodd gyfleu hanfod y profiad hwnnw yn ei weithiau:

> Oni bydd Crist yn gwneuthur i'th gnawd di ddioddef hefyd gydag ef, ac i'th ysbryd gyfodi ynddo ef ac yntau ynot tithau, cnawd marwol wyt eto. *Yr hyn sydd yng Nghhrist, mae hwnnw yn greadur newydd.*
>
> Nid yw hwnnw oddi fewn yn caru nac yn ofni dim ond Duw ei hunan.
>
> Ac yn y creadur newydd yma yn unig y mae hapusrwydd i'w gael. (*YB*,10–11: *G*,1.134–5)

3

Achosodd y profiad mawr o 'dröedigaeth' bersonol i Forgan Llwyd a'i debyg gredu fod y 'rhod mawr yn troi' yn y deyrnas ben bwy gilydd. 'Mae'r droell yn troi yn rhyfedd drwy'r hollfyd yn barod, ac hi a dry eto yn gyflymach ac yn rhyfeddach beunydd.' (YB,5: G,1.121–2) Yn wir, yn ystod y pedwardegau yr oedd aelodau o bob sect a phlaid grefyddol, gan gynnwys Eglwys Loegr, yn disgwyl gweld byd y Cwymp yn gorffen yn fuan iawn, a Christ yn ymddangos i fod yn frenin y greadigaeth gyfan am gyfnod o fil o flynyddoedd tangnefeddus. 'Eithr nefoedd newydd a daear newydd yr ydym ni, yn ôl ei addewid ef, yn eu disgwyl', meddai Pedr (2 Pedr 3: 6,7). Ac erbyn canol yr ail ganrif ar bymtheg credai llawer fod modd amcangyfrif yn fras pryd y byddai Crist yn dyfod yn ei ogoniant. Cydnabyddai Morgan Llwyd nad oedd Duw 'yn rhoi cennad i weled yr awr a'r dydd dan y chweched sêl. Ond o ddechreuad y byd hyd y Dilyw yr oedd mil a chwechant ac un mlynedd ar bymtheg a deugain: felly mi a'th gynghoraf (O Eryr) i ddisgwyl, canys mae fo yn agos.' (Ll,40: G,1.198) Disgwyliai ef, felly, i deyrnasiad Crist gychwyn tua 1656.

Os gan Cradoc y derbyniodd Morgan Llwyd foddion gras ar ddechrau'i yrfa, credai ef a'i gyd-Biwritaniaid yn ddiweddarach fod Duw'n gweithio drwy'r Rhyfel Cartref i baratoi'r ffordd ar gyfer dyfodiad teyrnas Crist. Eithr siom a ddaeth i'w ran i gychwyn. Yn gynnar yn y Rhyfel bu raid iddo ef ac eraill ffoi i Fryste am ymgeledd, am fod Cymru benbaladr yn elyniaethus tuag at achos y Seneddwyr. Cadarnle'r Brenin oedd Cymru, ac yr oedd y werin bobl geidwadol yn deyrngar i Eglwys Loegr. Ni allai Morgan Llwyd ond gresynu a galaru:

> Ac och, och, och fod llaweroedd o'r Cymry hefyd, doethion cystal ag annoethion, yn byw yng ngogr oferedd, ac ym mustl chwerwedd, yn gorwedd yn rhwymyn anwiredd yng ngwely Babel, yn pori yng ngweirglodd y cythraul i borthi y cnawd, heb adnabod y Duw anweledig a'u gwnaeth na'r Duw bendigedig a'u prynodd, na'r Duw caredig sy'n gweiddi wrth eu drysau am gael dyfod i mewn iddynt i aros ynddynt. (YB,1: G,1,115–16)

Nid oedd i Forgan Llwyd offeiriad ond Iesu Grist ei hun, a chredai ei fod ef yn bresennol ym mywyd pob unigolyn byw, a'i fod yn barod i'w amlygu ei hun dim ond i hwnnw, neu honno, ymwrthod â'i hunanrwydd pechadurus.

Os am ddeall gelyniaeth aelodau Piwritanaidd y Senedd tuag at Anglicaniaeth, yna rhaid sylweddoli fod Eglwys Loegr yn sefydliad cymdeithasol, ac yn arf economaidd a gwleidyddol, hynod nerthol yn y cyfnod hwnnw. Yn ôl cyfraith 'roedd yn rhaid i bawb fynd i'r eglwys ar y Sul, ac 'roedd yn rhaid iddynt hefyd dalu'r degwm, sef degfed ran o'u cynnyrch neu o'u heiddo. Nid offeiriaid y plwyf oedd bob tro yn elwa ar hyn, oherwydd mewn nifer o ardaloedd 'roedd yr hawl i dderbyn y degwm wedi ei phrynu gan wŷr cefnog a elwid yn 'ffermwyr y degwm'. Ac wrth gwrs nid y plwyfolion a gâi ddewis eu hoffeiriad ychwaith. 'Roedd y gallu i benodi person y plwyf yn nwylo'r esgobion a'r lleygwyr cyfoethog a reolai'r wlad. Gan mai ychydig, felly, o'r arian a godid drwy dreth y degwm a gyrhaeddai boced yr offeiriad druan, byddai'n rhaid i hwnnw fod yn fugail ar sawl plwyf, er mwyn ennill ei damaid. Eithr ychydig iawn o waith bugeiliol a wnâi, ac yr oedd yn arfer digon cyffredin iddo beidio ag ymweld â'i blwyfi o gwbl o naill ben y flwyddyn i'r llall.

Gwnâi lai fyth o bregethu, a hynny nid yn unig oherwydd mai defod ac nid pregeth oedd elfen amlycaf y gwasanaeth, ond hefyd am mai dim ond gan rai offeiriaid dethol, a oedd wedi derbyn addysg ac hyfforddiant digonol, yr oedd yr hawl i bregethu o gwbl. Drwy gyfrwng yr esgobion, cadwai'r llywodraeth reolaeth lem ar yr hyn a ddywedid o'r pulpud. 'Pan fo'n gyfnod o heddwch,' meddai Siarl I, 'y mae'r bobl yn cael eu llywodraethu gan y pulpud yn hytrach na chan y cleddyf.' Ac wrth gwrs, gan fod y personiaid yn hollol ddibynnol ar eu noddwyr lleyg, ni feiddient ddweud dim yn groes i'w hewyllys hwy. Heblaw hynny, yr oedd y Beibl yn dal yn llyfr caeedig i'r werin bobl, oherwydd gan yr offeiriaid yn unig yr oedd yr hawl i ddehongli ac i esbonio'r Gair. Y pryd hynny yr oedd rhaid cael caniatâd y Llywodraeth hefyd cyn y ceid

5

cyhoeddi llyfr, ac felly nid oedd modd defnyddio'r wasg ychwaith i leisio barn annibynnol.

O gofio hyn i gyd, 'does dim rhyfedd fod Morgan Llwyd a'i debyg yn casáu'r offeiriadaeth â chas perffaith. Yn eu golwg hwy yr oedd yn symbol o gyfundrefn eglwysig bwdr a oedd hithau'n rhan annatod o gyfundrefn wleidyddol ormesol.

fe dwylla cŵn deillion, cŵn gwangcus, cŵn gweigion,
  nich deffry cŵn mudion (wlad uchaf)
Cynddeiriog gŵn enbyd, cŵn llydlyd segurllyd.
  ffi honyn, cŵn drewllyd gan mwyaf.
Ei pennau sydd feddwon, ai dannedd yn llymion,
  ai hesgyrn meddalion ai bryntni.
Pregethu ni allant, cardotta ni fynnant
Hwsmonaeth ni fedrant oddiwrthi. (G,1.85)

Nid ymgyrch yn erbyn awdurdod y Brenin, yn unig, oedd y Rhyfel Cartref; yr oedd yn ymdrech ysbrydol arwrol i ryddhau'r werin bobl o afael yr hualau meddyliol a sefydliadol a'u caethiwai. Neu dyna fel yr oedd y Piwritaniaid yn ei gweld hi. Ac er mwyn sicrhau newid yr oedd yn rhaid, yn gyntaf, gael goruchafiaeth filwrol ar luoedd yr Eglwys a'r Brenin. Felly, ar ôl iddo ffoi i Fryste, ymunodd Morgan Llwyd â byddin y Senedd. Gwasanaethodd fel caplan answyddogol i'r milwyr, gan deithio o gwmpas Lloegr o'r naill ben i'r llall. Er i gyrch byddinoedd y Senedd fod yn aflwyddiannus ar ddechrau'r Rhyfel, daeth llwyddiant ysgubol i'w rhan yn syth ar ôl i'r drefn o ddewis swyddogion a chadfridogion gael ei democrateiddio i raddau yn 1645. O hynny ymlaen nid oedd neb na dim a allai wrthsefyll *The New Model Army,* ac wrth i'r fyddin lwyddo'n gynyddol fe ddaeth ei phrif gadweinydd, Oliver Cromwell, fwyfwy i'r amlwg.

Bu Morgan Llwyd, yntau, am gyfnod, yn aelod o fyddin y Senedd ar ei newydd wedd, ac os na chyfrannodd ryw lawer tuag at ei llwyddiant milwrol, mae'n sicr iddo gyfranogi'n helaeth o'r berw meddyliol a nodweddai fywyd beunyddiol anghyffredin milwyr cyffredin y fyddin honno. Oherwydd cawsant fwy o ryddid nag a freuddwydid

6

amdano cyn hynny; rhyddid i arddangos eu doniau ac i
ennill clod a bri a dyrchafiad a fyddai wedi bod yn amhosibl
yn y gymdeithas raddedig oedd yn bod ar y pryd; rhyddid
meddwol i drafod syniadau cymdeithasol, gwleidyddol a
chrefyddol, a'r rheini'n aml yn rhai beiddgar, a hyd yn oed
yn rhai chwyldroadol; rhyddid hefyd i leisio'u barn yn
ddilyffethair ar goedd, mewn pregeth ac mewn anerchiad.
Y canlyniad oedd, wrth gwrs, i ymraniadau di-rif
ddatblygu ymhlith y Piwritaniaid, wrth i'r barnau luosogi.
Serch hynny, y Presbyteriaid a'r Annibynwyr oedd y ddwy
garfan fwyaf grymus o hyd o fewn y glymblaid o sectau
Piwritanaidd. Dymunai'r Presbyteriaid weld eglwys wladol
ddiwygiedig, ddisgybledig, gydag awdurdod yn cael ei
ganoli a chyda gweinidogion a henuriaid cydnabyddedig
yn dal eu gafael yn dynn yn yr awenau. Annibynnwr oedd
Morgan Llwyd, yr un fath ag Oliver Cromwell, ac 'roedd
eu sect hwy am weld cyfundrefn ddatganoledig, sef clym-
blaid o eglwysi a phob un ohonynt o dan reolaeth ei
chynulleidfa ei hun. O'r herwydd, yr oedd gogwydd cym-
deithasol yr Annibynwyr yn wahanol iawn i ogwydd y
Presbyteriaid.
    Yn y pen draw fe aeth yn ymrafael chwerw rhwng y
ddwy blaid, o fewn y Senedd a hefyd o fewn y fyddin, a'r
Annibynwyr a orfu. Erbyn hynny yr oedd lluoedd y Brenin
wedi eu trechu'n llwyr gan y *New Model Army*, ac fe
dorrwyd pen Siarl I ym mis Ionawr, 1649. Er bod Morgan
Llwyd yn ŵr digon mwyn, ac er ei fod yn wir yn dangnef-
eddwr o ran ei anian, ni allai lai na gorfoleddu fod yr
'Anghrist' wedi ei ddifetha: *'unhappy Charles provokt the
lambe / to dust hee must withdraw.'* (G,1.55) Yr oedd yn gwbl
argyhoeddedig fod digwyddiadau'r Rhyfel Cartref yn
profi nid yn unig fod Duw o blaid y Piwritaniaid, ond ei
fod ef am eu defnyddio er hyrwyddo Ailddyfodiad Crist a
Diwedd y Byd:

> Mae'r holl ysgythurau, ar taerion weddia
>   ar Dayargrynfaâu yn dangos
> fod cwymp y penaethiaid, a Gwae yr offeiriaid
>   a Haf y ffyddloniaid yn agos.

Mae'r blodau yn tyfu, ar ddayar yn glasu
ar Adar yn canu yn ddibaid.
Pregethwyr iw'r Adar, a phobloedd iw'r ddayar
ar blodau iw'r hawddgar ffyddloniaid. (*G*,1.83)

'Roedd Morgan Llwyd ei hun yn un o'r 'pregethwyr'
hynny: 'Rwi'n gweiddi ar lasddydd. Dihuned y gwledydd /
Mae genif fawr newydd i Gymru.' (*G*,1.83) Unwaith y
trechwyd y Brenhinwyr a frithai Gymru, nid oedd dim
wedyn i atal y wlad rhag mynd yn eiddo i'r Piwritaniaid yn
gyfan gwbl. Ond cred estron oedd eu crefydd hwy, ym
marn trwch y boblogaeth. Dim ond nifer bach iawn o'r
'pregethwyr' newydd, a deithiai ar hyd y wlad yn ceisio
achub eneidiau'r bobl, oedd hyd yn oed yn medru'r
Gymraeg. 'Roedd Cymreigrwydd trwyadl Morgan Llwyd
felly yn gaffaeliad o'r pwys mwyaf iddo ef a'i gyd-
Biwritaniaid, wrth iddynt fynd ati i gyflwyno'u neges.

Eithr nid dibynnu ar eu huodledd eneiniedig yn unig a
wnaent. Bellach yr oedd holl awdurdod diymwad y fyddin
fuddugoliaethus, ynghyd â deddfwriaeth y Senedd, yn
gefn iddynt. Gosodwyd y Cadfridog Thomas Harrison yn
llywodraethwr dros Gymru gyfan, ac yn 1650 pasiodd y
Senedd ddeddf yn ymwneud â Chymru – a Chymru'n unig
– sef Deddf Taenu'r Efengyl. Ym marn y Piwritaniaid
Saesneg, un o barthau tywyll y wlad oedd Cymru, am ei
bod yn glynu wrth yr eglwys offeiriadol. Golygai hynny fod
y Cymry, yn nhyb yr efengylwyr, mewn perygl ysbrydol
enbyd; heblaw hyn, yr oeddynt hefyd yn fygythiad gwleid-
yddol parhaus. Ceisiwyd lladd y ddau aderyn ag un garreg
pan basiwyd deddf a roddai awdurdod i weinidogion
dethol i gael gwared ar unrhyw offeiriaid yng Nghymru
nad oeddynt yn gwbl gymeradwy ym marn y Piwritaniaid.
Cytunai Morgan Llwyd fod yn rhaid cymryd y cam hwn:

Dysgawdwyr o waith dynion oeddynt ac nid o waith *ysbryd
Duw*, am hynny fe drowyd llawer (fel dylluanod) allan o'u
swyddau, ac fe droir eto ragor heibio.

Nid oedd y gair drwyddynt nac yn forthwyl i dorri'r garreg,
nac yn dân i losgi'r cnawd, nac yn wenith i borthi'r gydwybod,
ond megis us a breuddwydion, sef pregethau ysgafn gweig-

ion. Am hynny yr wyt ti *(O Gymru)* hyd heddiw heb dy iacháu, am hefyd iti ddibrisio yr ychydig oleuni oedd yn ymddangos mewn rhai, a chau dy lygaid rhag gweled a chydnabod y boreddydd. *(YB,8: G,*1.129–30)

Ar ôl troi'r offeiriad annerbyniol hyn allan, yr oedd yn rhaid gosod rhai eraill, ymroddedig, yn eu lle, ac fe benodwyd Morgan Llwyd i fod yn un o'r rhai a gâi ddewis y gweinidogion newydd.

Rhwng 1650 a 1653, felly, bu Llwyd yn hynod brysur wrth ei waith yn pregethu ledled Cymru, ac yn chwilio am weinidogion. Ond yna, yn 1653, fe ddiddymwyd y ddeddf a roes iddo'i awdurdod fel Cymeradwywr. Y rheswm, mae'n debyg, oedd ei bod hi erbyn hynny'n edifar gan y Senedd fod cymaint o rym cyfreithlon wedi ei osod, yng Nghymru, yn nwylo criw bach o Biwritaniaid a ymddangosai bellach i aelodau'r Tŷ Cyffredin yn radicaliaid penboeth. Ond 'roedd tueddiadau ceidwadol yr aelodau seneddol mor amlwg yn y weithred hon, nes peri i Gromwell gynddeiriogi yn eu herbyn, a gollwng ymaith y Senedd Hir (fel y'i gelwid) ym mis Ebrill, 1653. Yna gwahoddwyd yr eglwysi Annibynnol i enwebu aelodau'r Senedd newydd, Senedd a alwyd o ganlyniad i hynny yn Senedd y Saint, gan mai 'y Saint' oedd yr enw a roid (fel yn y Testament Newydd) ar y rhai oedd wedi cael tröedigaeth.

Gan fod Morgan Llwyd ei hun yn un o'r 'saint', yr oedd ₂f wrth reswm uwchben ei ddigon. Dyma benllanw ei ₎beithion. Teimlai'n ffyddiog fod Crist wrth y drws, a bod Senedd y Saint am garthu'r byd a'r betws yn lân ar ei gyfer Ef. O dan bwysau'r teimladau eirias hyn, credai fod arno ddyletswydd ysbrydol i genhadu ar frys ymhlith ei gyd-Gymry. Eithr nid ar lafar yn unig y byddai'n efengylu mwyach. O hyn ymlaen yr oedd hefyd am efengylu ar bapur, am ei fod yn argyhoeddedig fod Dydd y Farn yn prysur agosáu. 'Mae einioes ac amser pob dyn yn rhedeg fel gwennol gwehydd, a'r byd mawr tragwyddol yn nesáu at bawb, ac atat tithau sydd yn darllen neu yn gwrando hyn. Am hynny mae hi yn llawn amser i ti i ddeffro o'th

9

gwsg, ac i chwilio am y llwybr cyfyng, ac i adnabod y Gwirionedd, ac i'w ddilyn yn ofalus.' *(YB,8: G,1:128–9)*

Yn ystod 1653, y flwyddyn fawr yn ei hanes, fe gynhyrchodd Morgan Llwyd dri o'r llyfrau defosiynol mwyaf gwreiddiol a mwyaf gwefreiddiol yn holl hanes llên Cymru: *Llythyr i'r Cymry Cariadus, Gwaedd yng Nghymru yn Wyneb Pob Cydwybod,* a *Llyfr y Tri Aderyn.* Y doniau athrylithgar a feddai fel efengylwr ac fel llenor – dyna a ddaw i'r amlwg yn y llyfrau hyn, wrth gwrs. Ond mae holl gynnwrf y cyfnod rhyfedd ac ofnadwy hwnnw i'w deimlo o hyd yng nghyffro'r rhyddiaith.

O Bobl Cymru! Atoch chi y mae fy llais; *O Drigolion Gwynedd a'r Deheubarth,* arnoch chi yr wyf i yn gweiddi. Mae'r wawr wedi torri, a'r haul yn codi arnoch. Mae'r adar yn canu: deffro *(O Gymro)* deffro; ac oni chredi eiriau, cred weithredoedd. Edrych o'th amgylch a gwêl – Wele, mae'r byd a'i bilerau yn siglo. Mae'r ddaear mewn terfysg, mae taranau a mellt ym meddyliau'r bobloedd. Wele, mae calonnau llawer yn crynu (er nad addefant) wrth edrych am y pethau sydd ar ddyfod. *(YB,7: G,1.127–8)*

Cofier fod 'gweithredoedd' milwrol y Piwritaniaid buddug-oliaethus yn gefn i'r traethu awdurdodol a geir yn y 'geiriau' hyn. Er bod tinc ymbilgar yn y cymal neu ddau cyntaf, mae'r cywair yn newid wrth i'r darn fynd yn ei flaen, ac erbyn y diwedd mae gorfoledd a bygythiad ill dau'n ymchwyddo ar yr un pryd yn y gystrawen. Mae Morgan Llwyd yn sôn am yr anhrefn cymdeithasol a'r chwyldro gwleidyddol a brofid yn y deyrnas, ac mae'n maentumio mai mynegiant o gythrwfl mewnol, ysbrydol y bobl yw'r holl derfysg. Defnyddir cystrawennau sy'n adleisio'i gilydd er mwyn pwysleisio'r berthynas agos rhwng yr hyn sy'n digwydd yn y byd mawr cyhoeddus, a'r hyn sy'n digwydd yng nghalon yr unigolyn: 'Wele, mae'r byd a'i bilerau yn siglo . . . Wele, mae calonnau llawer yn crynu'. Arwyddion Diwedd y Byd sydd yma, ac awgrymir bod yr holl derfysg a welid drwy'r gwledydd yn ddrych o gyflwr ysbrydol brawychus y pechadur. Prif nodwedd arddull Morgan Llwyd, efallai, yw'r afiaith, yr ymgolli, y taerineb a geir yn y darn hwn, gydag ystwythder yr arddull yn cyfleu didwylledd ac uniongyrchedd.

Ochr yn ochr â'r brwydro milwrol a gaed yn ystod y Rhyfel Cartref, yr oedd brwydr arall hefyd yn cael ei hymladd, sef y frwydr rhwng y naill ochr a'r llall am oruchafiaeth ar feddyliau'r bobl. Fe gyhuddai'r Brenhinwyr y Piwritaniaid o afael yn y cyfundrefnau eglwysig a chymdeithasol a ordeiniwyd gan Dduw, a'u troi wyneb i waered. Ac wrth gwrs fe geisiai'r Piwritaniaid hwythau ddarbwyllo pawb mai lluoedd y fall oedd milwyr y Brenin. Gwyddai Morgan Llwyd yn iawn fod Cymru wedi bod yn gefnogol i'r Frenhiniaeth er cyn cof, a'i bod yn ffyddlon i Eglwys Loegr. Deallai hefyd mai mynegiant o'r agwedd meddwl trwyadl geidwadol a nodweddai'r diwylliant Cymreig hynafol oedd y teyrngarwch hwnnw. Cymdeithas a barchai ei thraddodiad oedd y gymdeithas raddedig y maged ef ynddi yng Ngwynedd. A chan ei fod yn ymwybodol o elyniaeth y Cymry tuag at y weledigaeth grefyddol estron a oedd ganddo ef i'w chynnig iddynt, fe aeth ati i gymhwyso'i neges yn arbennig ar eu cyfer hwy: '*O Bobl Cymru!* Atoch chi y mae fy llais'.

Fe geisiodd chwalu'r ymdeimlad greddfol oedd gan y Cymro ei fod yn rhan annatod o wead cymdeithas ddigyfnewid. Ei wneud yn ymwybodol mai enaid unigol, unigryw ydoedd a fynnai Morgan Llwyd, ei ynysu er mwyn ei osod wyneb yn wyneb â'i gydwybod a'i Dduw. 'Pwy bynnag wyt, mae cloch yn canu o'r tu fewn i ti. Oni wrandewi ar y llais sydd ynot dy hunan, pa fodd y gwrandewi di ar gynghorion oddi allan?' (*YB*,9: *G*,1.130) Drwy gyfrwng ei ryddiaith fe aeth Morgan Llwyd ati i greu ymwybyddiaeth newydd ymhlith y Cymry, ymwybyddiaeth o'r 'byd mawr helaeth' oedd ar gael oddi mewn i bob person yn ddiwahân, gwrêng a bonedd. Anogodd hwy i droi eu cefnau ar ddefodau'r eglwys, ar ddysgeidiaeth yr offeiriaid, ac ar orchmynion y llywodraethwyr a'r meistri tir. 'Nac ymofyn am opiniwnau lawer, ond edrych ar dy fod di yn gwybod ac yn gwneuthur ewyllys y Meistr Hollalluog, ac yn dy wadu dy hunan i ddilyn yr Arglwydd

. . . Edrych am Dduw yn dy galon, canys nis gwêl neb ef ond a'i gwelo ynddo ei hunan.' (*YB*,5: *G*,1.122)

Hwyrach mai yn *Llyfr y Tri Aderyn* y mae dawn Morgan Llwyd fel propagandydd, o blaid y Piwritaniaid ac yn erbyn Eglwys Loegr, i'w gweld ar ei gorau. Tri aderyn yn ymddiddan a geir yn y *Llyfr*, ac er mai pynciau diwinyddol yw'r rhai pennaf dan sylw, mae'r drafodaeth yn cynnwys sylwadau eraill eang iawn eu cwmpas. Y Golomen sy'n cynrychioli'r 'saint' wrth iddi ymryson â Chigfran yr Eglwys wladol, tra bo'r Eryr yn arwyddo llywodraethwr sydd wedi ei osod gan Dduw, fel yr oedd Cromwell wedi ei osod ganddo, yn nhyb Llwyd, er mwyn 'llonyddu'r Gigfran a chadw heddwch ymysg adar' (*Ll*,4: *G*,1.158).

Drwy ddefnyddio'r Gigfran i ddynodi offeiriaid yr Eglwys yn eu gwisgoedd duon, mae Morgan Llwyd yn awgrymu eu bod hwy'n pesgi ar draul eu plwyfolion, fel y mae'r Gigfran hithau'n 'bwyta cig y meirwon'. Llais cras, creulon, sydd gan y Gigfran wancus, ac meddai: 'Pa opiniwn bynnag a fo gan yr uchelwyr, mi fedraf ei lyncu, am y caffwyf lonyddwch yn fy nyth.' (*Ll*,7: *G*,1.161) Aderyn bydol yw hi, a'i hymffrost yw 'mai gwych yw bod yn gyfrwys pa le bynnag y bwyf.' (*Ll*,6: *G*,1.161) Mae'n credu'n gryf mewn cyfraith a threfn, gan honni fod y mân adar gwrthryfelgar (sef y sectau Piwritanaidd) am droi cymdeithas wyneb i waered. Yn ei thyb hi, 'does dim parch bellach at draddodiadau hynafol, nac at benaethiaid call a dysgedig. Yn wir, 'mae'r genhedlaeth ragrithiol yma yn barnu ei hynafiaid, eu bod nhwy yn nhân uffern' (*Ll*,11: *G*,1,166). Achos y drwg, ym marn y Gigfran, yw fod y Piwritaniaid terfysglyd wedi torri pen y Brenin. 'Ac mi welaf,' meddai gan fynd ymlaen i ddefnyddio metaffor cyfarwydd oedd yn rhan allweddol o feddylddrych ceidwadol y cyfnod hwnnw, 'fod teyrnas heb reolwyr (fel corff heb ben) a phawb yn gwneuthur a fynno ef ei hunan.' (*Ll*,14: *G*,1.169)

'Does dim angen i'r Golomen amyneddgar, gariadus, fynd i'r afael o ddifrif â'r cwynion hyn. Mae Morgan Llwyd wedi sicrhau fod y Gigfran yn gosod y dadleuon o blaid cyfundrefn Eglwys Loegr gerbron y darllenydd yn y modd mwyaf haerllug, trahaus a ffiaidd posibl. Gwrthymateb yn ffyrnig a wnawn, gan ddisgwyl yn eiddgar am genadwri'r Golomen addfwyn. Prawf yw hyn, wrth gwrs, o allu Morgan Llwyd fel propagandydd dros achos y Piwritaniaid, oherwydd yr oedd gan y Cymry a oedd yn ffyddlon i'r Eglwys ddigon mewn gwirionedd i gwyno yn ei gylch erbyn 1653. Wedi'r cyfan, er mai traethu am gyflwr *ysbrydol* y Cymry yn unig y mae'r Golomen, y ffaith blaen amdani yw mai byddinoedd nerthol y Senedd a roes i'r Piwritaniaid eu hawdurdod dros y bobl. Ac onibai iddynt ddefnyddio grym milwrol yn y lle cyntaf, mae'n annhebyg y byddai'r Piwritaniaid wedi cael rhyw lawer o wrandawiad, heb sôn am gael derbyniad, yng Nghymru. Ym marn yr Eglwyswyr, yr elfen dreisgar hon yng nghyfansoddiad Piwritaniaeth oedd i'w gweld ar y naill law yng ngweithgarwch anoddefgar y Profwyr, ac ar y llaw arall yn y ddysgeidiaeth eithafol a rannai'r ddynoliaeth gyfan yn ddefaid cadwedig ac yn eifr colledig.

Yn wir fe ymddangosai erbyn 1653 fod y Piwritaniaid yn bobl mor gynhennus fel eu bod yn ymrannu'n lliaws o garfanau ffraegar. Bu'n gweryl go chwerw rhwng y Presbyteriaid a'r Annibynwyr fyth er cychwyn y Rhyfel Cartref, ac o ganlyniad yn rhannol i fwrlwm y dadleuon diwinyddol a gawsid yn y *New Model Army*, 'roedd llawer o fudiadau crefyddol newydd wedi ymddangos yn ystod blynyddoedd olaf y Rhyfel. 'Mae llyfrau fel ffynhonnau, a dysgawdwyr fel goleuadau lawer yr awron ymysg rhai dynion', meddai Morgan Llwyd ym mrawddeg agoriadol ei lyfr cyntaf, *Llythyr i'r Cymry Cariadus* (YB,1: G,1.115). Mynega ei bryder ynghylch anarchiaeth y sefyllfa ddryslyd hon: 'Oferedd yw printio llawer o lyfrau; blinder yw cynnwys llawer o feddyliau; peryglus yw dwedyd llawer o eiriau; anghysurus yw croesawu llawer o ysbrydoedd.' Nid creu propaganda o blaid Piwritaniaeth yn gyffredinol, ac yn erbyn Eglwys Loegr, a wnâi Morgan Llwyd felly. Fe geisiai hefyd wahaniaethu rhwng y gwir a'r gau ymhlith y credoau aneirif yr oedd Piwritaniaeth wedi esgor arnynt.

Hynny yw, ceisiai argyhoeddi'r darllenydd mai ganddo ef, ac eraill o'r un farn ag ef, yr oedd craidd y wir Efengyl, ac nid gan y gweddill. Ond ar ôl dweud hynny, teg ychwanegu hefyd fod Llwyd yn ŵr cymodol iawn, a'i fod yn awyddus i gydnabod fod gan aelodau nifer o sectau eraill yn ogystal grap ar wirioneddau'r Gair.

Perthynai Llwyd ei hun i asgell gymharol radical plaid yr Annibynwyr, ac fel yr awgrymwyd yn barod, 1653 oedd eu blwyddyn fawr hwy. 'Roedd Cromwell wedi cael hen ddigon ar yr anghytuno rhwng y sectau (ac yn wir rhwng pleidiau o fewn y prif sectau) a nodweddai sesiynau'r Senedd Hir. Credodd y byddai aelodau'r Senedd newydd yn cydweithio'n llawer gwell â'i gilydd, am fod y mwyafrif ohonynt wedi eu dewis naill ai gan y fyddin neu gan y cynulleidfaoedd Annibynnol. Ond buan iawn y siomwyd Cromwell gan Senedd y Saint. Parlyswyd hi oherwydd nad oedd yr aelodau'n cytuno ar bynciau llosg megis y degwm a'r gyfraith. Collodd Cromwell ei amynedd yn lân, ac yn ei ddicter penderfynodd gymryd yr awenau i'w ddwylo ei hun. Gollyngodd Senedd y Saint heibio adeg y Nadolig, 1653, a dyna ddiwedd ar obeithion ecstatig Morgan Llwyd a'i gyfeillion. Mewn byr amser yr oedd Cromwell wedi cyhoeddi mai ef bellach oedd Amddiffynnydd y wlad. Siomwyd y saint i gyd yn ddirfawr gan y datganiad, ond cymysg fu eu hymateb gwleidyddol. Credai rhai mai gwell fyddai iddynt gefnogi Cromwell, naill ai am eu bod o'r farn mai hynny oedd orau o safbwynt gwleidyddiaeth ymarferol, neu am eu bod yn argyhoeddedig fod yn rhaid iddynt ufuddhau i ba lywodraethwr bynnag y dymunai Duw ei osod arnynt. Ond 'roedd eraill yr un mor argyhoeddedig fod dyrchafiad Cromwell yn hollol groes i ewyllys Duw, a bod dyletswydd arnynt felly i'w ddymchwelyd, gan ddefnyddio trais i wneud hynny os byddai rhaid. 'Roedd nifer o'r saint yng Nghymru, gan gynnwys Vavasor Powell a Thomas Harrison, yn aelodau amlwg iawn o'r garfan filwriaethus wrthryfelgar hon. Am ychydig amser ymddangosai fod gan Forgan Llwyd hefyd gydymdeimlad â hwy, oherwydd yr oedd ei ddisgwyliadau yntau

14

wedi eu dryllio gan Gromwell. Eithr calliodd yn fuan ac ymbellhaodd oddi wrthynt.

Y gwir amdani ydoedd mai nid ar chwyldro gwleidyddol yr oedd bryd Morgan Llwyd ond ar greu chwyldro ysbrydol yn eneidiau pobl. Y profiad o dröedigaeth oedd echel ei fywyd Cristnogol ef, a cheisiodd fynegi eigion y profiad hwnnw yn ei ryddiaith, er mwyn cyffrdd â chalonnau eraill a'u cyffroi nes peri iddynt hwythau ymdeimlo i'r byw â'r un wefr ysbrydol. Ar yr athrawiaeth a gyflwynir yn epistolau Paul y seiliai'r Piwritaniaid eu cred gan mwyaf, ac nid oedd Morgan Llwyd yn eithriad. Eithr yn hytrach na chael ei ddenu, fel y denwyd llawer o Biwritaniaid, gan gyfundrefn ddeallusol wedi ei seilio ar ddysgeidiaeth Paul, tueddai ef i ymateb i naws led-gyfriniol yr iaith gyfoethog, hynod awgrymog, a ddefnyddir yn yr Epistolau. Mae rhyddiaith Morgan Llwyd yn gyforiog o ddelweddau ac o ymadroddion wedi eu codi o lythyrau Paul, ac wrth gwrs o rannau eraill o'r Beibl. Ond derbyniodd ysbrydoliaeth o gyfeiriad arall hefyd. 'Roedd gweithiau cyfriniol rhyfedd yr Almaenwr Jacob Böhme yn boblogaidd ymhlith y Piwritaniaid tua chanol yr ail ganrif ar bymtheg, a chafodd Morgan Llwyd ei gyfareddu gan ddelweddiadau Böhme o brif ddirgelion y ffydd Gristnogol.

Ffrwyth y myfyrio dwys hwn uwchben gwirioneddau'r Beibl a gweithiau Böhme oedd cred waelodol Llwyd yn y pen draw, a'r ffydd fod Duw yng Nghrist yn bresennol oddi mewn i bob person, ond bod yr hen hunan pechadurus yn ei rwystro rhag cyflawni'r wyrth o greu yno '*Hunan newydd*, yr hwn yw Crist ei hunan, yn dy galon gnawdol di.' (*YB*,16: *G*,1.143) Prif elyn Duw, ym marn Morgan Llwyd, oedd hunanfalchder dyn: 'Er cynted y bo marw dy ewyllys di, fe dyf ewyllys Duw allan drwyddo; ond tra fo ewyllys dyn yn ymddangos, mae ewyllys Duw yn ymguddio ynddo.' (*YB*,15: *G*,1.142) Ond os oedd Llwyd yn ymwybodol iawn o'r afael sicr oedd gan bechod ar fodolaeth y dyn naturiol, cnawdol, yr oedd hefyd yn argyhoeddedig mai Duw ei hun oedd piau bywyn bod y dyn ysbrydol:

15

Canys mae'r dyn newydd yn un â Duw, a'r dyn hwnnw yn unig a fydd cadwedig. Am hynny na orffwys (drwy ffydd gnawdol) yn hyn, fod Crist wedi marw drosot ti, nac yn hyn chwaith, fod Crist yn dechrau codi ynot ti, ac arwyddion gras Duw yn ymddangos. Ond deall ffynnon y cwbl, yr hwn yw'r *Tad ynot ti,* canys mae dy fywyd di wedi ei guddio yn Nuw ei hun gyda Christ, fel y mae bywyd y pren yn guddiedig yn ei wreiddyn dros amser gaeaf. Dyma wreiddyn gwybodaeth, a swm yr Efengyl dragwyddol. Dos i mewn i'r stafell ddirgel, yr hon yw *goleuni Duw ynot ti. (YB,*16: *G,*1.144)

Nid oedd pob Piwritan o'r un farn â Llwyd yn hyn o beth. Yn wir, teimlai llawer o'i gyfoeswyr ei fod yn anwybyddu'r bwlch enfawr rhwng Duw a dyn, bwlch na ellid byth mo'i gau, a'i fod felly mewn perygl o ddwyfoli dyn a'i osod gyfuwch â'r Hollalluog ei hun. Eithr gallai Morgan Llwyd yntau yn ei dro brofi mai ar adnodau o'r Testament Newydd yr oedd wedi seilio ei ddysgeidiaeth. Mae'r darn uchod o *Gwaedd yng Nghymru,* er enghraifft, wedi ei weu o gwmpas yr adnodau canlynol o Epistol Paul at y Colosiaid (3:3–5,9,10): 'Canys meirw ydych, a'ch bywyd a guddiwyd gyda Christ yn Nuw. Pan ymddangoso Crist ein bywyd ni, yna hefyd yr ymddangoswch chwithau gydag ef mewn gogoniant. Marwhewch gan hynny eich aelodau, y rhai sydd ar y ddaear; . . . gan ddarfod i chwi ddiosg yr hen ddyn ynghyd â'i weithredoedd, a gwisgo 'r newydd, yr hwn a adnewyddir mewn gwybodaeth, yn ôl delw yr hwn a'i creodd ef:'

Mae'n werth sylwi'n ofalus ar yr hyn y mae Paul yn ei ddatgelu, a hefyd ar yr hyn sydd gan Forgan Llwyd i'w ddweud yn sgil athrawiaeth yr Apostol. Oherwydd bu llawer o gamddeall ar hyn, o gyfnod Llwyd hyd ein cyfnod ni. Sylwer nad ydynt yn honni y gall dyn fwynhau undeb llawn â'r Duwdod yn y byd sydd ohoni. Ni ddatguddir, ac felly ni ellir amgyffred, y cwlwm cyfrin sy'n cydio'r gwir Gristion â Duw mewn undod rhyfedd, tan i 'amser gaeaf', sef byd y Cwymp, fyned heibio. Yn y cyfamser, ni all y sant, neu'r 'dyn newydd', ond sefyll yn ufudd ac yn ddisgwylgar ar drothwy'r profiad aruthrol hwnnw, gan aros yn 'yr ystafell ddirgel, yr hon yw *goleuni Duw ynot ti.'* Ond wedi

16

dweud hynny, rhaid sylweddoli hefyd fod Paul a Morgan
Llwyd ill dau o'r farn fod 'amser gaeaf' yn debyg iawn o
ddod i ben yn ystod eu bywyd hwy, bod y gwanwyn a'r haf
mawr ar ddyfod, ac felly bod enaid y crediniwr yn
synhwyro ei fod ar fin cael ei 'ddwyn i mewn i undeb a
chymundeb â'r Tad, yn yr ysbryd tragwyddol.'
Diwinyddiaeth y mil blynyddoedd oedd diwinyddiaeth
gynhenid Llwyd, ond cymaint ei siom wedi i Senedd y
Saint gael ei diddymu, fel y rhoes y gorau i geisio darogan
pryd yn union y byddai Crist yn ymweld â'r ddaear eto, am
y tro olaf. Yn lle hynny canolbwyntiodd tan ei farw cynnar
yn 1659 ar fraenaru'r tir, gan ddefnyddio'i lyfrau i aredig
meddyliau ac i ogedu eneidiau ei gyd-Gymry. Ymddangos-
odd *Gair o'r Gair* yn 1656, a *Cyfarwyddyd i'r Cymry* yn 1657,
ac y mae holl gyfoeth gweledigaeth ysbrydol ysblennydd
Morgan Llwyd ar gael yn y llyfrynnau athrylithgar hyn.
Nid dogfennau hanesyddol yn unig ydynt, maent yn
ddognau o hanes, ac wrth eu darllen gallwn ymgydnabod â
theithi meddwl un o'r cyfnodau mwyaf cyffrous yn holl
hanes crefydd yng Nghymru.
    'Mae'r tân wedi ennyn yng Nghymru. Mae drws dy
fforest di (O wlad y Brutaniaid presennol) yn agored i'r
eirias dân.' (*Ll*,80: *G*,1.237) Hwyrach na wireddwyd
geiriau'r Golomen yn syth. Er mor ysbrydoledig ydoedd
Morgan Llwyd, ni lwyddodd ar y pryd i ddanio dychymyg
gwlad gyfan. Ond ar ôl ei ddydd aeth eraill i mewn i'w
lafur, ac i'w faes llafur ef. 'Roedd dysgeidiaeth y Crynwyr
yn ddigon tebyg i ddysgeidiaeth Morgan Llwyd, ac ar ôl
1660 fe gawsant hwy dderbyniad arbennig o dda yn
ardaloedd ei febyd. Fe berthyn i'w hanes hwy lawer o'r
cyffro a'r rhamant a nodweddai fywyd Llwyd. Mae'r daith
o Ddolgellau i Bensylfania, a hanes sefydlu Brynmawr yn
adnabyddus iawn bellach.
    Er bod y sectau Anghydffurfiol a lwyddodd i oroesi
cyfnod yr Adferiad yn ddigon parod i gydnabod eu dyled i
Forgan Llwyd, nid oeddynt yn or hoff o'i lyfrau, am eu bod
yn rhy gymhleth i'w defnyddio fel gwerslyfrau moesol
hwylus. Ond ailgyhoeddwyd nifer o'r llyfrau droeon yn

ystod y ddeunawfed ganrif, a chyda thwf yr 'Anghydffurf-
iaeth newydd' (a gynhwysai'r Methodistiaid ymhen y
rhawg) gwelid diddordeb cynyddol yng ngweithiau
Morgan Llwyd, a hefyd yn hanes ei fywyd anturus. Perchid
ef fel gweithredwr cymdeithasol a gwleidyddol yn ogystal
ag fel awdur gweithiau ysbrydol coeth, cyfriniol. Sylwer, er
enghraifft, mai Tom Ellis, y Rhyddfrydwr enwog a'r
'radical' mawr, oedd golygydd y gyfrol gyntaf o *Weithiau
Morgan Llwyd o Wynedd* (1899), a bod y gyfrol honno wedi
ei chyflwyno i goffa Lewis Edwards a Michael D. Jones.

Mae'n dda gallu dweud fod yr hyn a gyflawnwyd gan
Forgan Llwyd fel llenor, fel meddyliwr, fel gweledydd, ac
fel gwleidydd crefyddol, yn dal hyd heddiw i ennyn yr un
edmygedd a'r un brwdfrydedd. Yn wir, ni ellir cael gwell
amgyffrediad o helaethrwydd athrylith Morgan Llwyd ac o
amlochredd ei weithgareddau na'r hyn a fynegir mor
gryno yng ngeiriau grymus Derec Llwyd Morgan:

> Y mae Morgan Llwyd yn un o'r ffigurau mwyaf diddorol oll
> yn hanes llenyddiaeth Cymru. Nid oes raid dal taw ef yw'r
> *llenor* mwyaf diddorol, er y gellir dadlau'r achos hwnnw
> hefyd; ond fel *ffigur*, y mae'n hynod hynod ddiddorol. O blith
> y mawrion, o ran amrywiaeth y dylanwadau a fu arno, o ran
> cyffroi'i rawd, o ran ystyfnigrwydd ffrwythlon ei unigolydd-
> iaeth, ac o ran ei arwyddocâd yn ei ddydd, Saunders Lewis
> yw'r unig un sy'n cymharu ag ef. Ac ym mrwydr yr oesau, ni
> hoffwn orfod dewis rhyngddynt.[2]

Eto yn ein cyfnod ni, cafwyd tystiolaeth gan fardd fod
unplygrwydd yr enaid prin a ddatguddir i ni yng ngeiriau'r
llyfrau yn fawr ei apêl i'r rhai sydd erbyn heddiw wedi eu
blino a'u drysu gan 'opiniwnau lawer' ein canrif. Dyma
brofiad Euros Bowen 'Wrth Fedd Morgan Llwyd':[3]

> A heb boeni yno o gwbl
>   am opiniynau gwŷr,
> yn chwyn ofer
>   fel trochion afon,
> yn ddifai fe dyfai o'r dwfn
> wenithen ddethol,
> a bywyn ei rhin yn gyfrinach
> o'r glana o egin a fu, –
>   o'r goleuni a egnïai o'i fewn.

18

'Y goleuni a egnïai o'i fewn': dyna'n union yr oedd 'Piwritaniaeth' yn ei olygu i Forgan Llwyd yn y pen draw. Nid cyfundrefn ddeallusol mohoni, ond 'cenadwri', chwedl Tudur Jones, 'a heriai ddynion i ymlynu'n bersonol wrth raglen o darddiad dwyfol. Ac wrth ei chofleidio darganfyddai dynion wir arwyddocâd eu bodolaeth. ... Nid rhywbeth i'w gymeradwyo â'r deall yn unig mohoni, ond rhywbeth i'w arddel â phob cynneddf – deall, ewyllys, a theimlad.'⁴ Un o blant y goleuni oedd Morgan Llwyd y Piwritan, a gwyddai, yn well nag unrhyw wyddonydd o'n canrif ni, mai egni llachar yw goleuni:

> Darllen y llyfr sydd ynot ti, a gwêl mai fel yr oedd ar y cyntaf y ddaear yn afluniaidd ac yn wag, a thywyllwch ar wyneb y dyfnder, felly hefyd dyfnder yw'r galon, a thywyllwch sydd yn ei gorchuddio, fel na chaffo weled mewn pryd mor wag, ac mor afluniaidd, ac mor anhrefnus yw'r byd oddi fewn.
>
> Ond yn hyn y mae cysur i'r rhai a ddisgwyliant, fod Duw yn gorchymyn i oleuni ddyfod allan o'r tywyllwch, ac yn gwahanu rhwng y nos a'r dydd yn yr un enaid ... Cofia yn wastad fod Duw wedi rhoi cannwyll ynot ti, ac nid yw hi eto yn llosgi ond yn wan: os y cnawd a gaiff ei gorthrymu ynot, a'i diffodd hi, hi a fydd yn fwg, ac yn sawyr drwg fyth ynot ti; ond os gadewi di i'r Ysbryd Glân fflamio ynddi hi, fe a lysg yr holl gnawd, ac a bura'r enaid i Dduw. (YB,13–14: G,1.139–40)

---

1   Gwyddys i Forgan Howel ymuno â'r Annibynwyr. Derbyniwyd ef yn aelod yn eglwys gynnull Llanbedr Pont Steffan yn 1655.
2· Y Traethodydd, CXL (1985), 54.
3   'Wrth fedd Morgan Llwyd', Detholion (Yr Academi Gymreig, 1984), 267.
4   Vavasor Powell (Abertawe, 1971), 21.

II

Cymreictod Morgan Llwyd

Bu cryn drafod dysgedig eisoes ar Forgan Llwyd y Cymro.
Sylweddolwyd fod arno ddyled sylweddol i'r traddodiadau
llenyddol Cymreig, a'i fod wedi talu'r ddyled honno ar ei
chanfed yn ei gampweithiau. Sonia Syr Thomas Parry am
'y Cymreigrwydd hwnnw a lynodd wrtho o'i faboed hyd
ddiwedd ei oes, ac a barodd ei fod nid yn unig yn
ysgrifennu yn yr iaith Gymraeg, ond yn adnabod ei holl
rinweddau a medru ei defnyddio gyda grym tra effeith-
iol.'[1] Priodolwyd hyn i 'Gymreigrwydd gwiw Ardudwy',
a bu gan W. J. Gruffydd lawer i'w ddweud am dafodiaith
goeth yr ardal honno ac am fywiogrwydd ei diwylliant.
A chymryd y wybodaeth hon am gefndir Morgan Llwyd yn
ganiataol, bydd y drafodaeth a ganlyn yn gadael y
priffyrdd ac yn crwydro'r caeau er mwyn ennill ambell
gipolwg o gyfeiriad gwahanol ar Forgan Llwyd y Cymro.

* * * *

Darn byr o *Lyfr y Tri Aderyn* yw'r man cychwyn: 'Yma
(medd rhai) y ganwyd Helen, a'i mab Constantin. Cymry,
medd eraill, a ganfu America gyntaf. Brytaniaid a safasant
hyd angau dros y ffydd gywir. Y nhwy y mae Esai yn eu
galw asgell y ddaear.' (*Ll*,28: *G*,1.185)
   Yn y fan hon, fel y dengys Lewis Evans yn eglur, fe welir
rhai o brif nodweddion Morgan Llwyd y Cymro. Yma, er
enghraifft, mae'n arddangos ei allu i 'fedru achau' yn null
y beirdd, ac 'roedd 'y wybodaeth hon yn rhan o falchder yr

hen bendefigaeth Gymreig.'² O ddilyn y trywydd ymhell-
ach arweinir ni i ganol cymhlethdod teimladau Morgan
Llwyd am gymeriad y Cymry, ac yn syth at galon ei
gymeriad Cymreig yntau. Ymdeimlwn â'r dynfa oddi
mewn iddo ef ei hun. Oblegid fe'i rhannwyd yn ddau: ei
achau naturiol, Cymraeg, ar y naill law, ac ar y llaw arall yr
achau ysbrydol a'i clymai mewn gwirionedd yn dynn wrth
Loegr ac wrth Gymry Saesneg y gororau yn y de a'r
gogledd. Bron na ellir sôn felly am Forgan Llwyd Ardud-
wy ac am Forgan Llwyd Wrecsam.³
   'Parchedig oeddwn i erioed, a'm hynafiaid hefyd (fel y
mae'r Achau yn dangos)', medd yr Eryr yn *Llyfr y Tri
Aderyn*. Ond, etyb y Golomen, 'nid yw achau teuluoedd
ond rhwyd a weuodd naturiaeth, yn yr hon y mae pryf
copyn balchder yn llechu. Nid wyt ti nes er dyfod ohonot o
dywysogion Cymru, onid wyt ti yn un o had Tywysog
brenhinoedd y ddaear, wedi dy eni, nid o ewyllys gŵr, ond
o'r Had anllygredig.' (*Ll*,56: *G*,1,214) Neges Morgan
Llwyd at y Cymry pendefigaidd ffroenuchel yw hon, wrth
gwrs, ond mae'n neges iddo ef ei hun hefyd. Ymgodymu y
mae â'i falchder o'i dras a'i hiraeth am ei gynefin. 'Dod
gennad i mi i sôn yn ddifyr am fy ngwlad a'm bro fy hunan.
Rhaid i bawb sôn am ei gartref' meddai'r Golomen (*Ll*,57:
G,1.215). Y dyn ysbrydol sy'n siarad ac yn hiraethu am
baradwys. Ond onid yw profiad y dyn naturiol cnawdol
hefyd wedi ei gynnwys yn y dweud?
   Collodd Morgan Llwyd ei dad yn gynnar a symudodd ef
a'i fam o'u bro eu hunain pan nad oedd ef ond pymtheng
mlwydd oed. Hwyrach, felly, fod i ansefydlogrwydd bach-
gen o'r wlad ei gyfran yn nhröedigaeth Morgan Llwyd. Bu
Walter Cradoc, er nad oedd yntau ond dyn ieuanc iawn ar
y pryd, yn dad a brawd yn y ffydd i Forgan Llwyd y cyfnod
hwnnw, a bu William Erbery yn ei dro yn athro tadol
iddynt ill dau. Ond wrth ymgartrefu ymhlith y saint a chael
ei wyro i'w cyfeiriadau Seisnig hwy, ymbellhau a wnâi
Morgan Llwyd oddi wrth drwch y genedl Gymreig a
ddaliasai'n wrth-Biwritanaidd a cheidwadol ei chred.
   Ond gorau Cymro, Cymro oddi cartref. Yn y diwedd

trodd yntau y naill ochr ohono'i hun yn gennad at y llall. Ni allai glosio at ei wreiddiau ond trwy ddenu'r Cymro i adnabod ei 'wreiddyn'. Trodd yn genhadwr brwd ymhlith y Cymry, a chyfrannodd ei argyfwng personol yn helaeth at ei fawredd fel efengylwr ac fel llenor. Gwelir yn ei arddull asiad perffaith o'r ddwy ochr i'w gefndir a'i bersonoliaeth. Ysgogwyd ei genhadaeth gan ei ddyhead i gael ailymuno â'i gyd-Gymry, nid yn yr hen fro ac ar dir yr hen wlad, ond trwy eu harwain hwy i'w wlad newydd ef: 'Dod gennad i mi i sôn yn ddifyr am fy ngwlad a'm bro fy hunan. Rhaid i bawb sôn am ei gartref.'

Mae ei berthynas â Chymry'r gorffennol yn destun cân adnabyddus ganddo:

> Hawdd iw torri bwa'r tadau
> Sychu wnaeth er-s talm o ddyddiau.
> Iraidd oeddynt rai'n ei hamser
> Sych yw pob peth wrth i arfer.
>
> fe wasnaethai'r grefydd honno
> Pan oedd dynion heb oleuo
> Ond mae'r plant yn awr yn gryfach
> Neu mae'r grefydd gynt yn grinach. (G,1.40)

Diwylliant oedd hen ddiwylliant y Cymry a roddai bwyslais cyson ar barchu'r gorffennol a chydymffurfio ag ef. Pwrpas y penillion hyn yn rhannol yw perswadio'r Cymry fod modd parchu'r tadau ac eto dderbyn golau newydd a ddrylliai'r hen arferion. Mae'n neges sy'n amlygu cymhlethdod teimladau Morgan Llwyd ei hun, y gwrthdynnu mewnol hwnnw a welwyd eisoes wrth iddo ymosod ar ddefodau tras a llinach ac yntau ar yr un pryd yn arddangos ei fedr i olrhain achau a'i hoffter o'u harddel. Ac yn y penillion uchod noder fel y mae newydd-deb herfeiddiol y neges yn cael ei liniaru wrth iddo ddefnyddio mesur ac arddull yr hen benillion.

Mae'n bwysig nodi fod parch at y tadau a'r traddodiad Cymreig yn barch a wreiddiwyd yn ddwfn ym Morgan Llwyd gan ei fagwraeth ei hun. A hwyrach i'r parch hwnnw gael ei ddyfnhau gan amarch Piwritaniaid Lloegr at orffennol y Cymry. Cyfrifid Cymru a gogledd Lloegr yn

22

ardaloedd anwar, cyntefig, ansefydlog o'u cymharu â'r ardaloedd goleuedig, blaengar a ffynnai yn sgil datblygiad economi egnïol y de a'r dwyrain. Ymledai Piwritaniaeth ar y dechrau o Lundain ar hyd ffyrdd masnach i drefi fel Wrecsam, yng nghyrion pell, tywyll y wlad.[4] Hwyrach mai John Penry, a wyddai'n iawn am y modd yr esgeulusai Eglwys Loegr ei dyletswyddau, oedd y cyntaf i ymbil ar y llywodraeth i roi mwy o sylw i Gymru ac i wneud mwy o ddefnydd o'i hiaith at ddibenion crefyddol. Wedi hynny bu amryw o Biwritaniaid cyfoethog wrthi'n ysbeidiol yn noddi pregethwyr er mwyn hybu'r achos. Dyma'r genhadaeth a gyrhaeddodd ei phenllanw yn ystod cyfnod goruchafiaeth y Senedd; a champwaith y mudiad wrth gwrs oedd Deddf Taenu'r Efengyl yng Nghymru, 1650–3. Cyn hynny bu Cradoc yn galw ar y Tŷ Cyffredin: *'And what if you should spend one single thought upon poor contemptible Wales? It's little indeed and as little respected.'*[5] Ac yr oedd Morgan Llwyd yntau'n barod iawn i sôn am drymgwsg ei gydgenedl. Hwyrach y cytunai â barn Cromwell am werin Cymru, sef eu bod *'but a seduced ignorant people.'* Ond gwyddai hefyd am wychder eu traddodiadau, ac am eu hurddas a'u balchder.

'Dyma'r ynys a dderbyniodd yr Efengyl gyntaf yn amser Lles fab Coel.' (*Ll*,28: *G*,1.185) 'Wrth gwrs', meddai Lewis Evans, 'yr oedd croniclo stori Cristioneiddio'r Brytaniaid yn beth cyffredin i holl ysgrifenwyr rhyddiaith grefyddol o'r *Brutiau* hyd ragymadrodd Peter Williams i'r Beibl.'[6] Oedd, yn wir, ac fe sylweddolwn werth yr arfer hwn os cofiwn iddo gael ei feithrin gan Eglwys Loegr o'i chychwyn. Mae'r enwog Esgob Richard Davies yn cyflwyno'r chwedl yn ei ragymadrodd i'r Testament Newydd. Derbyniodd y Celtiaid eu ffydd, nid oddi wrth genhadon yr eglwys Babyddol, ond oddi wrth Joseff o Arimathea a ymwelodd â Phrydain yn fuan wedi'r Croeshoeliad a'r Atgyfodiad. Yn nes ymlaen, ar ôl i'r Sacsoniaid paganaidd feddiannu rhan o Brydain, derbyniwyd hwy'n gymdogol gan y Cymry a bu'r ddwy genedl yn cyd-fyw'n gytûn tan i'r Sacsoniaid hwythau dderbyn y ffydd Babyddol oddi ar law cenhadon o Rufain. 'Ac am hynny ar ôl ir Sayson dderbyn cyfryw amhur Chrystynogaeth a hynn attunt, nit oedd teilwng gan y Britaniait gyfarch gwell ir vn o honynt, cyd bai fodlon centhynt or blaen tra oeddynt paganiait, cydbrynnu a gwerthu, cyt dyddio, cytfwytta ac yfet, a chydhelyntio ac wynt.'[7]

Esboniodd yr Athro Glanmor Williams mai enghraifft yw adferiad y chwedl hon gan yr Esgob o arferiad haneswyr Protestaniaeth cyfnod y Diwygiad.[8] Rhaid oedd aildrefnu'r hanes ar frys er mwyn difrïo'r Eglwys Gatholig a'i disodli. Yn y fersiwn newydd gosodwyd mieri lle bu mawredd yr Eglwys honno; nid tyfiant y Ffydd oedd hanes yr Oesoedd Canol bellach ond dirywiad y Gair. Ac wrth lunio hanes eglwysig newydd ar sail hen chwedloniaeth genedlaethol – chwedlau a apeliai'n fawr at ddysgedigion yr oes – lladdai'r Esgob ddau aderyn pwysig ag un garreg. Tawelai amheuon y Cymry Catholig mai heresi oedd Anglicaniaeth, a phrofai nad ffydd Seisnig estron, amherthnasol i'r Cymry a gynigiai iddynt.

Dyma hefyd brif amcanion Morgan Llwyd ganrif bron yn ddiweddarach. Ond y tro hwn cymhwyswyd yr hanes chwedlonol at ddibenion Piwritaniaeth.

> O chwi, hil ac epil yr hen Frutaniaid, gwrandewch ar hanes eich hynafiaid, a chofiwch pa fodd y bu, fel y dealloch pa fodd y mae, i gael gwybod pa fodd y bydd, fel y galloch baratoi.
> Wedi darfod i'r *Arglwydd Iesu* ddioddef ac atgyfodi drosom, bore a buan y danfonodd ei ysbryd ef y newydd da yma i fysg y *Brutaniaid*, a llawer ohonynt a'i credodd, ac a fuont feirw iddynt eu hunain a byw i Dduw yn ei wasanaeth ysbrydol. Ond pan ddaeth y mynach oddi allan ac *ysbryd Anghrist* (fel mwg yn codi) oddi fewn, yna y daeth y nos yn lle'r dydd, ac y cwympodd yr eneidiau oddi wrth y cariad cyntaf, ac fe symudodd Duw ei ganhwyllbren o fysg ein hynafiaid.
> Ac er hynny hyd yn ddiweddar, y tywyllwch a reolodd, a'r *Offeren Ladin* a'n twyllodd, a'r llyfr gwasanaeth a'n bodlonodd, a'r gobaith o anwybodaeth a'n suddodd i gysgu. (*YB*,8: *G*,1.129)

Fe sylwir fod Eglwys Loegr yn ogystal ag Eglwys Rufain yn syrthio o dan y cerydd llym hwn. Wele ymdrech genhadol Morgan Llwyd i argyhoeddi ei bobl, a ddaliasai'n Gatholig eu naws, yn Eglwysig eu haddoliad, ac yn Frenhinol eu hargyhoeddiad, nad ysgymunbeth o ffydd estron, amherthnasol oedd y Biwritaniaeth newydd yr oedd yn ei harddel ac yn ei phregethu. Ac wele hefyd ei ymdrech i'w ailgysylltu ei hun, ar delerau a oedd yn dderbyniol ganddo ef, â'i wreiddiau a'i achau.

Mae yna arwyddocâd ac angerdd arbennig yn perthyn i frawddegau agoriadol ei lyfr cyntaf, sef *Llythyr i'r Cymry Cariadus:* 'Cymer dithau, O Gymro caredig, air byr mewn gwirionedd i'th annerch yn dy iaith dy hun.' (*YB*,1: *G*,1.115) Er mwyn ennill eneidiau, rhaid oedd yn gyntaf gyrraedd meddyliau ac ennill calonnau'r bobl. Pwysleisiai'r Protestaniaid o'r dechrau bwysigrwydd cyflwyno'r Efengyl i bob cenedl yn ei hiaith ei hun a dyna paham y pasiwyd Deddf yn 1563 yn gorchymyn yr esgobion yng Nghymru i sicrhau cyfieithu'r Beibl i'r Gymraeg. Ond er i Forgan Llwyd ddilyn yr un llwybr Protestannaidd, sylwer ar y gwahaniaeth rhwng ei sefyllfa ef a sefyllfa'r Protestaniaid Anglicanaidd cyntaf. Erbyn canol yr ail ganrif ar bymtheg aethai'r iaith Gymraeg yn eiddo i'r Anglicaniaid a'u cred. Hwynt-hwy a roesai i'r Cymry Feibl a Llyfr Gweddi, a llyfrau moesol a chrefyddol eraill. Gorchwyl caled Morgan Llwyd felly oedd argyhoeddi'r Cymry nad y ffydd hon a oedd wedi hen ymgartrefu yn eu plith ac yn eu hiaith oedd y wir ffydd i ymddiried ac ymgartrefu'n naturiol ynddi. Felly 'roedd brwydr Morgan Llwyd i ennill yr iaith i'w ddibenion crefyddol ei hunan yn gam pwysig yn ei frwydr i ennill eneidiau ei gyd-Gymry.

Meddylier yn y cyswllt hwn am yr ymryson diarhebol rhwng yr Eryr a'r Gigfran yn *Llyfr y Tri Aderyn.* Cais yr Eryr ddysgu gwers foesol i'r Gigfran drwy raffu diarhebion. 'Aros dipyn', meddai hithau wrtho, 'Mi welaf mai diarhebwr wyt ti. Mi dygaswn ddarfod i chwi a'r colomennod anghofio diarhebion y doethion, a'r hynafiaid, ond mi glywaf rai ar flaen eich tafodau. Mi henwaf finnau henrai eraill.' (*Ll*,27: *G*,1.184) A dyma'r Gigfran yn bwrw ati i ddiarhebu a gwneud cystadleuaeth iawn ohoni. Diwedd y gân yw cyhuddiad yr Eryr: 'Ni fedri di dy hunan ddehongli dy ddiarhebion. Nid yw dy galon di yn deall mo'r peth y mae dy dafod di yn ei ddywedyd . . . llawer o ddoethineb a fu gynt ymysg y Brytaniaid.' (*Ll*,27–8: *G*,1.185) Yr offeiriad du, Cigfran yr Eglwys ar y naill law: yr Eryr, brenin y sectau, ar y llaw arall. Anghydfynd y maent yn y bôn ynglŷn â tharddiad a natur a swyddogaeth dihareb. Y naill ochr (y Gigfran) yn honni mai crynodeb o synnwyr cyffredin, sylwadaeth foesol graff a ffrwyth profiad yw dihareb. Y llall (yr Eryr) yn mynnu bod ystyr fewnol, gudd, gyfrin i ddihareb, am ei bod, fel y ddynoliaeth gyfan, â'i gwreiddyn yn ddwfn ym myd yr ysbryd, y tu hwnt i reswm.[9]

O edrych arni fel hyn, ymgiprys y maent am enaid yr iaith Gymraeg, a hynny trwy frwydro am oruchafiaeth ar faes y ddihareb. Maent am benderfynu'n derfynol ai i'r Gigfran ynteu i'r Eryr y perthyn y diarhebion hyn sy'n gyfarwyddyd traddodiadol i'r Cymry. A'r Eryr, wrth gwrs, sy'n fuddugol. Profa drwy hynny fod yna wythïen o fwyn pur yr ysbryd yn rhedeg yn ddiarwybod drwy'r hen iaith Gymraeg. A mwyngloddiwr ieithyddol yw Morgan Llwyd wrth ei reddf; un sy'n chwilio am y gynghanedd a ymgudd o fewn geiriau.

Bron na ellir dweud mai dadl rhwng William Salesbury – yr Eglwyswr mawr a gyhoeddodd gasgliad enwog o ddiarhebion Cymraeg – a Morgan Llwyd (sy'n cynnig 'diarhebion newydd' i gyflenwi'r hen) yw'r ddadl rhwng y Gigfran a'r Eryr. Ac fe ddaw agweddau pwysig eraill ar ymhel Morgan Llwyd â geiriau i'r amlwg o'i gyferbynnu ef â Salesbury. Mae'n hysbys bellach mai olrhain geiriau yn ôl, yn gam neu'n gymwys, i'w tarddiad Lladinaidd oedd hoff arfer Salesbury, ac mai hynny sy'n rhannol gyfrifol am odrwydd ei Gymraeg. Olrhain geiriau yn ôl i'w tarddiad, ond mewn ystyr wahanol iawn, a wna Morgan Llwyd, a hynny sy'n rhoi hynodrwydd i'w arddull yntau. Yn y gwraidd y mae rhinwedd gyfrin, ysbrydol i eiriau. Fe rydd yr Ysbryd y grym i'r pregethwr adfer iaith nes iddi, bob gair ohoni, arddel perthynas â'r Gair Dwyfol, cread-igol – y *Logos* gwreiddiol.

'Nid oedd ond un iaith ar y cyntaf yngeneuau dynion;

A hono o achos balchio or bobloedd yn ei Hundeb a holldwy yn yscyrion lawer, fel nad iw'r cymru chwaith mwy nag eraill yn deall moi gilydd, na nemor un yn deall ei holl eiriau ei hun wrth ei gymydog llai o lawer beth y mae'r galon yn i chwedleua ddydd a nos.' (*G*,2.93) Dyna hanes iaith yn ôl Morgan Llwyd. Ac mae dau beth yn dilyn. Yn gyntaf, ni ddaw doethineb o ddysgu ac archwilio llawer o ieithoedd: 'Er darfod iddynt ddisgu canu llawer caingc ar delyn tafodau gwahanedig naturiaeth, maent bellach bellach, yn lle bod nes nes, i ganu i Dduw gerdd wrth ei fodd.' (*G*,2.93) Ni thâl dim 'ond peraidd dafodiaith ei ysbryd glân ei hun yn y galon isel.' Ond yn ail; nid oes hierarchiaeth ymhlith ieithoedd; nid yw'r Saesneg yn rhagori ar y Gymraeg. Ac fe all yr iaith Gymraeg hithau, cystal ag unrhyw iaith arall, wedi ei chymhwyso, fynegi 'peraidd dafodiaith [yr] ysbryd glân'. 'Ffraeth yw ffrwythlondeb y Pentecost, / A'r Gymraeg yn un o'r tafodau tân', chwedl Gwenallt.[10]

* * * *

'Mae hiraeth ar fynghalon i am allel gwasnaethu yn well fy Nuw am gwlad (y Bruttaniaid tirion)' (*G*,2.7). Mae cenedlgarwch yn amlwg iawn yng ngwaith Morgan Llwyd, fel y mae yng ngweledigaeth y mwyaf o Biwritaniaid Saesneg y cyfnod:

> *Methinks I see in my mind a noble and puissant Nation rousing herself like a strong man after sleep, and shaking her invincible locks: Methinks I see her as an Eagle muing her mighty youth, and kindling her undazl'd eyes at the full midday beam; purging and unscaling her long abused sight at the fountain it self of heav'nly radiance; while the whole noise of timorous and flocking birds, with those also that love the twilight, flutter about, amaz'd at what she means, and in their envious gabble would prognosticat a year of sects and schisms.*[11]

Milton piau'r geiriau. Ac ar y weledigaeth urddasol hon y sylfaenwyd darnau pwysicaf adeiladwaith gwych cenedlaetholdeb y Saeson o'r dydd hwnnw hyd heddiw. Pwy all anghofio mai'r Milton *hwn* oedd prif arwr y beirdd Rhamantaidd mawr bron yn ddieithriad? Wordsworth yn y

Prelude, Coleridge yn ei ddyddiau milflwyddol cynnar, Shelley yn *Prometheus Unbound,* Blake wrth gwrs ym mhob agwedd ar ei waith (gan gynnwys y gerdd broffwydol *Milton*) – hyd yn oed y Byron gwych-amheugar (gweler ei foliant i Milton yn y penillion rhagarweiniol i *Don Juan*) – i'r Milton hwn a'i weledigaeth broffwydol o Loegr y plygent oll eu gliniau.

Ac yn y cyswllt hwn onid Morgan Llwyd fyddai'n Milton ninnau, ped adnabuasid ef gennym? Gweledydd ydyw sydd ag angerdd crefyddol yn tanio'i gariad at ei genedl: '*O Bobl Cymru!* Atoch chi y mae fy llais; *O Drigolion Gwynedd a'r Deheubarth,* arnoch chi yr wyf i yn gweiddi. Mae'r wawr yn torri, a'r haul yn codi arnoch. Mae'r adar yn canu: deffro *(O Gymro)* deffro; ac oni chredi eiriau, cred weithredoedd.' *(YB,*7: *G,*1.127–8) Fel y mae geiriau Milton yn darogan cenedlaetholdeb cyfrin-ymarferol y Saeson, felly hefyd y mae gwaith Morgan Llwyd yn darogan cenedlaetholdeb crefyddol, anwleidyddol, arallfydol – a hwyrach aneffeithiol – y Cymry.

Tebyg y 'bu i grefydd ran yn y wyrth ddistaw a ddiogelodd weddillion ein cenedligrwydd hyd yn hyn', ond 'cyfraniad anfwriadus' a chyda llaw fu hwnnw o'r cychwyn. Diddorol iawn felly yw canfod fod un o brif athronwyr ein cenedlaetholdeb yn yr ugeinfed ganrif, sef y diweddar J. R. Jones, am gydio ei syniadau am 'fychanfyd' y Cymry (syniadau sydd, fel y dengys, ag arwyddocâd crefyddol iddynt) yn dynn wrth waith Morgan Llwyd. Wrth ddadlau'n egnïol yn erbyn gweledigaeth grefyddol sydd am osod 'undod y ddynoliaeth' goruwch tynged cenedl, mae'r athronydd (o dan ddylanwad cydnabyddedig Simone Weil) yn sôn am 'yr angen am wreiddiau' sy'n cynnwys nid yn unig 'yr angen am faeth neu'r angen am fwyd' ond hefyd 'yr angen am fyd'. Nid oes modd osgoi arwyddocâd y troi hwn ar un o hoff ffigurau Morgan Llwyd (y gwreiddyn), yn enwedig gan mai teitl y llyfr lle'r ymddengys yr erthygl yw *Gwaedd yng Nghymru;* ac o gofio ymhellach mai o *Lyfr y Tri Aderyn* y codwyd yr epigraff sydd ar ddechrau'r gyfrol: 'Mae pyrth dy fforest di, O wlad y Brytaniaid presennol, yn

28

agored i'r eirias dân. Oni ddygwch ffrwyth yr awron, fe a'ch torrir rhag bod yn bobl.'[12] O edrych yn fras ar hanes Cymru, fe welwn bod Morgan Llwyd ymhlith y rhai olaf ac ymhlith y rhai cyntaf. Perthynai i'r genhedlaeth gyntaf yng Nghymru i ddisgwyl yn angerddol am ddiwygiad mewnol, ysbrydol, ysgubol. Ond ef, hefyd, oedd un o'r Cymry olaf am gyfnod go hir i obeithio (tan 1654) y byddai yn ddiwygiad cymdeithasol syfrdanol yn ogystal. Ac o'r herwydd oni ellir ystyried Morgan Llwyd, disgwyliwr y mil blynyddoedd, fel hen broffwyd Cymraeg ar ei newydd wedd?

Mae'r Athro Glanmor Williams yn ei draethawd 'Prophecy, Poetry and Politics in Medieval and Tudor Wales' yn sôn am ddygnwch a pharhad y traddodiad proffwydol yng Nghymru dros gyfnod o ganrifoedd.[13] Nid oes modd, meddai, esbonio'r dygnwch hwn ond trwy ddeall y dyheadau cenedlaethol a grisialwyd yn y proffwydoliaethau; mythau angenrheidiol oeddynt. Y patrwm hanfodol a amlygir ynddynt yw colli, ac ailddisgwyl, yr Oes Aur; aros dyfodiad y mab darogan, a gollwyd ond na fu farw. Y teimlad y tu cefn i hyn yw fod y Cymro'n alltud yn ei wlad ei hun – 'poen ac achenoctit ac alltudedd' yw bywyd. A dyma'r union dant a drewir yn ddiweddarach gan feirdd crefyddol mawr Cymru – ond gan ddechrau, hwyrach, gyda Morgan Llwyd ei hunan.

Traddodiad seciwlar oedd y traddodiad proffwydol i bob golwg, ond 'roedd iddo hefyd gysylltiadau â'r hen grefydd Geltaidd ac â'r elfen eschatolegol o fewn y grefydd Gristnogol. Dyma'r dyheadau a ddefnyddiwyd yn gain ac yn gelfydd, yn fwriadol ac yn effeithiol gan Eglwys Loegr yng Nghymru yn Oes Elisabeth. A chyn hynny bu'r Tuduriaid yn gwneud defnydd gwleidyddol llwyddiannus o'r un chwedlau, er mwyn darbwyllo'r Cymry bod eu teyrnasiad hwy yn gwireddu a chyflawni eu gobeithion.

Traddodiad marw i bob golwg felly a atgyfodwyd yng ngweithiau milflwyddol Morgan Llwyd, traddodiad nad oedd bellach, yn ei ffurfiau gwreiddiol, ond yn ennyn chwilfrydedd yr hynafiaethwyr a thraddodiad a oedd wedi hen beidio â bod yn rym gweithredol yng nghalonnau dynion. Fe aeth ef ati (yn ymwybodol ac yn anymwybodol) i greu myth cenedlaethol newydd allan o weddillion yr hen: 'Fe ddywedpwyd am y *Cymru* gynt, fel hyn: *Ei ffydd a gollant a'u Hiaith a gadwant.* Ond yr awron y dywedir. Y Ffŷdd a geisiant, a'r wir Iaith a gant'.' (*G,2*.199)

Ym mhedwardegau'r ail ganrif ar bymtheg bu disgwyl mawr ar hyd a lled Prydain, a hynny ymhlith aelodau pob plaid ac enwad yn ddiwahân, am yr hyn a alwyd gan Robert Frost *'the end de-luxe'* – sef Diwedd y Byd. Nychu a marw a wnaeth gobeithion y mwyafrif yn fuan ar ôl 1649, ond y canlyniad fu i'r rhelyw bach o Biwritaniaid a ddaliai'n gyndyn at eu gobeithion, glosio at ei gilydd a ffurfio clymblaid answyddogol, anffurfiol. Hwynt-hwy – a Morgan Llwyd yn eu plith – oedd Gwŷr y Bumed Frenhiniaeth a ddaliai i bwyso ar y Llywodraeth i garthu cyfundrefnau'r eglwys, y gyfraith, a'r wladwriaeth ac i osod y saint yn eu hiawn leoedd yn barod ar gyfer dyfodiad y Brenin Iesu.[14] Codai'r blaid hon fraw ar y Senedd am fod eu haelodau'n ymddangos mor eithafol a digymrodedd, ac am eu bod yn bygwth arfer grym er mwyn sicrhau adferiad y saint a theyrnas deilwng i'r Iesu. Nodwyd droeon erbyn hyn fod llyfrau cyntaf Morgan Llwyd wedi eu cyhoeddi tua chyfnod penllanw gobeithion y milflwyddwyr hyn, wrth iddynt ddisgwyl rheoli'r wlad drwy gyfrwng Senedd y Saint (neu'r Senedd fer). Ac un o amcanion *Llyfr y Tri Aderyn,* wedi'r cyfan, yw sicrhau y neb a'i darlleno mai 'colomennod' yw saint y Bumed Frenhiniaeth; mai'r rhai gormesol celwyddog, sy'n camgyhuddo'r saint o fod yn derfysgwyr ffyrnig, yw'r cigfrain. Ond buan y diddymwyd y Senedd, gwnaed Cromwell yn Amddiffynnydd, a dyma anghydfod yn datblygu rhwng Morgan Llwyd a Vavasor Powell am na fedrent gytuno ar sut i ymateb i'r datblygiadau siomedig hyn.

Ond yr hyn a ddylid ei bwysleisio yw i Forgan Llwyd ddal i gredu yn nyfodiad y mil blynyddoedd ar ôl i'r gred honno golli ei pharch ymhlith y Piwritaniaid ceidwadol, ac ymddangos bellach yn gred anghymedrol, afresymol.

Mae'r dylanwadau arno yn hysbys bellach: gweithiau'r milflwyddwyr Saesneg; llyfrau Böhme; ei gyfeillgarwch â Thomas Harrison, Vavasor Powell, ac yn y blaen. Ond beth am ei gymhellion Cymreig? Tybed ai dyhead un o bobl yr ymylon a barodd iddo ddal i obeithio cyhyd y câi weld newid mawr ar fyd cyn iddo ymadael â'r byd hwn? Cymharer ef â'i gyfoeswr – y creadur rhyfedd hwnnw Arise Evans.[15] Yn wir y mae patrwm bywyd Evans yn cyfateb yn fras i batrwm bywyd Morgan Llwyd ei hunan. Ganed ef yn Llangelynnin, Sir Feirionnydd, yn 1607 a'i fedyddio yn 'Rhys'. Treuliodd ei faboed yn symud o le i le nes i'r teulu ymgartrefu yn Wrecsam. Yno, yn ôl un stori, y clywodd yr enwog Oliver Thomas yn pregethu yn Saesneg yn 1638 ar y testun, allan o Ganiad Solomon: '*Arise, my love, my fair one, and come away.*' A dyma Evans yn cymryd Duw ar Ei Air ac yn codi ar unwaith a'i baglu hi tua Llundain, lle yr ailfedyddiwyd ef, fel petai, yn Arise Evans. Ond fel y noda Christopher Hill, mae yna hefyd arwyddocâd symbolaidd i'r newid hwn o'r enw Cymraeg i'r llysenw Saesneg. Fe ddywed ei enw, a'i yrfa, lawer wrthym am y berthynas rhwng Cymru a Lloegr ar ôl cyfnod y Tuduriaid a'r Ddeddf Uno.

Ar ôl cyrraedd Llundain dechreuodd weld gweledigaethau a phroffwydo. A gwneud hynny weddill ei oes. Mae'n amlwg nad oedd yn ei iawn bwyll, ond mae'n amlwg hefyd nad rhywbeth cwbl gyfeiliornus a gwallgo oedd ei ysfa broffwydol. Fe ellir ei hesbonio, i raddau helaeth, drwy gyfeirio at ei gefndir Cymraeg, a chan gofio hefyd am feddylfryd milflwyddol y cyfnod, yn enwedig yn ystod pedwardegau'r ganrif. Ac fe geir ganddo fersiwn diddorol o hanes y Cymry. Yn ôl ei gred ef daliai trwch poblogaeth Prydain i fod yn Gymry (hynny yw, 'roeddynt o dras yr Hen Frytaniaid). Cawsai'r Sacsoniaid oruchafiaeth am gyfnod yn ystod yr Oesau Canol, ond gorchfygwyd hwy gan y Tuduriaid am i'r teulu hwnnw barchu'r hen broffwydoliaeth a hen iaith y Cymry. Apeliai Arise Evans yn 1649 ar i'r Saeson beidio â dirmygu'r Cymry, ac ar iddynt gofio'r proffwydoliaethau: '*that ye may as Britons be made partakers of the blessing with us, denying our English or Saxon interest, for surely the Saxon shall vanish as God hath determined it by our prophecies. Therefore you brave Britons, stand up for Christ's kingdom.'* Ar yr un pryd, ac er mai Brenhinwr pybyr oedd Evans, yr oedd ei gred fod y genedl Saesneg yn ddethol gan Dduw cyn gryfed â chred Milton neu Gromwell: *'the elect are nowhere else but here in England, and so tied in this place that if the faith of God's elect were destroyed here, there should be none saved. God hath a special regard to England.'*

Chwi sylwch, felly, fod Arise Evans ar y naill law yn ymfalchïo yn ei dras Gymreig ac ar y llall (heb anghysondeb) yn ei uniaethu ei hun yn llwyr â'r Saeson, ac â'u gweledigaeth hwy o'u hetholedigaeth ddwyfol. A dyma'r ddwy agwedd ar Gymreictod Morgan Llwyd yn ogystal. O bryd i'w gilydd yn ei gerddi rhyfelgar rhyngwladol fe'i ceir yn Sais (Protestannaidd, Piwritanaidd) pybyr: *'Up, up, yee lions of the lord / ye upright constant men / Appearance make. Then England will / bee called The Lions den.'* (G,1.53) Ond y gobaith bob tro yw y bydd i Gymru fach, 'lleiaf organ', ei chyfran yn rhyfel mawr y Saeson; ac y bydd, yn y Brydain Newydd a fydd hefyd yn Gaersalem Newydd, le anrhydeddus i Gymry yn ogystal â Saeson.[16]

Diddorol yw sylwi ar y ffordd y mae Morgan Llwyd, yn 'Hanes Rhyw Gymro', yn alegoreiddio profiadau chwerwaf y Cymry. Wrth restru'r trefi yn Lloegr y bu'n gwersylla neu'n llochesu ynddynt yn ystod ei grwydriadau gyda'r fyddin, mae'n fwriadol yn arfer yr hen enwau Cymraeg arnynt: Caer Badon, Caer Geri, Bier, Caerwynt, Neomagwyn, Tŵr Gwent a Gwern. 'Roedd nodi'r enwau dieithr hyn yn awgrymu'r wers y ceisiai ei dysgu i'w ddarllenydd: 'Dymmai rai or henwau hynaf / o ddinasoedd y wlad isaf, / mae pob peth yn newid henw / ni chas Cymro ond ei heddyw'. (G,1.58) Fe ŵyr y Cymry o'u profiad hir eu hunain, y gwirionedd a amlygir hefyd drwy anwadalrwydd pethau yn ystod cyfnod chwyldroadol y Rhyfel Cartref, sef mai 'Amser Byrr sy'n torri teyrnas / mynud awr sy'n codi dinas / nid iw dynion ond cysgodau / nid iw'r byd ond cysgod angau.' (*G*,1.58) Dyma ddefnyddio profiad yr hen Gymry i gyfiawnhau, gerbron y Gymru gyfoes, frenhingar, ddymchwel y brenin a'i ladd. A dyma ddefnyddio profiad diweddar y Cymry o chwyldro cymdeithasol a gwleidyddol fel sail darogan y Chwyldro Mawr Olaf: 'Gwae'r Twrk, Cythrel, Cnawd, a Rhufain' (*G*,1.60). Os gwlad fach yw Cymru ymhlith gwledydd y ddaear, eto nid yw'r holl ddaear ond 'dilledyn / a newidir mewn un flwyddyn.' (*G*,1.59) Ac wrth gwrs mae Cymru yn rhan o'r ynys etholedig: 'ynys brydain yn y gogledd / a dyrr Europ yn y diwedd' (*G*,1.60).

* * * *

Mae gan Christopher Hill awgrym fel hyn yn un o'i lyfrau: '*It would be interesting to make a serious study of the cultural consequences of the union of Great Britain begun by Henry VII and VIII, extended by James I, completed by the New Model Army.*'[17] Meddwl y mae yn rhannol am y cyfraniad a wnaeth y Cymry, ac eraill o dras Gymreig, i ddiwylliant Lloegr yn y cyfnod hwn. Mae'n enwi John Donne, George Herbert, Traherne, Lord Herbert of Cherbury, John Davies (Hereford), Inigo Jones, Robert Recorde, John Dee, Robert Fludd, Matthew Gwynne, Edmund Gunter, Edward Somerset. Ac fe ychwanega at y rhain enwau'r Piwritaniaid radical Cymreig; John Penry, Walter Cradoc, Vavasor Powell, William Erbery – a Morgan Llwyd. Mae'r rhain i gyd, meddai, yn bwysig yn hanes Lloegr, beth bynnag y bo'u gwerth i Gymru: '*This cultural influx may have been a bad thing for Wales. But it was certainly very good for England.*'[18] Mae'n werth sylwi fod Sais yn amau fod yna, o safbwynt y Cymry, agweddau andwyol iawn yn perthyn i'r datblygiadau hyn. Soniodd Thomas Richards hefyd am hyn wrth grybwyll fod cymeriad Seisnig y mwyafrif o'r Comisiynwyr a apwyntiwyd i weithredu Deddf Taenu'r Efengyl yn 1650 yn adlewyrchu '*the territorial range of the Puritan interests and the thoroughly English atmosphere of the Puritan conquest.*'[19] Ond tuedd naturiol a theilwng y Cymry Cymraeg erioed fu

gweld y Piwritaniaid nid fel gorchfygwyr ond fel rhydd-
hawyr – hynny yw eu gweld fel sylfaenwyr cenedl Anghyd-
ffurfiol, ddemocrataidd werinol. Ac mae gwaith Morgan
Llwyd yn allweddol yng nghreu'r traddodiad hwn.
Ond wrth ddilyn awgrym Christopher Hill mae modd ei
weld hefyd, nid fel tad y genedl Anghydffurfiol Gymraeg
ond fel un o blant y Ddeddf Uno. Ac o'i weld felly mae'n
haws ei osod dros dro ar wahân i'r Piwritaniaid a'i gysylltu
â rhai o'i gyfoeswyr Cymraeg nad oeddynt o'r un farn
grefyddol a gwleidyddol ag ef. O wneud hyn fe sylweddol-
wn fod ymhlith Cymry'r cyfnod hwn ddau o'n hawduron
crefyddol mwyaf. Morgan Llwyd, wrth gwrs, yw un, a
digon hawdd yw dyfalu pwy yw'r llall:

> They are all gone into the world of light!
> And I alone sit lingring here;
> Their very memory is fair and bright,
> And my sad thought doth clear . . .
>
> I see them walking in an Air of glory,
> Whose light doth trample on my days;
> My days, which are at best but dull and hoary,
> Meer glimmering and decays.

O gyfrol enwog Henry Vaughan, *Silex Scintillans*, y daw'r
penillion hyn, ac mae'n bur debyg mai'r profiad o golli ei
frawd, William, yn 1648 a symbylodd Vaughan i ysgrifen-
nu llawer o'r cerddi dwysaf yn y llyfr.[20] Yn wir, esgorodd y
brofedigaeth ar dröedigaeth a barodd i Vaughan roi'r
gorau i ysgrifennu barddoniaeth seciwlar, ac a arweiniodd
at gyhoeddi *Sacred Songs* (dyna is-deitl *Silex Scintillans*).
Mae'r emblem sy'n addurno dalen deitl y llyfr yn dangos
callestr ar lun calon, ynghyd â braich sy'n anelu taranfollt
at y fflint. Wrth i'r fellten daro'r garreg dân daw dafnau o
waed a dagrau allan ohoni. Arwydd yw hyn fod Duw wedi
ceryddu Vaughan, drwy gystudd, nes peri i'w galon
bechadurus, galed, droi'n delpyn o gnawd sy'n llawn
dioddefaint ac edifeiriant.

Awgryma rhai fod Vaughan wedi dioddef afiechyd
difrifol, ac mai hynny a effeithiodd fwyaf arno, ond cytuna
pawb ei fod hefyd wedi ei gynhyrfu'n fawr iawn gan

lwyddiant ysgubol y Piwritaniaid ar ddiwedd y pedwar-
degau.²¹ Torrwyd pen y brenin yn 1649, ac ar ôl hynny
'doedd neb na dim a fedrai rwystro'r gorchfygwyr rhag
rheoli'r wlad. Gan fod Henry Vaughan yn frenhinwr
teyrngar, ac yn Eglwyswr taer, teimlai yn 1650 fod y cyfan
y credai ynddo mor angerddol wedi cael ei chwalu'n
deilchion. Yn wyneb y fath enbydrwydd, 'roedd ei fardd-
oniaeth grefyddol yn noddfa ac yn nerth iddo. Yn *Silex
Scintillans* ymdrechodd i ddygymod â'r tro mawr a welsai ar
fyd: 'It is an observation of some *spirits*, that *the night is the
mother of thoughts.* And I shall adde, that those thoughts are
Stars, the *scintillations* and *lightnings* of the soul strugling
with *darknesse.*' (133)

Yn wir, gellir awgrymu fod *Silex Scintillans*, bron cymaint
â llyfrau Morgan Llwyd, yn gynnyrch y chwyldro Piwritan-
aidd a ddigwyddodd yng Nghymru. Yn 1650 y cyhoedd-
wyd y rhan gyntaf o'r casgliad, a'r flwyddyn honno daeth
Deddf Taenu'r Efengyl i rym. Buan ar ôl hynny diswydd-
wyd brawd Henry, sef Thomas Vaughan, offeiriad Llan-
sanffraid. Cyhuddwyd ef o fod yn feddwyn ac yn rhegwr, a
dywedwyd ei fod yn bregethwr eithriadol sâl. Ond y gwir
amdani, mae'n bur debyg, yw ei fod yn cael ei gosbi
oherwydd iddo ymladd o blaid y Brenin. Unwaith yr oedd
gan y Piwritaniaid rym gwleidyddol yng Nghymru, defn-
yddient ef yn aml i gael gwared ar eu gelynion. Yn wir,
cychwynasai'r gwaith o ddial hyd yn oed cyn i Ddeddf y
Taeniad gael ei phasio. Yn 1648 gollyngwyd ymaith ddau
offeiriad dysgedig, duwiol, a oedd yn ffrindiau mynwesol i
Henry Vaughan, sef Matthew Herbert, Llangatwg, a
Thomas Powell, Cartref.

Teimlai Henry Vaughan ei fod yn byw mewn cyfnod o
erledigaeth greulon, ac y mae cyfeiriadau chwerw at
ormeswyr y wir ffydd yn britho'r gweithiau a ysgrifennodd
yn y cyfnod rhwng dau frenin. *'Thy Ministers are trodden
down'*, meddai wrth yr eglwys, *'and the basest of the people are
set up in thy holy place.'* (131) Teimlai fel petai'n trigo
'amongst the stones of emptiness' (116) ac erfyniai ar Dduw *'[to]
ray thy selfe into my soul.'* (108) Fe'i cysurid wrth feddwl fod

yr Hollalluog yn agos ato yn ei drallod: *'Thou seest, O God, how furious and Implacable mine Enemies are, they have not only rob'd me of that portion and position which thou hadst graciously given me, but they have also washed their hands in the blood of my friends, my dearest and nearest relatives.'* (132) Rhaid sylweddoli fod llwydd Morgan Llwyd a'i debyg yn golygu aflwydd trychinebus i Henry Vaughan, a bod paradwys y sant yn uffern i'r Eglwyswr.

Mae'r cyfyngderau lu a esgorodd mor annisgwyl yn y cyfnod hwn ar weithiau gwychaf Henry Vaughan wedi eu rhestru'n gynnil gan Thomas O. Calhoun mewn astudiaeth werthfawr.[22] Mae'n sôn am ddrylliad yr Eglwys wladol a'r wladwriaeth; methiant y gwerthoedd traddodiadol i oresgyn afresymoldeb yr holl ryfela gorffwyll; methiant y cyfundrefnau economaidd a chyfreithiol i sicrhau cyfiawnder; diwedd yr ysgolion a'r eglwysi; a rhuthr anwybodaeth a chreulondeb drwy'r holl dir. Cafodd cynllun bywyd Henry Vaughan ei chwalu, a chafodd ei ffrindiau eu gwasgu a'u gwasgaru. Iddo ef, yr oedd cyflwr eglwys llawer llan yng Nghymru yn symbol o'r llanast:

> These reverend and sacred buildings (however now vilified and shut up) have ever been, and amongst true Christians still are the solemne and publike places for Divine Worship: There the flocks feed at noon-day, there the great Shepherd and Bishop of their souls is in the midst of them, and where he is, that Ground is holy. (112)

I Henry Vaughan, yr oedd symbol, a defod, a litwrgi yn rhannau annatod, anhepgor o addoliad, oherwydd ynddynt yr oedd ymgnawdoliad a datguddiad o ddirgelion byd yr ysbryd. Felly, wedi ei amddifadu o'r cyfryngau eglwysig hynafol hyn, defnyddiodd ei ryddiaith a'i fardd-oniaeth i greu ei batrymwaith awgrymog ei hun o symbolau ysbrydol cyfrin. Er na fynnai ymaflyd codwm â'r gyfundrefn eglwysig a'r gyfundrefn wleidyddol gref a sefydlwyd gan y Piwritaniaid buddugoliaethus, medrai wrthsefyll a gwrthweithio'n dawel drwy greu symbolaeth gyfoethog a allai arwain at ddiwygiad ysbrydol mewnol. Yr union adeg yr oedd Morgan Llwyd yn ysgrifennu llyfrau

er mwyn rhoi nerth ychwanegol i fudiad cenhadol y
Piwritaniaid yng Nghymru, yr oedd Henry Vaughan yn
ysgrifennu llyfrau defosiynol cwbl groes i'r mudiad
hwnnw.

Mae'n briodol inni synied am *Silex Scintillans* fel llyfr a
oedd yn rhan o wrth-chwyldro dirgel a oedd ar waith yma
yng Nghymru. Ond nid edrych ymlaen at chwyldro
gwleidyddol arall a wnâi Henry Vaughan, eithr disgwyl am
y Chwyldro Olaf, pan fyddai holl deyrnasoedd y ddaear yn
cael eu dymchwel wrth i Grist y Brenin ymddangos yn ei
ogoniant. Gwêl Henry Vaughan arwyddion cyfrin bod y
cread cyfan yn dyheu am gael ei adfer i burdeb ei ogoniant
gwreiddiol, a bod rhinweddau a grymusterau ysbrydol
ynghudd drwy'r greadigaeth i gyd, yn disgwyl am gyflawn-
iad. Ceir mynegiant gwych o'r weledigaeth hon yn y gerdd
gyfarwydd 'Cock-crowing':

> *Father of lights! what Sunnie seed,*
> *What glance of day hast thou confin'd*
> *Into this bird? To all the breed*
> *This busie Ray thou hast assign'd:*
> *Their magnetisme works all night,*
> *And dreams of Paradise and light.*

> *Their eyes watch for the morning hue,*
> *Their little grain expelling night*
> *So shines and sings, as if it knew*
> *The path unto the house of light.*
> *It seems their candle, howe'r done,*
> *Was tinn'd and lighted at the sunne.*

Mae Vaughan yn eiddigeddus o reddf y ceiliog, ac ar
ddiwedd y gerdd gweddïa ar i Dduw ei ryddhau o afael y
tywyllwch: '*But brush me with thy light, that I / May shine unto a*
perfect day, / And warme me at thy glorious Eye!' (323) Os nad
oedd yr eglwysi gweigion o'i gwmpas yn ddim, bellach, ond
'stones of emptiness', medrai Vaughan ddianc o sŵn y
pregethwyr Piwritanaidd melltigedig i gyfeillach creigiau
mudion y greadigaeth fawr ei hun: '*So hills and valleys into*
singing break, / And though poor stones have neither speech nor
tongue, / While active winds and streams both run and speak, /

37

Yet stones are deep in admiration.' (332) Mae'n weledigaeth syfrdanol, gyfareddol, a cheir awgrym yn aml yn y cerddi fod byd natur yn llawer agosach nag yw'r ddynoliaeth at berffeithrwydd ysbrydol y byd cyn y Cwymp.

O'r gerdd 'The Bird' y daw'r llinellau uchod, ac ni ellir cael gwell enghraifft o'r gwrthgyferbyniad dramatig rhwng gweledigaeth y Piwritan Cymraeg a gweledigaeth yr Eglwyswr Cymraeg na'r gwahaniaeth rhwng aderyn a cheiliog Henry Vaughan ar y naill law a thri aderyn Morgan Llwyd ar y llaw arall. Mae'r naill awdur yn gweld olion Duw, a'r addewid am y dydd mawr a ddaw, drwy'r cread ben bwy gilydd, oherwydd ni wêl ddim ond düwch y fall a therfysg y Dyddiau Olaf yn anfadwaith y Piwritaniaid. Eithr cred y llall fod llwyddiant gwyrthiol achos y Piwritaniaid yn arwydd fod Duw ei Hun o'u plaid, a'i fod Ef yn defnyddio'r saint i alw'r achubedig rai ynghyd i ddiogelwch yr Arch, cyn i'r cread llygredig gael ei ddinistrio'n gyfan gwbl. Disgwyl am waredigaeth oddi wrth y Piwritaniaid a wnâi Henry Vaughan yn rhannol wrth ddisgwyl am Ddiwedd y Byd, ond disgwyl am yr Ail-ddyfodiad a fyddai'n goron ar holl waith y Piwritaniaid a wnâi Morgan Llwyd.

Mae'r gwrthgyferbyniad rhwng credoau'r ddau Gymro yr un mor drawiadol os gosodwn y llyfrau crefyddol a gyhoeddodd Morgan Llwyd yn 1653 ochr yn ochr â *The Mount of Olives,* sef y gyfrol o ryddiaith ddefosiynol yr oedd Henry Vaughan wedi ei chyhoeddi brin flwyddyn ynghynt. Aeth un ysgolhaig mor bell yn ddiweddar ag awgrymu fod dull y Piwritaniaid o bregethu ac o ysgrifennu wedi dylanwadu'n bur sylweddol ar arddull Henry Vaughan yn y llyfr arbennig hwn:

Vaughan diverges from the authority of the Anglican Prayer Book in a most interesting way. His tendency toward new combinations and distillations of biblical phrase and voice is typical of the volatile rhetoric, the headlong, seemingly endless glosses upon urgent passions uttered by Independents like Cradock and Vavasor Powell, or found in journals of men like Fox. Their inner conflicts and convictions, or the experience they are recording, determines which verse or voice is to

38

be drawn upon, and when. Compare this method with that of a sermon by Lancelot Andrewes, or even John Donne, where a passage from the Bible is presented first, and all reasonable truth follows from it. In the case of Vaughan's prose prayers, the Bible becomes less a source of truth in itself than a means of expressing and revealing the truth possessed within and so possessing the speaker. The Bible is a vocabulary for the inner man. Experience determines the form its language will take.[23]

Serch hynny, fel y dengys yr un ysgolhaig, prif fwriad Henry Vaughan oedd darparu llyfr o weddïau, o ymarferion ac o fyfyrdodau ar gyfer Eglwyswyr a oedd wedi colli eu Heglwys, ynghyd â'r symbolau, y defodau, yr ordinhadau, y litwrgïau, a'r calendr o wyliau ac o wasanaethau arbennig a oedd yn rhan o wead cymhleth, cyfoethog bywyd yr Eglwys drwy gydol y flwyddyn. I gredadun fel Vaughan, y gweithgareddau cysegredig hyn oedd yn gwneud patrwm ystyrlon o dreigl amser, yn cynnal ffordd draddodiadol o fyw, ac yn cadw trefn ar fywyd dyn. Hebddynt yr oedd bywyd yn ddi-lun, yn ddigyfeiriad ac yn ddibwrpas. Felly ceisiodd Vaughan baratoi dilyniant o weddïau a fyddai yn galluogi'r unigolyn i greu ei fychanfyd crefyddol ei hun, ar batrwm y cynllun eglwysig mawreddog oedd bellach wedi ei ddiddymu. *'Here are* Morning *and* Evening *sacrifices'*, meddai yn ei Ragymadrodd, *'with holy and apposite* Ejaculations *for most times and occasions.'* Ac meddai ymhellach:

> *And thus, Christian Reader, do I commend it to thy practise and the benefit thou shalt finde thereby. Onely I shall adde this short exhortation: That thou wouldest not be discouraged in this way, because very many are gone out of it. Think not that thou art alone upon this Hill, there is an innumerable company both before and behinde thee. . . . If therefore the dust of this world chance to prick thine eyes, suffer it not to blinde them.*

Sylwer, felly, fod Henry Vaughan am i'w lyfr fod yn gynhaliaeth ac yn ysbrydoliaeth i'r unigolyn yn ei unigrwydd. Dyna paham y rhoddodd i'r gyfrol yr is-deitl *Solitary Devotions.* Fel yr esbonia wrth gyflwyno'r gwaith i Sir Charles Egerton, bu'n rhaid i'r Iesu ei Hun ddioddef '*[a]* nights-lodging *in the cold* Mount *of* Olives', felly ni ddylai ei ddilynwyr Ef gwyno am eu bod yn gorfod dioddef ychydig yn enw Crist.

Llatai ysbrydol yw'r llyfr, ac meddai ymhellach wrth ei noddwr: '*I know, Sir, you will be pleased to accept of this poor Olive-leafe presented to you, so that I shall not be driven to put forth my hand to take in my* Dove *againe.*' Colomen wahanol iawn i golomen Morgan Llwyd yw hon, a neges wahanol iawn sydd ganddi. Synhwyrwn yn y frawddeg uchod fod Vaughan yn ŵr unig. Ni all brofi cymdeithas gyda'r saint, yr un fath â Morgan Llwyd. Fel y sylwodd un sylwebydd yn ddiweddar, nid oes yr un cyfeiriad at gyfeillach y ffyddloniaid nac at gymdeithas ei gyd-ddynion yng ngwaith Vaughan. Ni cheir dim ond gwerthfawrogiad cynnes, cyfriniol, o brosesau byd natur. Ynddynt hwy, ar waetha'r niwl sy'n drysu meddwl dyn, gwêl y bardd ambell arwydd hudolus o fyd gwell, ac ambell fflach o'r goleuni dwyfol, cyn i'r caddug ei ddallu unwaith yn rhagor. Gweddïa'n aml am gael dianc o dywyllwch y byd, ac am gael ymuno â'r meirwon sydd bellach yn preswylio'n barhaus yn wyneb haul ac yn llygad goleuni.[24]

Bu llawer o drafod erbyn hyn ar y cariad eithriadol a fynegir gan Vaughan at harddwch ei fro enedigol. Dywed rhai ymhellach mai dyna'r unig awgrym a gawn fod gan Vaughan gariad at Gymru, er i F. E. Hutchinson geisio dangos fod dylanwd yr iaith Gymraeg i'w weld ar y ffordd y mae'n defnyddio Saesneg.[25] Gwyddys, wrth gwrs, fod Vaughan wedi ei fagu yn y Gymraeg, er na wyddom faint o wybodaeth oedd ganddo am lên Cymru nac am hanes ei famwlad. Ond gan fod cymaint o ddyfalu wedi bod ynghylch Cymreictod Henry Vaughan, hwyrach y caniateir i minnau yn fy nhro gynnig sylw neu ddau pellach.

Ceir cerdd yn *Silex Scintillans* sy'n dwyn y teitl 'The British Church'. O gofio fod Vaughan yn edmygydd brwd o fuchedd ac o farddoniaeth grefyddol George Herbert, sylweddolwn fod y Cymro am ein cyfeirio yn ôl at gerdd o'r un enw a geir yng nghasgliad enwog Herbert, *The Temple*. Ond mae un posibilrwydd arall sydd o leiaf yn werth ei

ystyried. Mae'n bur debyg fod Henry Vaughan yn gyfar-
wydd iawn â'r Beibl Cymraeg – wedi'r cyfan yr oedd ei
frawd, Thomas, ynghyd â ffrindiau i Henry a oedd yn
offeiriaid yng nghylch Aberhonddu, i gyd yn arfer preg-
ethu yn y Gymraeg o bryd i'w gilydd. Felly mae'n ddigon
posibl fod Henry Vaughan yn ymwybodol o'r 'hanes' yr
oedd yr Anglicaniaid Cymraeg mor falch ohono. Dyma'r
hanes ffug y cyfeiriwyd ato eisoes, sef y chwedl am burdeb
yr Eglwys Fore ym Mhrydain. Fel yr esboniwyd yn barod,
honnai'r Anglicaniaid mai Eglwys Loegr oedd gwir ddis-
gynnydd ac etifedd ysbrydol yr Eglwys Fore 'Brydeinig'
honno.

Pan gyhoeddwyd y chwedl gyntaf, adeg y Diwygiad
Protestannaidd, fe'i defnyddiwyd hi i ddilorni'r Eglwys
Babyddol. Eithr ganrif yn ddiweddarach nid Eglwys
Rufain a barai ofid i Eglwyswr fel Henry Vaughan, ond
mudiad y Piwritaniaid. Yn wyneb y bygythiadau a ddeuai
o'r cyfeiriad hwnnw, hoffai Vaughan arddel ei berthynas,
fel Eglwyswr, â hanes hynafol yr Eglwys Gristnogol. Mae
cyfeiriadau at ddiwinyddiaeth Tadau'r Eglwys Fore yn
frith drwy'i weithiau, ac fe gyfieithodd hanes bywyd dau
o'r esgobion cynnar o'r Lladin i'r Saesneg. Yn wir, clywir
llawer o sôn ganddo am burdeb *the Primitive Church'*.

Mentrwn awgrymu, felly, y gallai fod gan hoffter
Vaughan o *'The British Church'* ei gyfran yn yr hiraeth a
fynegir ganddo'n gyson am ffydd Gristnogol ddilychwin,
ddiffuant y gorffennol pell. Yn sicr, yr oedd gan hynaf-
iaeth o bob math afael mawr iawn ar ei ddychymyg. Sylwer
ar yr hyn a ddywed Thomas Calhoun, heb iddo wybod dim
am chwedl 'The British Church':

> *The poet's decision to become 'the Silurist', member of an ancient
> Celtic tribe, is consistent with a desire to become like those who lived
> nearer the time of the gods. Vaughan's verbal borrowings, para-
> phrases, and assimilations signify his desire to bring new life, or
> presence, to ancient voices that inspire him, ritualize his entrance to
> their sanctified fellowship, and facilitate his need to create a
> comprehensive and singular identity by compounding aspects of
> exemplary personalities. Vaughan's use of others' language may thus
> be regarded as a manifestation of the quest for rebirth as well as a way*

41

to achieve that end. As he can neither deny nor escape the present, he makes the past a part of it. In the company of the dead, their voices and perspectives distinct yet merging with his own, he can reassess, define, express, and in this sense create changes in his own condition.[26]

Efallai y teimlai Henry Vaughan mai hen eglwys y Cymry ar ei gwedd newydd oedd Eglwys Loegr, ac felly fod cysylltiad hynafol eithriadol ddwys rhwng ei wlad enedigol a'r ffydd yr oedd ef yn glynu wrthi â chymaint o angerdd. Os gwir hynny, wele wrthgyferbyniad arall hynod drawiadol rhyngddo ef a Morgan Llwyd. Ceir ganddynt ddwy gred ysbrydol gyferbyniol sydd ar yr un pryd ynghlwm wrth ddwy olwg gyferbyniol ar Gymru. Y mae 'Cymreictod' Morgan Llwyd a 'Chymreictod' Henry Vaughan felly yn taflu golau newydd ar ei gilydd.

Cawn gip annisgwyl arall ar Gymreigrwydd Henry Vaughan mewn llythyr hynod ddiddorol a ddanfonodd tua diwedd ei oes at berthynas iddo, yr enwog John Aubrey. Yr oedd hwnnw'n amlwg wedi ysgrifennu ato i holi am hanes y derwyddon, ac etyb Vaughan ef drwy esbonio mai traddodiad llafar oedd eu traddodiad hwy, ac nad oes dim o'r ddoethineb a feddent wedi goroesi ar bapur. Yna, â yn ei flaen i sôn am grefft disgynyddion y derwyddon, sef y beirdd Cymraeg. 'Roedd ganddynt hwy eu cymdeithas farddol drefnus, meddai, ac awgryma y dylai Aubrey ddarllen llyfr dysgedig John David Rees (sef Siôn Dafydd Rhys) os ydyw am wybod mwy am grefft cerdd dafod:

This vein of poetrie they called Awen, which in their language signifies as much as Raptus, or a poetic furor; and (in truth) as many of them as I have conversed with are (as I may say) gifted or inspired with it. I was told by a very sober and knowing person (now dead) that in his time, there was a young lad father and motherless, and soe very poor that he was forced to beg; butt att last was taken up by a rich man, that kept a great stock of sheep upon the mountains not far from the place where I now dwell, who cloathed him and sent him into the mountains to keep his sheep. There in summer time following the sheep, and looking to their lambs, he fell into a deep sleep; In wch he dreamt, that he saw a beautifull young man with a garland of green

42

leafs upon his head, and an hawk upon his fist; with a quiver full of Arrows att his back, coming towards him (whistling several measures or tunes all the way) & att last lett the hawk fly att him, wch (he dreamt) gott into his mouth and inward parts, and suddenly awakened in a great fear of consternation: butt possessed with such a vein, or gift of poetries, that he left the sheep and went about the countrey making songs upon all occasions, and came to be the most famous Bard in all the Countrey in his time.[27]

Beth a wnawn ni o'r stori ryfedd, afaelgar hon? Rhoddodd Roland Mathias sylw manwl iddi, a'i farn bendant ef yw ei bod hi'n profi mai edrych o'r tu allan ac oddi fry ar y traddodiad Cymreig a wnâi Vaughan, er ei fod yn Gymro Cymraeg. Ef yw'r awdur Eingl-Gymreig mawr cyntaf, meddai Mathias, ac mae ei agwedd at lên a hanes Cymru ysywaeth yn rhagarwyddo agwedd llawer o'r awduron Eingl-Gymreig a ddaeth ar ei ôl. Cred Mathias mai chwedl liwgar yw hon a adroddir naill ai er mwyn gwneud cyff gwawd o'r Cymry cyntefig ofergoelus, neu efallai â'r bwriad o'u gwneud i ymddangos fel plant sy'n annwyl am eu bod mor naïf.[28]

Dengys Roland Mathias yn glir fod tystiolaeth ddigonol ar gael nad oedd Vaughan yn ymddiddori llawer yn hanes y Cymry, a dadleua mai'r addysg a gafodd yn Rhydychen a'r amser a dreuliodd yn ninas Llundain a bennodd ei chwaeth a'i ymagweddiad diwylliannol. Bardd a drwythwyd yn y Clasuron ydoedd Vaughan, a chredai mai'r Sais oedd gwir etifedd y diwylliant hwnnw. Pan aeth ati i ysgrifennu am afon Wysg, gwnaeth hynny er mwyn profi bod modd ysgrifennu bugeilgerdd hyd yn oed am ardal ddiarffordd mewn gwlad nad oedd ganddi fawr ddim diwylliant.

Mae sylwadau Roland Mathias yn rhai treiddgar ond hwyrach nad yw'r darlun cyfan ganddo. Er na feddyliai Henry Vaughan amdano'i hun fel 'bardd' Cymreig, medrai gyfeirio at y beirdd mewn ffordd ddigon parchus o bryd i'w gilydd, ac yn *The Mount of Olives* mae'n dyfynnu englyn. Un o blant – neu'n hytrach un o wyrion – y Ddeddf Uno ydoedd ef, ac nid oedd Cymru'n ddim iddo ond rhan fechan o'r deyrnas fawr a reolid o Lundain. Eithr ar yr un pryd yr oedd y wedd hynafol ar Gymru yn destun balchder o hyd i bobl felly, ac ni fynnent gael eu cyfrif yn Saeson. Fel y dywedodd brawd Henry, sef Thomas Vaughan wrth Henry More: *'For my part, I professe I am no Englishman, neither would I be taken for one such, although I love the nation as well as thy self.'*[29]

Gallai Henry Vaughan fod yn synied am y bardd a lyncodd yr hebog fel enghraifft amrwd o'r hyn a geisiai ef ei hun ei gyflawni wrth farddoni. Yn astudiaeth ddiweddar Thomas O. Calhoun, ceir pennod gyfan sy'n dangos fod Vaughan yn ei gerddi yn ceisio adleisio cynghanedd y bydysawd.[30] *'For the singing of birds is* naturalis musica mundi', meddai yn *The Mount of Olives, 'to which all other strains are but discord and harshness.'* Mae'r *anima mundi* yn peri i holl leisiau'r greadigaeth ganu cân o fawl i'r Goruchaf, ac y mae cerdd dafod y bardd yn fodd i'r ddynoliaeth hithau ymuno yn y gerddoriaeth fawreddog honno. Yr awen, neu *furor poeticus,* a alluoga'r bardd i ymgolli yn y gân ac i lunio salmau teimladwy. Yn llyfrau ysgolheigion Platonaidd cyfnod y Dadeni y cafodd Vaughan hyd i'r syniadau soffistigedig hyn parthed perthynas y bardd â chynghanedd y *cosmos,* ac o osod y stori am y bardd Cymraeg yng nghyd-destun eu damcaniaethau hwy gwelir ei bod yn ddameg am y ffordd y gall yr ysbryd a drig ym myd natur feddiannu enaid dyn.

Wrth gwrs, dim ond profiad amrwd, anghyflawn o'r *anima mundi* a gâi'r bardd Cymraeg druan. Ni feddai ef y ddawn ysbrydol i glustfeinio ar gerddoriaeth gyfrin gyfoethog y *naturalis musica mundi.* Neu fel yna mae'n siwr y gwelai Henry Vaughan hi – ac yn hynny o beth yr oedd ei olwg ef ar hen ddiwylliant y Cymry yn ddigon tebyg i olwg Morgan Llwyd. Cynnyrch y Ddeddf Uno oeddynt, ac oddi wrth y Saeson y derbyniodd y ddau ohonynt eu haddysg grefyddol. O'r herwydd cred y ddau fod eu gweledigaeth ysbrydol hwy yn rhagori ar weledigaeth eu cyndadau Cymreig. Eto fyth, ceisiant buro ambell draddodiad a'i gymhwyso at eu pwrpas hwy. Gwelir y traddodiad proffwydol ar ei newydd wedd yng ngwaith Morgan Llwyd, ac efallai bod dehongliad rhamantaidd rhyfedd o'r traddodiad barddol y tu cefn, ac yn gefn, i awen Henry Vaughan.

Yn y bennod hon fe soniwyd droeon wrth fynd heibio am efell Henry Vaughan, sef Thomas Vaughan, a chyn gorffen fe fyddai yn werth inni sylwi'n fanylach arno, oherwydd yr oedd yntau yn awdur y dylai Cymru ei gydnabod a'i werthfawrogi.[31] Fe gofir iddo gael ei droi allan o'i swydd fel rheithor Llansanffraid gan gyfeillion Morgan Llwyd, y Piwritaniaid hynny a benodwyd yn Brofwyr dan Ddeddf y Taeniad yn 1650. O'r herwydd teimlai Thomas Vaughan fod y wir ffydd bellach yn ddigartref: *'This truth – like the dove in the deluge – must hover in winds and tempests, overlook the surges and billows, and find no place for the sole of her foot. But the wise God provides for her: on all these waves and waters she hath a little bark to return to. Methinks I see her in the window all wet and weather-beaten.'* (*Lumen de Lumine*, 242)[32] Yr oedd gan Thomas Vaughan yntau encilfa lle y medrai ddianc i lochesu rhag y dymestl, ac alcemi oedd y ddihangfa honno.

Alcemi ysbrydol oedd prif ddiddordeb Thomas Vaughan. Credai fod Cwymp Dyn yn gwymp natur hefyd ac y byddai i'r ddau gael eu hadfer gyda'i gilydd yn y diwedd. Yn y Cwymp gwreiddiol tewychodd natur y ddynoliaeth a'r cread, fel y disgrifiodd Morgan Llwyd: 'Wrth hyn y peth oedd fel gwydr a droes yn bridd, yr haul a dywyllwyd. Y nerth gwreiddiol aeth yn asgwrn, a hwnnw yn ewyn, ac hefyd yn gnawd gwan pwdr.' Carcharwyd y golau a ddaeth o'r haul dwyfol yn nhywyllwch pygddu y byd cwympedig, a gyrrwyd yr enaid oddi cartref wrth i'r cnawd ymgartrefu ac ymserchu yn y byd hwn. Daliai'r enaid i hiraethu am baradwys, a dyheu am ddychwelyd i'w wlad ei hun. Ac yr oedd arwyddion o'r purdeb gwreiddiol yn dal ym myd natur hefyd – yr hyn a alwyd gan Henry Vaughan yn 'hadau'r goleuni' ('seeds of light') a drigai ym mherfeddion pob creadur drwy'r cread cyfan.

'The Peripatetics', meddai Thomas Vaughan, *'look on God as they do on carpenters, who build with stone and timber, without*

any infusion of life. But the world – which is God's building – is full of spirit, quick and living.' (*Anthroposophia Theomagica*, 8) Synhwyrai fod y cysyniad o'r byd fel adeilad a godwyd o ddefnyddiau crai difywyd yn prysur ennill tir, ac yr oedd y pwyslais dwys a roddai ef a'i frawd, Henry, ar yr *anima mundi* yn ymdrech ganddynt i barhau hen gred a oedd bellach dan fygythiad. Cyfareddid Thomas Vaughan gan brydferthwch natur, a chredai mai cysgod gwan oedd hwn o brydferthwch paradwysaidd y cread gwreiddiol yr oedd Duw Ei Hun wedi ymserchu gymaint ynddo fel ei fod yn ei gyniwair o hyd: *'Nature is the Voice of God, not a mere sound or command but a substantial, active breath, proceeding from the Creator and penetrating all things.'* (*Anima Magica Abscondita*, 84) *'We should therefore examine who weaves the flowers of vegetables, who colours them without a pencil, who bolts the branches upwards and threads – as it were – their roots downwards.'* (*Anima Magica Abscondita*, 83)

Yn y fan hon eto gwelir gwahaniaeth clir rhwng agwedd Thomas Vaughan ac agwedd Morgan Llwyd. Oherwydd ei gariad angerddol at fyd natur *('that mysterious kiss of God and Nature')* edrychai Vaughan ymlaen at weld y byd hwnnw'n cael ei arbed a'i adfer yn llwyr: *'the Spirit of God in those sacred oracles seems not only to mind the restitution of man in particular but even the redemption of Nature in general'* (*Euphrates*, 391). Ond wele bwyslais gwahanol Morgan Llwyd: 'y Gair . . . a barodd i'r ddaear esgor ar anifeiliaid, ac i'r môr ddwyn allan bysgod, ac i naturiaeth ddwyn allan bob peth ar a oedd ynddi, ar ôl ei ryw ei hun. Ond pan aeth ef i wneuthur dyn, ni pharodd ef i ddim ar a greasid mo'r esgor. Ond, efe ei hunan a ddywedodd. "Gwnawn ddyn ar ein llun a'n delw ein hun." Am hynny, mae enaid dyn wedi dyfod o'r anfarwoldeb, ac yn myned i'r tragwyddoldeb.' (*Ll*,42: *G*,1.199)

Chwilio a wnâi Vaughan am y wybodaeth gyfrin a fuasai'n trawsnewid y byd allanol a thrwy hynny'r byd mewnol yn ogystal: *'In a word, salvation itself is nothing but transmutation'* (*Lumen de Lumine*, 302). Eithr nid trwy ddysgeidiaeth gyfrin ond trwy ras Duw y disgwyliai i'r gyfryw wybodaeth gael ei datgelu: '*I have known His secret light: His candle is my schoolmaster. I testify those things which I have seen under His very beams, in the bright circumference of His glory*' (*Lumen de Lumine*, 241). Ac ni fyddai pob metel yn troi'n aur cyn caniad yr Utgorn Olaf: '*"Behold"* – *saith the apostle* – *"I shew you a mystery: we shall not all sleep, but we shall all be changed, in a moment, in the twinkling of an eye, at the last trump". God of His great mercy prepare us for it, that from hard stubborn flints of this world we may prove chrysoliths and jaspers in the new, eternal foundations*' (*Lumen de Lumine*, 302).

Gwyddai Vaughan yn iawn am ffynonellau athronyddol ei weledigaeth. Yn amlwg yn eu plith yr oedd y Kabala Iddewig a gwaith y Platoniaid Newydd – dwy ffynhonnell bwysig i athroniaeth Morgan Llwyd yn ogystal. Ond mae Vaughan a Morgan Llwyd yn cynrychioli'r ddwy ffrwd sy'n rhedeg i'w gilydd i greu dyfnderoedd y traddodiad cyfriniol Protestannaidd. Mae'r naill yn deillio o Paracelsus a'r traddodiad alcemigol-hermetig; a'r llall yn tarddu o'r cyfrinwyr Catholig a'r diwygwyr crefyddol mawr, megis Luther a Chalvin. Ac mae'n ddiddorol sylwi fod Böhme yn ei gyfnod cynnar yn tueddu at yr alcemigwyr, ond yn ei ail gyfnod (yn y gweithiau a ddylanwadodd ar Forgan Llwyd) yn troi tuag i mewn, gan ymwrthod â *gnosis* a phwysleisio'r angen am ddiwygio'r bywyd mewnol.[33]

Wrth inni gyplysu gwaith Thomas Vaughan, barddoniaeth Henry Vaughan a rhyddiaith Morgan Llwyd, fe ymddengys un peth cyn amlyced â golau dydd. Dyma, yng nghanol yr ail ganrif ar bymtheg, y genhedlaeth gyntaf yng Nghymru o awduron mawr a oedd yn weledyddion crefyddol. Honnai'r Eryr mai 'Cymry, . . . a ganfu America gynta'. Meddwl yr oedd am Fadog, mae'n siwr. A dyma Thomas Vaughan yn cyhuddo'i gyfoeswyr o ddiffyg calon at antur fawr bywyd, sef yr antur o hwylio dros orwel y bywyd gweledig hwn, a chwilio nes canfod gwlad bell yr ysbryd: '*It is in Nature as it is in religion: we are still hammering of old elements but seek not the America that lies beyond them*' (*Anthroposophia Theomagica*, 6). Morgan Llwyd, Henry

Vaughan a Thomas Vaughan: Madog yw pob un o'r tri.
Tri Madog byd yr ysbryd.

1 Thomas Parry, *Hanes Llenyddiaeth Gymraeg* (Caerdydd, argraffiad newydd 1964), 193.
2 E. Lewis Evans, *Morgan Llwyd: ymchwil i rai o'r prif ddylanwadau a fu arno* (Lerpwl, 1930), 13.
3 Yn ei draethawd 'Cewri'r Ffydd' (yn y gyfrol *Coffa Morgan Llwyd* a olygwyd gan J. W. Jones ac E. L. Evans [Llandysul, 1952], 16), mae W. J. Gruffydd yn cyfeirio at y modd y mae gyrfa Morgan Llwyd yn 'hollti'n ddeuddarn rhyfedd', ac yn llawn 'gwrthgyferbyniadau'. Ond teg, er mwyn cydbwysedd, sôn yn ogystal am y beirniaid hynny sy'n pwysleisio'r cysylltiadau di-dor rhwng yr efengylydd a'i gefndir. Dyma ogwydd E. Lewis Evans a hefyd Gwyn Thomas ('Morgan Llwyd o Gynfal', *Y Cofiadur* 36, 3–25).
4 Gw. Christopher Hill, 'Puritans and the "Dark Corners of the Land"', *Change and Continuity in Seventeenth-Century England* (Llundain, 1974), 3–47.
5 *Change and Continuity*, 28.
6 *Morgan Llwyd*, 14.
7 Dyfynnir gan Glanmor Williams, *Bywyd ac Amserau'r Esgob Richard Davies* (Caerdydd, 1953), 86.
8 Glanmor Williams, *Grym Tafodau Tân* (Llandysul, 1984), 111–12.
9 Cymharer yr hyn a ddywed John Smith, un o Blatonwyr Caergrawnt: '*The mind of a Proverb is to utter Wisdom in a Mystery, as the Apostle sometimes speaks, and to wrap up Divine Truth in a kind of Aenigmatical way, though in vulgar expressions, which method of delivering Divine doctrine (not to mention the Writings of the Ancient Philosophers) we find frequently pursued in the Holy Scripture, thereby both opening and hiding at once the Truth which is offered to us*' ('The Excellency and Nobleness of True Religion', yn *The Cambridge Platonists*, gol. C. A. Patrides [Llundain, 1969], 146).
10 Gwenallt, 'Y Calendr', *Eples* (Llandysul, 1951), 47.
11 *Areopagitica*, yn *Milton: Complete Prose Works, Vol.II* (Llundain, 1959), 557–8.
12 Codwyd y dyfyniadau yn y paragraff hwn o waith J. R. Jones, *Gwaedd yng Nghymru* (Lerpwl/Pontypridd, 1970). 7,8 a 10.
13 Gw. H. Hearder a H. R. Loyn, goln., *British Government and Administration* (Caerdydd, 1974), 104–16.

[14] Y llyfr gwerthfawr diweddaraf ar y pwnc yw hwnnw gan B. S. Capp, *The Fifth Monarchy Men* (Llundain, 1972).

[15] Seilir yr hyn a ganlyn ar draethawd Christopher Hill, 'Arise Evans: Welshman in London', *Change and Continuity*, 48–77, ac eithrio'r chwedl am ruthro i Lundain a godwyd o lyfryn R. Geraint Gruffydd, *'In That Gentile Country'* (Pen-y-bont ar Ogwr, 1975), 22. Credai Evans fod yr adnod yn neges bersonol iddo ef, am fod ei feistr yng Nghaer yn arfer ei alw yn 'Arise'.

[16] Am oblygiadau rhyngwladol y Piwritaniaid gw. trafodaeth Christopher Hill, 'The English Revolution and the Brotherhood of Man', *Puritanism and Revolution* (Llundain, 1969), 126–53.

[17] Christopher Hill, *The World Turned Upside Down* (Llundain, 1972), 65. Gw. hefyd adolygiad Hill o lyfr G. F. Nuttall, *The Welsh Saints.* Mae'n amheus ganddo a oes unrhyw arbenigrwydd yn perthyn i'r Piwritaniaid Cymraeg sy'n eu gwahaniaethu oddi wrth Biwritaniaid Lloegr (*Welsh History Review*, I: 99–100).

[18] *Change and Continuity*, 51.

[19] Thomas Richards, *A History of the Puritan Movement in Wales, 1639–53* (Caerdydd, 1920), 93.

[20] Cyfeirir at L. C. Martin, gol., *Henry Vaughan, Poetry and Selected Prose* (Llundain, 1963), 318.

[21] Gw. F. E. Hutchinson, *Henry Vaughan, A Life-Interpretation* (Rhydychen, 1947), ac Alan Rudrum, *Henry Vaughan* (Caerdydd, 1981).

[22] Thomas O. Calhoun, *Henry Vaughan: The Achievement of Silex Scintillans* (Newark, 1981), 55.

[23] *Ibid.*, 46.

[24] A. J. Smith, 'Appraising the World', *Poetry Wales*, II, 2 (1975: Henry Vaughan Special Issue), 71.

[25] *Henry Vaughan, A Life-Interpretation:* Ch.XII: 'Henry Vaughan, the Silurist'.

[26] Calhoun, *Henry Vaughan*, 103.

[27] L. C. Martin, gol., *The Works of Henry Vaughan* (Rhydychen, 1914), 696.

[28] Roland Mathias, 'In Search of the Silurist', *Poetry Wales*, II, 2 (1975: Henry Vaughan Special Issue), 6–35. Gw. hefyd ysgrif arall gan yr un awdur yn *A Ride Through the Wood* (Pen-y-bont ar Ogwr, 1985).

[29] Dyfynnir yn Hutchinson, *Henry Vaughan*, 26.

[30] Calhoun, *Henry Vaughan*, pennod 4: 'Natural Music'.

[31] Ceir gan W. Hobley gymhariaeth fywiog o weithiau Thomas Vaughan a Morgan Llwyd yn ei lyfr deniadol, *Athrawiaeth Cyferbyniad* (Caernarfon, 1925), 66. Gresyn na chyhoeddwyd astudiaeth Olwen Eluned Crawshaw, 'The alchemical ideas of Thomas Vaughan and their relationship to the literary work of Henry Vaughan' (traethawd Ph.D, Abertawe, 1970). Ceir crynodeb defnyddiol o'r traethawd hwn yn *Poetry Wales*, II, 2 (1975), 73–97.

[32] Cyfeirir at A. E. Waite, gol., *The Works of Thomas Vaughan* (Llundain, 1919).

[33] Gw. J. J. Stoudt, *Sunrise to Eternity* (Philadelphia, 1957), 146–7; 154–5.

III

Sisial y Sarff: Ymryson oddi mewn i Forgan Llwyd

Arferai sawl un o arlunwyr athrylithgar cyfnod y Dadeni gynnwys, ar dro, lun o'u hwynebau a'u cyrff eu hunain mewn cornel o ba ddarlun crefyddol bynnag 'roeddynt wrthi'n ei gwblhau. Dyma'u ffordd o gyflwyno'u dawn, a'u henaid, i Dduw mewn gweithred o addoliad a chysegriad. Ac o'r herwydd mae'n siwr y byddent yn ystyried yn ddifrifol cyn llunio osgo a gwedd y ddelwedd ddewisol honno ohonynt eu hunain mewn paent.

Mae'n ddiddorol sylwi mai mewn cornel o *Lyfr y Tri Aderyn* y dewisodd Morgan Llwyd gynnwys y darlun mwyaf teimladwy a dadlennol ohono ef ei hun. Gwaith uchelgeisiol a chyrhaeddgar yw'r *Llyfr*, ond gwaith ydyw hefyd sydd â naws oruwch-bersonol yn perthyn iddo. Hwyrach i Forgan Llwyd, a oedd yn seicolegydd wrth reddf, deimlo, wrth dynnu at derfyn y llyfr, ei bod yn hen bryd iddo gynnig gair cysurlon o brofiad personol, agos atoch i'r darllenydd. Mae'n bur debyg hefyd ei fod am ei ddatgysylltu ei hun oddi wrth ddwyfoldeb y Golomen er mwyn dangos yn eglur mai pechadur gwylaidd oedd awdur y llyfr, er mai'r Ysbryd Glân oedd awdur y neges: 'Canys yr wyf dan gariad Duw er fy mod dan gerydd pawb, gwael yn y tir, llwyd gan môr, llawn o brofedigaethau, ond llawen mewn gobaith gogoniant nefol.' (*Ll*,105: *G*,1.261–2) Ond beth bynnag am hynny, mae naws ac ansawdd y

paragraffau hyn o hanes unigolyn unigryw yn wrthgyfer-
byniad gwefreiddiol i'r cyffredinoli (pa mor ddisglair
bynnag y bo) am gyflwr dyn sŷ'n brif thema i'r gwaith ar ei
hyd. Ac yn yr hyn a ddatgelir mor ddisymwth yn y gornel
hon o'r llyfr fe gawn gip ar wrthdaro mewnol, cip sy'n
allweddol os ydym am ddeall dawn Morgan Llwyd. Er
mwyn troi'r allwedd ac agor y clo, rhaid inni ganolbwyntio
ar yr hyn sydd ganddo i'w ddweud am ei amheuon dirfawr
ynglŷn â'i hawl i ysgrifennu llyfrau.

* * * *

'Roedd yn fy nghalon i ysgrifennu atat i'th rybuddio mewn
cariad perffaith, ond fe ddaeth y Sarff ataf fi ac a geisiodd atal
y pin yma. Hi a boerodd ei chelwydd tuag ataf wrth sisial fel
hyn: 'Hunan sy'n dy osod ar waith. 'Rwyt ti yn sgrifennu yn
rhy dywyll, ni fedr neb mo'th ddeall nes i'th niwl di godi, ac
nid wyt ti yn dy ddeall dy hunan. Gad yn llonydd, mae digon o
wybodaeth gan ddynion, bei gwnaent ar ei hôl. Mae gormod o
lyfrau yn barod yn y byd.' . . . Wele llyma fel y chwedleuodd y
ddraig gyfrwys â m'fi, llyma fel y ceisiodd hi fy nhwyllo i.
Llyma fel y gwnaeth hi ei gwaethaf i rwystro'r meddwl, i selio
fy ngenau ac i atal fy llaw. A phei cawse y Sarff ei meddwl, ni
chawswn i nac ysgrifennu hyn na thithau na'i ddarllen na'i
wrando. Ond fe ddaeth y Golomen ac a'm helpodd, ac a'm
cynorthwyodd gan ddywedyd: 'Dos ymlaen. Rhaid i bob gwas
arfer ei dalent (er a ddyweto dynion), ac onid e, gwae'r gwas.
Nid Hunan sydd yma yn dy gymell, ond gwir serch at Dduw, a
chariad ffyddlon (yn nesaf) at y Cymry.' (*Ll*,103–04: *G*,1.260)

Fe dâl inni droi o'r neilltu dros dro oddi wrth yr
ymddiddan adnabyddus, cyhoeddus hwnnw rhwng yr
Eryr, y Gigfran, a'r Golomen er mwyn craffu'n fanwl ar yr
ymryson mewnol unigryw hwn rhwng y Golomen a'r Sarff.
Oherwydd yma y mae Morgan Llwyd yn ymgodymu â'i
reddf gynhenid i ysgrifennu ac i droi'n awdur. Dylid
cymryd ei euogrwydd a'i amheuaeth o ddifrif, a chofio i
aml i awdur crefyddol athrylithgar arall ymwybod â
phrofiad cyffelyb. Fe ddaw enw George Herbert, a oedd
bron yn gyfoeswr i Forgan Llwyd, i'r meddwl ar unwaith
fel enghraifft briodol. Er i Herbert ymroi i lunio cerddi a
fyddai'n allor er offrymu mawl i Dduw, eto ni lwyddodd yn

ei ymgais i ladd yr Hunan. Yn ddiarwybod fe drodd yr offrwm yn gyfle iddo arddangos ei ddawn: 'As flames do work and winde, when they ascend, / So did I weave my self into the sense.'[1] A dyna agwedd bwysig ar gyfyng-gyngor Morgan Llwyd yntau: sut y medrai arfer ei ddawn mewn modd anhunangyfeiriol? Sut y gallai buro'i gymhellion a sicrhau mai ei 'wir serch at Dduw' yn unig fyddai'n symbylu ei waith? Gwyddai'n dda am y sawl oedd yn 'wŷch [ganddo] gael [ei] ganmol a chosi [ei] Wagogoniant fel Lleidr yn lledratta Gogoniant Duw.' (G,2.184) Ac 'roedd yn llawn mor ymwybodol â Herbert pa 'mor gyfrwys yw'r hen Hunan; mor ystwŷth, mor llithrig at y Drŵg.' (G,2.183)

Cyn iddo fedru torri gair ar bapur rhaid felly oedd i Forgan Llwyd yn gyntaf ennill buddugoliaeth bendant dros y Sarff a geisiai 'selio fy ngenau ac atal fy llaw'. Ond nid dyna ddiwedd y frwydr. Mae tystiolaeth yn ei waith i amryw o'r amheuon hyn barhau i gyniwair yn ei feddwl ar ôl iddo ddod yn awdur argyhoeddedig; eithr nid ei wneud yn ddiegni ac analluog a wnaent bellach, ond ei aflonyddu nes ei hysio ymlaen.

Sylwer yn gyntaf ar un o'r tactegau seicolegol a ddatblygwyd ganddo er mwyn dygymod â'i amheuon, a'u troi'n brif gynheiliaid ei ddawn. Un o'r dadleuon Sarffaidd a'i lloriodd ar y cychwyn oedd fod 'gormod o lyfrau yn barod yn y byd', ac wele'r un ddadl yn union yn atgyfodi ar gychwyn y 'llythyr cyntaf a ddanfonais i erioed atat ti mewn print', sef Llythyr i'r Cymry Cariadus: 'Oferedd yw printio llawer o lyfrau; blinder yw cynnwys llawer o feddyliau; peryglus yw dwedyd llawer o eiriau . . . ond, O ddyn, cais di adnabod dy galon dy hun, a mynd i mewn i'r porth cyfyng.' (YB,1: G,1.115) Dyma gael gollyngdod oddi wrth hen amheuaeth drwy ei gosod mewn cyd-destun newydd. Oherwydd er i'r frawddeg ar ei dechrau gael ei hysgrifennu (yn rhannol o leiaf) o safbwynt digalondid awdur, fe'i hanelir erbyn ei diwedd i gyfeiriad y darllenydd. Ar y darllenydd y mae'r angen am lyfr amgen na'r llyfrau crefyddol aneirif a nodweddai'r cyfnod, llyfr a fydd yn foddion amhrisiadwy iddo 'adnabod [ei] galon [ei] hun'.

53

Wrth ganolbwyntio, fel hyn, ar broblemau ac anghenion y
darllenydd y mae Morgan Llwyd yn ei ryddhau ei hun
oddi wrth ei amheuon ynghylch yr Hunan fel y medr
ymroi i'r gwaith o ysgrifennu.
'I have beene in an agony there, least I should imprison ye
*trueth of God in silence.' (G,2.*252) Mae'r frawddeg wefreidd-
iol hon a godwyd o lythyr Morgan Llwyd at John Price,
megis adlais o'r hyn a ddywedwyd wrtho gan y Golomen
wrth iddi ddadlau yn erbyn y Sarff: 'Rhaid i bob gwas arfer
ei dalent (er a ddyweto dynion), ac onid e, gwae'r gwas.'
Nid am ei ddenu'n gariadus yn ôl o'r distawrwydd yn unig
yr oedd y Golomen; 'roedd hefyd am ei orfodi i arfer ei
dalent eiriol rhag iddo gael ei felltithio gan Dduw. Dyma'r
ffrwydriad a rwygodd yr argae oddi mewn a rhyddhau
dyhead cynhenid Morgan Llwyd. Nid er boddhad yr
Hunan y byddai'n cyfansoddi bellach; ufuddhau yn an-
orfod a wnâi i ewyllys ddi-dderbyn-wyneb Duw, a derbyn
ei gyfarwyddyd. 'Am hynnŷ mae DUW wedi gosod angen-
rhaid arnaf tû ag attat.' (G,2.144) Mae'r cymal olaf hwn yn
hollbwysig, oherwydd ei yrru allan o afael yr Hunan a
thuag at ei gyd-ddyn (yn arbennig ei gyd-Gymry) a wnâi
Duw: 'Ac fe a'm gwnaed i o bwrpas i ddwyn tystiolaeth.'
(*Ll,*70: G,1.227) Mae'n ddyletswydd arno, yn ei dro, i geisio
troi eraill hefyd yn dystion, fel na charcharer y gwirionedd
mewn distawrwydd: 'A phwy bynnag wyt ti sydd â'r pethau
hyn gennyt yn dy law, neu yn dy glust, 'rw'i yn rhoi siars
arnat ti erbyn y dydd mawr sydd yn agos, ar i ti ddangos, a
danfon y pethau hyn ar hyd ac ar led ymysg y Cymry a'th
holl gymydogion, ac na chuddia, na chela (dan dy berygl)
mo hyn oddi wrth eraill.' (*Ll,*37: G,1.194) Fe feddiennid
meddwl Morgan Llwyd o bryd i'w gilydd gan hunllef y
distawrwydd bygythiol cyhuddol hwn.

*   *   *   *

Ond fe'i meddiennid hefyd gan hunllef sŵn geiriau
gweigion. Da y dywedodd Syr Thomas Parry mai 'cyfrin-
ydd o bregethwr'[2] oedd Morgan Llwyd; ond gresyn nad
aeth yn ei flaen i ymhelaethu ar yr elfen o wrthddywediad

sydd yn y diffiniad cryno hwnnw. Oherwydd mae'r pregethwr, yn wahanol i'r cyfrinydd, yn rhwym o fyw a bod ymysg angerdd amwys geiriau ac yn mynnu ymhel â hwy er mwyn ceisio achub eneidiau. Mae'n amlwg ddigon fod gan Forgan Llwyd gariad diamheuol at ei iaith; ond mae anniddigrwydd yn cyniwair y cariad hwnnw, ac amheuaeth yn bygwth tanseilio'i ymddiriedaeth mewn geiriau.

Wele feddwl Morgan Llwyd yn ymdroi'n aflonydd barhaus uwchben pwnc iaith. 'Offeiriaid mudion' oedd offeiriaid Eglwys Loegr, yn gwrthod pregethu'r Gair. Felly da yw clywed 'yr adar yn trydar' megis ar doriad gwawr. Darganfuwyd nerth y Gair o'r Gair, nerth a anwybyddwyd gan yr offeiriaid: 'Nid oedd y gair drwyddynt nac yn forthwyl i dorri'r garreg, nac yn dân i losgi'r cnawd, nac yn wenith i borthi'r gydwybod.' (*YB*,8: *G*,1.129–30) Ond bellach mae i bob un ei farn a'i lais nes peri i'r gwir Gristion gofio o'r newydd, yng nghanol aflerwch yr holl sŵn aflednais byddarol, nad 'mewn papur ac inc y mae bywyd yr enaid, nac mewn opiniynau a geiriau, ond yn *ysbryd y Duw byw*.' (*YB*,7: *G*,1.127) Manteisiodd yr Iesu yntau ar bob cyfle i bregethu; ond tawelu a wnaeth gerbron Peilat. Sylweddoled y Cristion hefyd mai 'ffolineb yw ceisio ateb holl resymau dynion'. Cofied fod 'ysbryd dyn siaradus yn farch i ddiafol heb un ffrwyn yn ei safn. O pa sawl mil yn yr wythnos o eiriau segurllyd y mae pawb agos yn eu traethu?' (*Ll*,66: *G*,1.223) Gweddïo a gweiddi ar yr Ysbryd Glân sy'n rhaid 'i fod yn borthor ar ddrws dy wefusau, cyn i ti ddywedyd gormod.' (*Ll*.66: *G*,1.223) Ni ŵyr neb yn well na Morgan Llwyd am 'bechod y genau' a 'drygioni geiriau' (*Ll*,68: *G*,1.225); ond fe ŵyr yn ogystal am bechod distewi a drygioni tawelwch.

Mae un egwyddor gyson i'w darganfod ar waith yn y labyrinth hwn o wrthgyferbyniadau, sef ymdrech ddiflino Morgan Llwyd i barchu swyddogaeth anhepgor iaith yn y gwaith o efengylu, ac yntau ar yr un pryd am warchod rhag iddo ef, a'i ddarllenydd, syrthio dan swyngyfaredd geiriau. Mae am ochel rhag 'swaggrio mewn Geiriau chwyddedig, toeslŷd' (G,2.177), ac i'r perwyl hwnnw datblygir ganddo ddwy athrawiaeth ieithyddol. Ar y naill law fe fynn gofio am y gwirioneddau sydd y tu hwnt i eiriau, gwirioneddau nad ydynt yn perthyn i fyd geiriol er y gellir llunio iaith hunan-drosgynnol a fydd yn tywys y darllenydd i'r cyfeiriadau ysbrydol hyn. Ar y llaw arall ceir ef yn canolbwyntio ar 'y lleferydd anfarwol, yr hwn trwy'r Byd a glywir ym mhob iaith tan y nefoedd, ac ym mhob Tafod-Iaith hyd Eithafoedd y Ddaiar.' Yn y fan hon mae athrawiaeth fewnfodol Morgan Llwyd yn cael ei haddasu at ddibenion ieithyddol: fel y mae Crist o fewn pob dyn, yn aros Ei gyfle i'w ddatgelu Ei Hun, felly hefyd y mae 'lleferydd anfarwol' yr Ysbryd yng nghudd o fewn 'pob Iaith' a 'thafod-iaith'. Gorchwyl Morgan Llwyd yw darganfod a defnyddio'r iaith newydd hon: chwilio y mae, yn ei ffordd ei hun, am yr hyn a ellir, o gofio Gerard Manley Hopkins, ei alw yn 'inscape' yr iaith Gymraeg.

Rhoddodd y Prifathro R. Tudur Jones gryn sylw gwerthfawr yn ddiweddar i'r gyntaf o'r athrawiaethau ieithyddol a ddisgrifiwyd uchod. Ni all Morgan Llwyd, meddai, wneud mwy nag 'awgrymu a chyfeirio tuag at Dduw. Neges anuniongyrchol yw ei neges ef o reidrwydd, am ei fod bob amser yn ymdrechu i'r eithaf i droi'n golygon oddi wrtho ef ei hunan ac i gyfeiriad y goddrych dwyfol. Ni ellir crynhoi Duw o fewn geiriau a brawddegau dynol rhag i sylw dynion lynu wrth lenyddiaeth ddynol neu ymadrodd dynol.'³ Hon, yn ddiamau, yw un o'r ffyrdd a ddefnyddir gan Forgan Llwyd i amgyffred a thrafod natur iaith, a cheir astudiaeth feistrolgar gan y Prifathro o'r modd a'r graddau y bu i'r ddiwinyddiaeth hon ddylanwadu ar ei arddull. Ond cofier yn ogystal sut y gallai Morgan Llwyd gyfeirio at un o'i lyfrau fel *Gair o'r Gair;* a'r awgrym digamsyniol yn y fan honno (awgrym a wireddir wedyn yn arddull y llyfr hwnnw) yw y gall awdur gwir ysbrydoledig (h.y. un a anwyd o'r newydd yn yr Ysbryd) ailgysylltu geiriau â'r Geiriau dwyfol gwreiddiol. Y Gair, wedi'r cyfan, yw 'Yscol pób Celfyddyd neu Grefft neu Synwŷr ym mysg Dynion.' (G,2.148)

Mae dehongliad Tudur Jones yn tarddu o'r gred nad oes cysylltiad agos rhwng iaith ddynol dyn a dwyfoldeb Duw. Ond cofier i Forgan Llwyd gael ei swyno gan ddamcaniaethau Böhme am y *Logos*. Mynnai Böhme na fedrai Duw adnabod Ei Hun tan iddo yn gyntaf yngan Gair. Trwy'r Gair hwn y datblygodd Ei Hunanymwybyddiaeth, a thrwy Ei Air drachefn y datgelodd Ei Hun iddo Ei Hun (yn ogystal ag i eraill) drwy lunio'r bydysawd. 'Roedd Morgan Llwyd yn dilyn camre Böhme wrth gredu, yn groes i'r gred uniongred, nad o ddim *(ex nihilo)* y creodd Duw y byd, ond ohono Ef ei hun. Dylid pwysleisio mai dyma un o brif themâu *Gair o'r Gair*: 'y GAIR ymma yw'r Agoriad dechreuol neu'r Ffenestr trwy'r hon y daeth pob Péth allan i gael gweled i gilydd.' (*G*,2.152)

Sylweddolwn, o gofio hyn i gyd, nad arwydd o'r Cwymp yw natur eiriol dyn fel y cyfryw, er bod y modd y mae dyn syrthiedig bellach yn arfer, neu'n camarfer, y ddawn gynhenid, 'dwyfol' hon *yn* arwydd o'r Cwymp wrth gwrs. 'Rwi'n galw y GAIR ymma yr Iaith gyntaf, y wir *Hebreaeg*, o Achos mai hwn oedd GAIR cyntaf Duw ymysg Dynion nes dyfod *Babel* a chymysg.' (*G*,2.154–5) Dyma fersiwn Morgan Llwyd o'r gred am y *lingua Adamica* ('Gwreiddyn yr holl Ieithoedd', *G*,2.149), a'r ymchwil amdani, a oedd yn nodweddiadol o'r ail ganrif ar bymtheg.

Mae'n arbennig o arwyddocaol mai at brofiad seicolegol dyn, a luniwyd yn hyn o beth ar ddelw Duw, y try Morgan Llwyd wrth geisio esbonio natur a swyddogaeth Gair Duw: 'Ond os gofynni di Pa fodd y gall fod Tàd i'r GAIR, Edrych arnat dy hunan yr hwn a wnaed ar Ddelw DUW. Mae dy Feddwl a'th Ewyllŷs yn ymesmwythau wrth ddangos mewn GAIR y Pêth sŷdd oddifewn. A'r GAIR i'w Bodlonrwŷdd yr Ewyllŷs o's perffaith yw, ac un ydynt.' (*G*,2.160) Wrth amgyffred iaith fel hyn mae Morgan Llwyd yn bur agos at draddodiad Iddewig y Kabala, a ddylanwadodd ar Böhme. Meddylir yn arbennig yma am yr hyn a ddywedir gan yr ysgolhaig Iddewig, Gershom Scholem: 'Mae'r Kabalwyr i gyd, er iddynt efallai anghydfynd ar bob pwnc arall, yn unfryd unfarn fod iaith yn rhywbeth llawer mwy gwerth-

fawr ac arwyddocaol na chyfrwng cyfathrebu annigonol,
dynol . . . Mae gan iaith, yn ei ffurf buraf, rinweddau
cyfriniol. Fe fedr lleferydd gyrraedd hyd yn oed at Dduw ei
hunan, am mai ohono Ef y daeth ar y cychwyn cyntaf.'[4]
Mae sylwadau Scholem o'r gwerth mwyaf i'r sawl a fynn
ddeall athroniaeth ac arddull Morgan Llwyd. Dyma gyf-
iawnhad diwinyddol i'r ddawn lenyddol y bu traddodiad y
beirdd Cymraeg yn gystal magwrfa iddi. Hwyrach fod
ymwybyddiaeth gyffrous Morgan Llwyd o liw geiriau, a'r
ffordd y mae'n ymdeimlo â rhythmau rhyddiaith, i'w
phriodoli yn rhannol i'r gred fod gan sŵn geiriau ei
arwyddocâd ysbrydol. Mabwysiadwyd y gred hon gan
Böhme, fel yr esboniodd John Sparrow yn ei ragymadrodd
i'r llyfr a droswyd ganddo o'r Almaeneg ac a gyhoeddwyd
yn 1648. The Second Booke, Concerning The Three Principles
yw teitl y gwaith yn Saesneg, a dyma sylwadau cryno
Sparrow ar ddamcaniaeth ieithyddol Böhme:

> and as one jot or tittle of the word of God shall not passe away, till all
> be fulfilled, so there is no tittle of any Letter, that is preceded from that
> Eternall Essentiall Word, as all things are; but hath its weighty
> signification, in the deepe understanding, in that Word from whence
> it came, even in the Voices of All Men, and sounds of All other
> Creatures: also the Letters and Syllables of a word, of some Language,
> doe expresse something of the Mysterie more exquisitely, than of
> another . . . [the language of Nature] doth show in every ones Mother
> Tongue the Greatest Mysteries that have ever been in the Name of any
> thing in the Letters of that word by which it is expressed; therefore let
> every one esteem those expositions of his according to their high worth;
> for the knowledge of that Language is onely taught by the Spirit of the
> Letter.[5]

Eithr nid athroniaeth Böhme na thraddodiad y Kabala
sy'n wir gyfrifol am y pwyslais a roddir gan Forgan Llwyd o
bryd i'w gilydd ar iaith, ond ei anianawd ef ei hun.
Hwyrach y byddai'n fuddiol inni bellach rannu syniadau
Morgan Llwyd ar y pwnc hwn yn ddwy ran. Ar y naill law
mae ganddo, yn unol â'i alwedigaeth fel pregethwr ac
efengylwr, ddiddordeb dwfn a pharhaol mewn iaith fel
cyfrwng mynegi syniadau a chyfathrebu. Ond ar y llaw
arall mae hefyd yn ymwybodol, i raddau sy'n bur anarferol

mewn pregethwr Piwritanaidd, nad yw syniadau ac argyhoeddiadau'r unigolyn bob tro yn berffaith glir hyd yn oed iddo ef ei hun nes iddo'n gyntaf ddod o hyd i'r iaith addas ac anhepgorol (a honno, ym mhrofiad Morgan Llwyd, yn iaith lawn delweddau) a fydd yn alluog i'w corffori a'u datgelu. Dyma felly amgyffred iaith mewn dwy ffordd bur wahanol; y gyntaf yn canolbwyntio ar allu 'rhethregol' iaith, sef ei gallu i gyflwyno gwybodaeth ac i greu teimlad; yr ail yn canolbwyntio ar allu iaith i esmwytháu ewyllys y sawl a fydd yn ei siarad a'i hysgrifennu, 'wrth ddangos mewn gair y peth sydd oddifewn'. Anelu at y gwrandawr neu'r darllenydd a wna iaith o'i hystyried a'i defnyddio yn y dull cyntaf; ond 'bodloni' ewyllys y sawl sy'n ei siarad neu'n ei hysgrifennu a wna iaith o'i defnyddio yn yr ail ddull. Efallai mai'r hyn sy'n rhoi hynodrwydd i waith Morgan Llwyd yw i iaith gael ei defnyddio i'r ddau berwyl hyn yn gyson.

Dylai'r sawl sydd am graffu'n fanwl ar arddull Morgan Llwyd gadw'r deublygrwydd hwn mewn cof. 'Yr awron mae'r amser wedi dyfod i ddatguddio dy holl feddyliau di drwyddynt,' (*YB*,8:) medd awdur *Gwaedd yng Nghymru* wrth y darllenydd. A dyna'n bennaf a wneir yn y gyfrol honno, nes bo geiriau'r llyfr hwythau'n troi'n 'waedd', yn 'llefain', ac yn 'udcorn o'r tu mewn' i'r darllenydd druan, er mwyn ei arbed rhag y 'Gwae' sydd ar ddod. Ond sylwer hefyd ar bwyslais gwahanol a amlygir mewn man arall. 'Wele, y mae'r awr hon y Seliau olaf yn ymagorŷd, ar Udgyrn olaf yn seinio yng *Hymru*, yn *Lloegr*, yn *Europ*, ac yn hóll Gonglau y Ddaiar. Am hynnŷ rhaid yw i hôll Weision Duw i Ddatguddio eu Meddyliau hŷd yr eithaf sŷdd ynddŷnt, a hynnŷ ar frŷs; y mae'r Corph ar farw, a'r hên Fŷd ar Ddïwedd. Nid amser yw hi i fodloni Synwŷr, a Ffurf Meddwl Dynion, ond Amser i dystio y Gwir trwy'ddo.' (*G*,2.143) Nid ar 'ddatguddio holl feddyliau' y darllenydd y mae'r pwyslais y tro hwn, ond ar 'ddatguddio' meddwl yr awdur ysbrydoledig, fel y bo'r Gwir yn cael ei dystio drwyddo er caleted y gorchwyl o'i ddeall.

* * * *

Fe gofir mai un o'r dadleuon a ddefnyddiwyd gan y Sarff i ddigalonni ac i ddrysu Morgan Llwyd ar y cychwyn oedd hon: "Rwyt ti yn sgrifennu yn rhy dywyll, ni fedr neb mo'th ddeall nes i'th niwl di godi, ac nid wyt ti yn dy ddeall dy hunan.' Gwireddwyd rhan o'r cyhuddiad yn ymateb enwog y Cyrnol John Jones i waith Morgan Llwyd: *I confess the discourse is exceedingly good and spirituall according to my understanding, yet my selfe and many other sober wise Christians heere conceive that if it had beene penned in a language or stile less parabolicall, and in more plane Scripture expressions, it would be more usefull. Babes must be fed with milk.'* (G,2.302) Ond ofer yr apêl, oherwydd ni fedrai Morgan Llwyd ymddihatru o'r arfer o ddefnyddio delweddau dyrys. Nid drwy reswm ond yn uniongyrchol drwy rym ysbrydoledig y dychymyg (o dan gyfarwyddyd Böhme, wrth gwrs) y deuai ef o hyd i'w argyhoeddiadau, a rhaid oedd iddo mewn gwirionedd drosglwyddo'i weledigaeth yn yr iaith ffigurol y derbyniodd hi ynddi yn y lle cyntaf. Nid oedd craidd a rhinwedd y weledigaeth ar gael iddo ond yn yr iaith honno.

Perthynai John Jones, i bob golwg, i'r lliaws hynny o Biwritaniaid y dylanwadwyd arnynt yn ddiarwybod gan Ramus.[6] Yn eu barn hwy iaith eglur, resymol a rhesymegol oedd yn gweddu i wirioneddau plaen yr Efengyl. Er na fynnent ymwadu yn llwyr â iaith ffigurol, pwysleisient mai swyddogaeth eglurhaol yn unig a berthynai i iaith o'r fath. Anelu at reswm dyn a wnaent wrth gyflwyno'r Efengyl, heb ddefnyddio iaith ffigurol ond yn achlysurol a hynny mewn ffordd wyliadwrus ac yn unig swydd er mwyn cynorthwyo'r rheswm yn ei waith. Cofier ymhellach am gyngor Richard Baxter i Forgan Llwyd: *'studiously avoid Allegoryes, metaphors, and uncouth phrases except where necessity compelleth you to use them.'* Ond 'roedd gweledigaeth Morgan Llwyd wedi ei thrwytho mewn ffigurau delweddol, ac yn gynhenid felly. 'Does dim rhyfedd i'r Sarff ei demtio i gredu ei fod 'yn sgrifennu yn rhy dywyll'; gan honni nad oedd hyd yn oed yn '[ei] ddeall [ei] hunan.'[7]

Datblygwyd sawl 'ateb' gan Forgan Llwyd i'r cyhuddiad mewnol, Piwritanaidd deifiol hwn. Rhoddai bwyslais yn ei lyfrau (fel y crybwyllwyd eisoes) ar ei berthynas agos â'r darllenydd; ac ymffrostiai'n achlysurol yn ei allu i ddarparu lluniaeth ar gyfer pawb, megis yn y darn hwn allan o *Lyfr y Tri Aderyn:* 'Canys mewn rhyw fannau mae dyfnion bethau Duw yn ymddangos, ac mewn eraill mae llaeth, ac megis chwaryddiaeth hefyd i'r rhai bychain. Ac weithiau 'rw'i'n adrodd yr un peth yn fynych drosto.' (*Ll*,95: *G*,1.252) Bu arddangos 'dyfnion bethau Duw' yn bwysig i Forgan Llwyd erioed, a hynny er y gwyddai na fyddai ei eiriau yn ddealladwy ond i'r rhai a dderbyniai eu harwain gan yr Ysbryd. Ceir yn ei waith ryw fath o gyfuniad felly o gymhelliad y pregethwr, a oedd am ddatgelu'r gwirioneddau a'u gwasgaru ar hyd a lled gwlad, a chymhelliad yr offeiriad nad oedd am fradychu dirgelion dihysbydd y gwirioneddau drudfawr. 'Dirgelwch yw hwn, nid i'r Cŵn ond i'r Plant.' (*G*,2.161)

Sylwer, yn y cyswllt olaf hwn, ar yr hyn sydd gan Ralph Ellistone i'w ddweud yn ei ragymadrodd (1651) i'w gyfieithiad o *Signatura Rerum* gan Böhme. Doethineb yw ei destun, a dyfynna'n helaeth o Lyfr Solomon – llyfr sydd i'w gael yn yr Apocryffa ac a ddylanwadodd yn drwm ar syniadau'r cyfnod am ddwyfoldeb Doethineb (ac am Ddoethineb Dwyfol). Wedyn mae Ellistone yn mynd yn ei flaen yn y ffordd a ganlyn:

> *This is that wisdom which dwells in nothing, and yet possesses all things, and the humble resigned soul is its play-fellow; this is the divine alloquy, the inspiration of the Almighty, the breath of God, the holy unction, the which sanctifies the soul to be the temple of the Holy Ghost, which instructs it aright in all things, and searches . . . the depths of God . . .*
>
> *This is the true theosophic school wherein this author learned the first rudiments and principles of wisdom, and to which we must go if we would understand his deep writings: For we must know that the sons of Hermes, who have commenced in the high school of true magic and theosophy, have always spoken their hidden wisdom in a mystery; and have so couched it under shadows and figures, parables and similies, that none can understand their obscure, yet clear writings, but those who have admittance into the same school, and have tasted of the Feast of Pentecost.*

. . . And therefore whoever will be nurtured and trained up by Sophia, and learn to understand and speak the language of wisdom, must be born again of and in the Word of Wisdom, Christ Jesus, the Immortal Seed; The divine essence which God breathed into his paradisical soul must be revived, and he must become one again with that which he was in God before he was a creature, and then his Eternal Spirit may enter into that which is within the veil, and see not only the literal, but the moral, allegorical and analogical meaning of the wise and their dark sayings.[8]

Dyma grynhoi athrawiaeth sy'n taflu golau disglair ar arddull Morgan Llwyd ac sy'n gymorth inni ddeall y cymhellion a'r argyhoeddiadau a oedd y tu cefn i'r arddull honno. 'Does rhyfedd yn y byd fod Morgan Llwyd yn sôn amdano'i hun fel un 'yn llefaru Doethineb ym mysg y rhai perffaith, sêf Doethineb DUW mewn Dirgelwch cuddiedig, yr hwn nid adnabu neb o Dywysogion synhwyrol galluog naturiol y byd.' (*G*,2.203)

* * * *

Yr hyn a bwysleisir yn ddigamsyniol yn y dyfyniadau uchod yw Doethineb – Doethineb Duw a ddaeth, trwy Grist, yn ddoethineb dynion hefyd; Doethineb sydd wrth gwrs i'w chyferbynnu â 'gwybodaeth', ac â 'Doethineb y Byd hwn' nad yw ond 'ynfydrwydd'. (*G*,2.202–3) Gŵr doeth, ar ryw olwg, oedd awdur *Gair o'r Gair*, un a lefarai 'ym mysg y rhai perffaith', gan ddefnyddio '*the language of wisdom*', chwedl Ellistone. Fe gofir ymhellach mai un o hoff gymeriadau dwyfol Böhme oedd yr hon a alwyd ganddo Y Forwyn Sophia, sef Doethineb Duw. Cymaint yn wir oedd ei gariad at hon, ac at y datguddiad hwn o'r Duwdod, nes iddo ei chodi gyfuwch â'r Drindod ei hun ar brydiau. Ymylai felly ar gredu fod yna Dduwdod pedwarplyg yn hytrach na Duwdod triphlyg, Trindodol; a'r Forwyn Sophia oedd yr elfen a ychwanegwyd ganddo at Drindod yr athrawiaeth uniongred.[9]

Ni fynnai Morgan Llwyd ddilyn ei feistr i'r eithafion anuniongred hyn. 'Crist Iesu gan hynny ŷw Doethineb a Nerth Duw', meddai'n ddiamwys (*G*,2.203). Ond cymhwysodd yntau yn ei dro beth o'r hyn a ddywedai Böhme am Sophia a'i gymathu â'i ddehongliad cynhwysfawr ef ei hun o alluoedd y Gair dwyfol. Golud Doethineb yw testun llythyr cynnar hynod o delynegol gan Forgan Llwyd:[10]

for thus (out of Salomon) the wisdome of God saith to me and thee If thou findest understanding, if thou layest hold on wisedome, if thou love and embrace knowledge, if thou draw acquaintance wth her and procure her merchandize and keepe it as ye apple of thine eye and draw it out of ye bottomes of ye deepes and so dig for her as for rubyes and golden mines. What then o man shalt thou attaine to? or what is ye wisdome thou criest after, and it cryeth after thee (as if it and thy spiritt were kindred) Is this wisdome, the frothy witt of man, or deepe deceitfull policyes of reason, o no it is no kin to them. It is ye wisedome of God himselfe The spirit of Christ, the summe of ye Gospell. And Salomon calls it (by comparisons) a key of all mysteryes, and ye opening of all darke sayings. An ornament of man's spirit, wthout which this evill . . . world will discover nakednesse, A wing for . . . escape all ye snares of ye heart, . . . An inward booke of Gods writing . . . A fitt bride for mans mind. . . . A growing light . . . A medicine agt all poyson and as marrow in ye bones. This wisdedome of God I exceedingly want and see it and am ravished and cry after knowledge my kinswoman. (G,2.253–4)

Fe'i ceir eto yn cyfeirio yn uniongyrchol at Ddoethineb yn ei lyfr cyntaf: 'Gwaedda am wybodaeth', meddai yn ei *Lythyr i'r Cymry Cariadus*, 'a dealltwriaeth (dy gares) a ymddengys i ti . . . Glŷn wrth byst ac wrth bobl doethineb.' (*YB*,5: *G*,1.122) Cares dyn oedd y Forwyn Sophia yng ngweledigaeth Böhme yn ogystal, eithr dim ond un agwedd arni a geir o'i hystyried o'r safbwynt hwn. Pwysleisiai Böhme ymhellach y rhan bwysig a chwaraewyd gan Sophia o'r cychwyn, drwy iddi gyfrannu yn gyntaf at ddatblygiad mewnol y Duwdod, ac wedyn at ddatblygiad y Cread. Sophia, yn y dechreuad, oedd y posibiliadau creadigol a ddychmygwyd gan Dduw cyn iddo ymgymryd â'r weithred o greu. Mae Peter Sterry yn gosod y pwynt fel hyn:

The prime operation of every Intellectual Spirit *is contemplation . . . God then alone most perfectly and substantially enjoyeth Himself in the contemplation of Himself, which is the* Beatifical *vision of the most beautiful, the most blessed* Essence *of* Essences. *This* Act *of* Contemplation *is an Intellectual and* Divine Generation, *in*

63

which the Divine Essence, with an eternity of most heightened Pleasures, eternally bringeth forth itself, within it self, into an Image of it self . . . (which) containeth the whole compass of things *in their unchangeable* Truths and substances *within himself.*[11]

Sophia hefyd oedd perffeithrwydd y Cread gwreiddiol – ynddi hi yr ymserchai Duw wrth iddo edrych ar Ei waith a phenderfynu mai da ydoedd. Sophia, medd Böhme, yw Difyrrwch Duw: *'thus now the Father continually speaketh the Eternall Word, and so the Holy Ghost goeth forth out of the speaking: and that which is spoken forth is the Eternall Wisdome: and it is a virgin: and the pure Element is her body, wherein the Holy Ghost discovereth himselfe through the out spoken Wisdome.'*[12] Wele Morgan Llwyd yn ysgrifennu rhywbeth tebyg am y Gair: 'Unig difŷrrwch *Jehovah* yw clywed hyfrŷdlais Ei Air ei hun trwy bob Pêth.' (*G*,2.196)

'Roedd gan Böhme ei esboniad hynod ei hun o'r hyn a ddigwyddodd yn y Cwymp. Pan grëwyd Adda ar y cyntaf, y Forwyn Sophia oedd ei gydymaith ysbrydol. Ond fe gaeodd Adda ei lygaid ar y byd paradwysaidd; fe syrthiodd i gysgu, gan ymhyfrydu yn y breuddwydion gweigion a heidiai i'w feddwl; ac fe gollodd ei olwg a'i afael ar y Forwyn Sophia. Yn ei lle fe ddarganfu Adda ferch arall, sef Efa, a hyhi oedd yr arwydd cyntaf ei fod ef wedi syrthio o fyd pur digymysg yr ysbryd ac wedi disgyn i'r byd daearol, meidrol, cnawdol. *'When the modesty of the wisdome, and ability departed from him . . . the Spirit of this World cloathed him with flesh and bloud, and figured him into a Beast, as we now see by very wofull experience; and know our selves to be blinde and naked as to the Kingdome of God, without any vertue, in the sleepe of the great misery, cloathed with corruptible (fraile and transitory) flesh and blood.'*[13]

Er i'r Cread gwreiddiol, perffaith hwnnw gael ei ddryllio yn y Cwymp, eto mae prydferthwch y Ddoethineb wreiddiol (sef Sophia) yn dal i gyniwair y byd o hyd: 'Ni wnaeth Duw mor byd o hir bell, / Fcl rhyw sâer yn gwneuthur pabell, / Ond o hono, mae'r Byd drwyddo, / Ag yn unig sefyll ynddo.' (*G*,2.103) Sylwer fod Morgan Llwyd yn y fan hon ac yn y *Gair o'r Gair* yn myned allan o'i ffordd i achub y

Cread rhag melltith rhai o'i gyd-Biwritaniaid a fynnai nad
oedd modd i ddyn addoli'r Cread heb iddo naill ai fod yn
euog o addoli'r creadur yn hytrach na'r Creawdwr, neu
iddo (yn y dull pantheistaidd) lwyr uniaethu'r Creawdwr
â'r Cread. Yn wir fe'i rhybuddiwyd gan y Sarff y byddai'n
rhwym o 'gael [ei] adel fel tylluan yn y diffaethwch, fel
pelican, ie fel hurtyn neu un o'r philosophyddion gweigion
yn ymofyn am oleuni naturiaeth i adnabod y Duwdod yng
nghreaduriaeth y byd.' (Ll,103: G,1.260) Ond mynnu a
wnaeth Morgan Llwyd fod dichon gweld Duw ym mhob
peth heb droi'n bantheist: 'Nid yw Duw Ddim ar a welir. /
Duw drwy'r cwbl a genfyddir. / Yn y ddayar nid oes arall, /
Yn y nef uwchlaw pob deall.' (G,2.101) Ceisiodd ddangos
'pa fodd yr ennynnodd Tâd y Goleuadau y ganwŷll honno
yn y Greaduriaeth trwy GRIST', a'r ffordd y mae 'y pethau
a wnaed yn datcuddio y pethau sydd yn Nuw.' (G,2.169–70)

Ar ddiwedd y bennod am Dduw Naturiaeth anogir y
darllenydd drwgdybus i adnabod y Gair a all '[dy] ddwyn
allan o'th Reswm bŷdol philosophaidd diffrwŷth dy hunan,
at y GAIR yr hwn a'th wnaeth, a'r hwn a'th ddysg o's
ymroddi iddo, I'th arwain di, nid at Synwŷr Ymennŷddiau
Dynion, ond at Ddoethineb DUW yr hwn sŷdd uwchlaw
pôb Doethineb yn y Cariad ufudd agos distaw anfarwol
anfesurol.' (G,2.171) Tybed nad at gariad Duw at Sophia (y
cariad a fodolai cyn y byd) y mae'r frawddeg olaf yn
cyfeirio?

Os hoffai Böhme sôn am Sophia fel cares Duw fe hoffai
hefyd, fel yr awgrymwyd eisoes, sôn amdani fel cares yr
enaid. Ond mae Böhme yn fodlon mynd gam ymhellach
eto drwy goleddu'r syniad am Dduw yn trawsnewid yr
enaid fel y tyfo'n debyg i Sophia ei hun. Trwy hynny fe
wneir yr enaid yn gares Crist. Felly y mae Morgan Llwyd
yntau'n sôn am y Gair a dry'n 'Gâr'; 'pan welont fôd dy
Enaid di wedi dewis y GAIR ymma i fod yn Gydymaith i ti
yn wastad (fel Priodwr galluog doeth yn ymuno ar Briod-
ferch wan dlawd anfedrus) fe fydd ar yr Ysbrŷdoedd drŵg
Ofn hwn o'r tu fewn i ti . . . Am hynny meddaf, cymmer
Galon i briodi CRIST GAIR DUW.' (G,2.179) Esboniai

Böhme fod y Forwyn Sophia wedi ymweld â'r Forwyn Fair er mwyn galluogi gwneuthur y Gair yn gnawd, a bellach fod cyfle i'r enaid dynol yn ei dro ddod o hyd i'r Gair achubol yr oedd y wir Ddoethineb ynghlwm wrtho: *The wisdome, (or the Eternall virgin) of God, openeth all the great Wonders, in the holy Element.*[14] 'Does dim rhyfedd fod John Sparrow o'r farn *'[that] the Ground and Principles in [Böhme's] writings, leade to the attaining the wisdome, which excelled the wisdome of the East.'*[15]

Dyma felly rai o'r ffyrdd y mae'r hyn a ddywed Böhme am Sophia (neu Ddoethineb) yn cael ei gydio wrth esboniad Morgan Llwyd ar rymusterau'r Gair. Hwyrach i Böhme ddylanwadu'n ogystal ar syniad Morgan Llwyd am y modd mae cynnyrch Doethineb yn rhagori ar ffrwyth y Rheswm. Dyma wahaniaeth sy'n cyfateb yn agos i'r gwahaniaeth allweddol hwnnw rhwng y Rheswm *(Vernunft)* a'r Deall *(Verstand)* yn athrawiaeth Böhme. Parchai Böhme a Morgan Llwyd y Rheswm, ond eto pwysleisient ill dau mai digon cyfyng ydoedd ei gwmpawd ar ei orau, a'i fod ar ei waethaf yn gynneddf fydol, gnawdol, ddall. Ar y llaw arall barnai Böhme mai oddi uchod y deuai'r Deall, ac mai hwn oedd cynrychiolydd y Ddoethineb Ddwyfol (Sophia) ym mywyd dyn. Yn yr un modd y mae Morgan Llwyd yntau yn ei dro yn rhoddi pwyslais ar y Deall, ac yn ei gysylltu'n uniongyrchol â gwaith y Gair y tu mewn i ddyn: 'Wele (Ddarllennŷdd hawddgar) y Peth cyntaf yw, i ti adnabod Y GAIR Tragwyddol yn y Deall, ac yna ar ôl y Deall fe ganlyn yr Ewyllŷs.' (*G*,2.193) 'O's wyt yn ceisio Doethineb nid yw y rhybŷdd ymma yn anhysbŷs i ti, ond di a'i croesawi yn dy Galon, ac a ymddiddeni a'r GAIR nefol, yn dy Galon, yn dy Orchwŷl, yn dy Grefft, pwy bynnag wyt, neu pa lê bynnag yr wyt.' (*G*,2.198)

Pwysleisiwyd eisoes nad oedd Morgan Llwyd am ddilyn Böhme cyn belled â galw doethineb Duw yn Sophia a'i gosod gyfuwch â'r Tad, y Mab a'r Ysbryd Glân. Ond crybwyllwyd fod ganddo, serch hynny, ddealltwriaeth drylwyr o'r hyn a olygai Böhme wrth sôn am y forwyn Sophia. Fe awgrymwn ymhellach i'r syniad cynhwysfawr hwn am Ddoethineb ddylanwadu arno a'i gynorthwyo i'w ddeall ei hun fel awdur crefyddol. Hwyrach mai wrth gofio am Sophia y llwyddodd i anghofio am y Sarff a fu'n sibrwd wrtho fod ei eiriau'n rhy dywyll ac yn amhosibl i'w deall. Y Forwyn Sophia yw awen ddienw Morgan Llwyd. Nid addoli 'Diana'r byd hwn', sef y Rheswm, a wnâi Morgan Llwyd wrth ysgrifennu, ond gwasanaethu'r forwyn Sophia, sef y Ddoethineb *(Verstand)* oedd ynddo; ac 'roedd iaith y Ddoethineb honno yn bur wahanol i iaith y Rheswm. Cofier ymhellach mai hwn *(Verstand)* oedd y syniad a ddylanwadodd yn drwm yn ddiweddarach, yn ystod y cyfnod Rhamantaidd, ar ddatblygiad y syniad o 'ddychymyg creadigol'.

Hwyrach y medrwn graffu o ddifrif ar rai o eiriau olaf *Gair o'r Gair,* a gwerthfawrogi o'r newydd arwyddocâd y syniadau sydd ymhlyg yn y brawddegau hyn:

Hon yw'r Ffynnon am yr hon y dywedir fel hyn, Onid yw Doethineb yn gweiddi, Ac oni chlywi di Ddeall yn llefain . . . Mae hi yn crio ac yn dywedyd. Hâ *Ynfydion* deallwch Gyfrwystra, a chwi Wyr anghall byddwch o Galon ddeallus. Gwrandewch arnaf a byddwch fyw, a deuwch i mewn i'm Gwledd ac i'm Cymdeithas . . . Am hynny ô Blentyn llesg Adda, cyfod dithau dy Lêf, a gwaedda am Air y DUW byw, a galw Doethineb yn Gares, a rhwym ei Geiriau hi fel Tlysau am Wddf dy Enaid, ac Ymwrando beth a ddywaid Ysbryd y Gwirionedd wrth yr Eglwysydd. (*G*,2.204–5)

* * * *

Wrth gloi, beth am droi yn frysiog yn ôl i'r man cychwyn. Awgrymwyd yno mai diddorol fyddai cymharu'r delweddau hynny ohonynt hwy eu hunain yr arferai amryw o arlunwyr y Dadeni eu cynnwys o bryd i'w gilydd yn eu darluniau crefyddol, â'r 'darlun' o'i gyflwr ef ei hun y mae Morgan Llwyd yn ddisymwth yn ei gynnig fel gair o brofiad i'r darllenydd yn *Llyfr y Tri Aderyn*. Ond tybed pa ddarlun sy'n cynrychioli dawn grefyddol a llenyddol Morgan Llwyd?

Un darlun a wnâi'r tro i'r dim fyddai eicon a berthyn i'r Eglwys Ddwyreiniol ac arno lun Ioan yr Efengylwr (neu

Sant Ioan y Distawrwydd, fel y'i gelwir gan yr Eglwys honno). Yn y darlun hwn mae'r Apostol Ioan yn dal tudalen gyntaf ei Efengyl ar agor ag un llaw, ac mae'r geiriau adnabyddus i'w gweld yn glir: 'Yn y Dechreuad yr oedd y Gair'. Ond mae bysedd ei law arall wedi eu gwasgu'n dynn wrth ei wefusau, gan ymbil am dawelwch. Mae ganddo lygaid croes; arwyddlun o'r modd y mae'r Apostol yn edrych tuag i mewn, i gyfeiriad byd yr ysbryd. Ac y mae ffurf adeiniog i'w gweld yn sibrwd wrth glust yr Efengylwr. Dyma Ddoethineb Duw, Y Forwyn Sophia.

1 'Jordan (II)', F. E. Hutchinson, gol., *The Works of George Herbert* (Rhydychen, 1941; argraffiad 1970), 103.

2 Thomas Parry, *Hanes Llenyddiaeth Gymraeg* (Caerdydd, argraffiad newydd, 1964), 196.

3 'The Healing Herb and the Rose of Love', yn R. B. Knox, gol., *Reformation, Continuity and Dissent: essays in honour of Geoffrey Nuttall* (Llundain, 1977), 168. Cyfieithwyd y dyfyniad gennyf.

4 Gershom Scholem, *Major Trends in Jewish Mysticism* (Efrog Newydd, 1954), 17. Cyfieithwyd y dyfyniad gan awdur y gyfrol hon.

5 John Sparrow, cyf., *The Second Booke, Concerning The Three Principles* (Llundain, 1648): 'To the Reader'.

6 Gw. astudiaeth R. Tudur Jones o 'Resymeg y Piwritan', *Efrydiau Athronyddol* (1950), 19–37. Noder hefyd rag-ymadrodd Perry Miller i waith Jonathan Edwards, *Images or Shadows of Divine Things* (Westport, Connecticut, argraffiad 1977). Ar y llaw arall dadleuodd J. E. Caerwyn Williams fod Morgan Llwyd yn cerdded ar ganol priffordd y mudiad Piwritanaidd: 'Morgan Llwyd', *Y Traethodydd* (1955), 97–116.

7 Tybiaf y dylid ystyried Morgan Llwyd fel un a oedd yn perthyn i'r garfan honno o Biwritaniaid a gredai mai trwy sythweliad *(intuition)* y byddai'r Ysbryd Glân yn cyffwrdd â meddyliau dynion. Gw. 'The Witness of the Spirit' o waith Geoffrey Nuttall, *The Holy Spirit in Puritan Faith and Experience* (Rhydychen, 1946).

8 Codir o'r Rhagymadrodd i *Signatura Rerum* (Llundain, 1926).

9 Ceir trafodaeth lawn o'r hyn y mae Sophia yn ei olygu i Böhme yn Joseph Stoudt, *Sunrise to Eternity* (Philadelphia, 1957).

[10] Am grynodeb llawn o hanes Beiblaidd a hanes diwinyddol y syniad am Ddoethineb, gw. *Encyclopaedia of Religion and Ethics*, gol., James Hastings (Efrog Newydd, 1920).

[11] V. de Sola Pinto, *Peter Sterry; Platonist and Puritan* (Caergrawnt, 1934), 147–8.

[12] Sparrow, *Second Booke*, 302–3.

[13] Sparrow, *Second Booke*, 198.

[14] Sparrow, *Second Booke*, 303.

[15] John Sparrow, *XL Questions Concerning the Soule* (Llundain, 1647): 'To the Earnest Lovers of Wisdome'.

IV

Disgybl a'i Athro: Morgan Llwyd a Walter Cradoc

ym Merionydd gynt im ganwyd
yn Sir Ddinbech im newidiwyd
yn Sir y Mwythig mi wasnaethais
yn Sir Fonwy mi briodais (G,1.57)

Yn ôl pob hanes, yr oedd mam Morgan Llwyd yn ferch hynod dduwiol; felly mae'n bur debyg fod naws grefyddol ddwys yn nodweddu'r cartref lle y magwyd y bachgen. Serch hynny, fel y dengys 'Hanes Rhyw Gymro', ar ôl iddo dyfu'n ddyn credai ef yn sicr nad oedd yn wir Gristion tan y diwrnod rhyfedd ac ofnadwy hwnnw pan 'newidiwyd' ef 'yn Sir Ddinbech'.

Yn 1635 cafodd y dröedigaeth a bennodd holl gwrs ei fywyd, o'r funud honno hyd ei fedd. Clywed gŵr ifanc yn pregethu a wnaeth, gŵr o'r enw Walter Cradoc, nad oedd ond prin naw mlynedd yn hŷn nag ef ei hun. Yr oedd Cradoc wedi bod yn gurad yn Eglwys Fair yng Nghaerdydd nes iddo gael ei yrru oddi yno am ei fod yn ormod o Biwritan. Ni bu yn Wrecsam am gyfnod hir ychwaith. Tra oedd yno bu'n ddigon beiddgar i gondemnio'r ddiod gadarn, a buan y gorfododd y bragwyr a'r tafarnwyr cynddeiriog ef i adael y dref ar frys. Mae hynny ynddo'i hun, mae'n debyg, yn dangos ei fod yn bregethwr hynod rymus. Prawf arall, wrth gwrs, o'i allu anghyffredin i bregethu yw'r dylanwad aruthrol ac annileadwy a gafodd ar Forgan Llwyd.[1] Beth tybed a ddywedodd Cradoc ar ei bregeth y diwrnod hwnnw? A beth yn union oedd ymateb Morgan Llwyd, y bachgen ifanc un ar bymtheg oed, ar y pryd? Y trueni yw na wyddom ni, oherwydd ni cheir yr un cyfeiriad manwl yn holl ysgrifeniadau Llwyd at y digwyddiad syfrdanol hwn a fu'n drobwynt yn ei fywyd. Yr hyn sy'n hysbys yw ei fod wedi ymserchu cymaint, nid yn unig yn athrawiaeth Cradoc, ond hefyd ym mhersonoliaeth ysbrydol ddeniadol yr athro, nes iddo ddilyn ôl ei draed yn ufudd ac yn ofalus am gyfnod wedi hynny. Fe ymunodd ag ef i ddechrau yn Llanfair Waterdine, cyn iddynt ill dau symud i Lanfaches. Yn y fan honno y sefydlwyd yr eglwys gynulleidfaol gyntaf yng Nghymru, yn 1639, ac yno y priododd Morgan Llwyd ag Ann Herbert. Dyna'r esboniad felly ar y ddwy linell olaf ym mhennill agoriadol 'Hanes Rhyw Gymro':

> yn Sir y Mwythig mi wasnaethais
> yn Sir Fonwy mi briodais

Yn 1642 cychwynnodd y Rhyfel Cartref, ac o hynny ymlaen fe wahanwyd Cradoc a Llwyd, wrth iddynt gael eu hysgubo hwnt ac yma gan lif cythryblus yr amserau. Teithiodd Morgan Llwyd ledled Cymru a Lloegr, yn rhinwedd ei waith fel caplan answyddogol ym myddin y Senedd. Yn y diwedd, ar ôl i'r Brenhinwyr gael eu trechu, daeth cyfle iddo ail ymgartrefu yn Wrecsam. Erbyn hynny y Piwritaniaid oedd yn rheoli Cymru benbaladr, ac fe'i penodwyd ef yn un o'u Profwyr o dan Ddeddf Taenu'r Efengyl yng Nghymru. Ei brif ddyletswydd oedd dewis gweinidogion duwiol i gymryd lle'r rhai a gawsai eu troi allan o'u heglwysi am eu bod yn annerbyniol (am resymau cam neu gymwys) gan y rhai a oedd bellach mewn awdurdod. Yr oedd Walter Cradoc hefyd yn un o'r Profwyr dylanwadol hyn, ac fe fu Llwyd ac yntau wrthi am dair blynedd, yn chwilio am weinidogion addas a hefyd yn pregethu'n daer ar hyd ac ar led Cymru er ceisio achub eneidiau'r bobl. Eithr yn 1653 ataliwyd hwy, am eu bod hwy a'u tebyg yn taenu ar led syniadau lled-radicalaidd a oedd yn bygwth tanseilio awdurdod y Senedd. Yn sgil y siom o gael ei ddiswyddo, ond ar yr un pryd yn y gobaith fod y wawr ar dorri a bod Crist ei hun ar fin dychwelyd i'r byd, aeth Llwyd ati i ysgrifennu rhai o'r darnau crefyddol mawreddog hynny yr ydym heddiw yn eu hystyried yn gampweithiau cyfoethog. Ond o hynny ymlaen nid gwella a wnaeth pethau yn ei achos ef, ond dirywio, a'r Piwritaniaid yn ymgecru a'u cyfundrefn yn datgymalu. Bu farw yn 1659, yn ŵr ifanc, prin wedi cyrraedd ei ddeugain oed; a'r un flwyddyn, drwy ryw gyd-ddigwydd digon rhyfedd, bu farw Walter Cradoc hefyd.

'Disgwyl diwedd a wna plentyn, / Bydd di gall, a chwilia'r terfyn', meddai ym mhennill olaf 'Hanes Rhyw Gymro'. Sôn am ddiwedd y byd yr oedd mewn gwirionedd, ond o chwilio terfyn ei fywyd ef ei hun yr hyn a gawn, yn ôl tystiolaeth ei lythyrau, yw fod Morgan Llwyd tua'r diwedd yn ŵr siomedig, trist.

* * * *

Fe welir, felly, fod bywydau Morgan Llwyd a Walter Cradoc wedi eu plethu yn ei gilydd hyd y diwedd, ac er nad oes gwybodaeth benodol ar gael am berthynas y naill â'r llall, drwy astudio'r ysgrifeniadau o waith y ddau sydd wedi goroesi y mae modd i ni ddeall y cytgord a'r anghytgord deallusol a oedd yn nodweddu'r berthynas bwysig honno. Wrth gwrs y mae llyfrau Morgan Llwyd yn dal mewn bri, ac fe ŵyr llawer o Gymry Cymraeg llengar amdanynt, ond ychydig iawn bellach sy'n gwybod am bregethau a llyfrynnau Cradoc. Hwyrach mai'r anwybodaeth hon sy'n rhannol gyfrifol am y ffaith na roddwyd llawer o sylw hyd yn hyn i'r cysylltiadau diddorol sydd rhwng diwinyddiaeth Cradoc ac argyhoeddiadau ysbrydol Morgan Llwyd.

Fe esboniwyd eisoes mai trwy bregethu Cradoc y gweddnewidiwyd bywyd Morgan Llwyd; ac er na cheir un disgrifiad yng ngweithiau Llwyd o'r digwyddiad tynged-fennol hwnnw yn ei hanes, fe geir, serch hynny, sawl cyfeiriad bras, awgrymog, ato. Ar ffurf rhigwm y daw'r

cyfeiriad mwyaf diddorol oll, wrth iddo gyffelybu hanes ei
fywyd i daith un sy'n tramwyo 'o fryn i fryn':

> ym mynydd Olewydd (drwy lais)
> y cefais enedigaeth,
> mynydd llygredig (yn fy ngwlad)
> dechreuad fy naturiaeth

> ym mynydd Sinai wedi hyn
> mewn dychryn fe leteuais
> Dan fellt y gyfraith bum yn hir
> ym Maelawr dir dihunais.

> ym mynydd Sion gwelais hedd
> Trugaredd a Diddanwch
> wrth fyw drwy ffydd ar Dduw am gwnaeth
> Drwy Ghrist mewn hiraeth heddwch. (G1.64)

Ar un olwg, dim ond manteisio ar batrwm tröedigaeth
Gristnogol ar hyd yr oesau a wna Morgan Llwyd yn y
penillion hyn. 'Roedd Piwritaniaid o bob carfan a phlaid yn
hoff o ddefnyddio Mynydd Sinai i arwyddo crefydd yr Hen
Destament, a Mynydd Seion i ddynodi'r berthynas newydd
gariadus â Duw a ddaethai drwy aberth gwaed Crist. Dim
ond drwy ufuddhau i'r Ddeddf y medrai'r Israeliaid
fodloni Iehofa, a chollfarnai'r Piwritaniaid lawer o gredin-
wyr eu cyfnod hwy am fod yn gaeth o hyd i syniad tebyg.
Barnent, wrth gwrs, mai dyna gynsail cred gyfeiliornus,
ddiwerth yr Anglicaniaid a'r Catholigion; ond honnent
ymhellach fod llawer o'u cyd-Biwritaniaid yn dueddol o
wyro i'r un cyfeiriad, eithr yn ddiarwybod iddynt eu
hunain. Yn ôl pob tebyg, yr oedd Morgan Llwyd yn
fachgen ifanc da a duwiol, ymhell cyn i Gradoc ddod ar
gyfyl tref Wrecsam. Ond pryderai'n fawr serch hynny,
oherwydd sylweddolai ei fod yn gwbl annheilwng o gariad
y Tad: teimlai ei fod o'r herwydd yn haeddu cosbedigaeth
ac na fedrai osgoi dicter Duw. At ei gyflwr meddyliol ac
ysbrydol y pryd hwnnw y mae'n cyfeirio pan ddywed 'Dan
fellt y gyfraith bum yn hir'; a Walter Cradoc a fu'n gyfrifol
am ei ddihuno o'i hunllef.

Yn wir, Cradoc oedd yr union ddyn i gynnig cysur a
chymorth ysbrydol i Forgan Llwyd, oherwydd credai'r

73

deheuwr yn gryf ar hyd ei oes mai 'ysbryd yr Hen Destament', gyda'i bwyslais ar gyflawni pob llythyren o'r gyfraith foesol, oedd y maen tramgwydd pennaf a rwystrai bobl rhag profi gras a chariad achubol Iesu Grist. Mae'n wir ei bod hi'n arfer ddigon cyffredin ar y pryd ymhlith llawer o'r Piwritaniaid i gondemnio'r hyn a alwyd yn *legalism,* ond nid dim ond dilyn yr arfer a wnâi Walter Cradoc pan âi ef ati i gondemnio'r agwedd feddwl honno. Parai loes iddo weld yr ing a'r anobaith a ddeuai yn sgil y fath gred. Nid oedd Cradoc yn bregethwr a arferai fynd i ryw hwyl emosiynol fawr – 'roedd yn well o lawer ganddo siarad yn gywir ac yn gymedrol, gan ddal pen rheswm â'i wrandawyr – ond mae'r darnau hynny yn ei ysgrifeniadau sy'n ymwneud â chyflwr meddwl y rhai a lynai wrth y Gyfraith yn rhai teimladwy dros ben. Sylwer, er enghraifft, ar y drafodaeth ganlynol a ddaw o'r llyfryn *Good News to the Worst of Sinners* (1648):

> *Here is nothing but what is* terrible *and* sad *newes: as a mountaine that was so terrible that it might not be touched; when God did give his Law upon mount* Horeb, *or mount* Sinai; *and that mountaine all burning with fire; If we see a house burning with fire it is terrible: but to see a* mountaine *all over burning with fire, and with blacknesse, and darknesse, and tempest too! A fire though it be terrible yet there is somewhat comfortable, because there is light: but that fire was full of blackness and darknesse, and darknesse is a sad thing. And there was* tempest, *and* lightning, *and* thunder, *and a* voyce of words, *a voyce of terrible words, that bid them doe such and such things that they had no power to doe, and yet they must doe them, or be damned . . . Here was nothing but terrible objects in the administration of the* old *Testament, in the giving of the Law upon Mount* Sinai: *But come to the new Testament, of the Gospel as it is set up since Christ went to the holy of holies, after his resurrection.* You are come now to mount Sion, *and that was a pleasant place, if you take it according to the letter it was the pleasantest place about* Jerusalem. (8–9)[2]

Pwysleisiai Cradoc mai 'newyddion da' oedd ystyr gwreiddiol y gair 'gospel', a mynnai ef, fel pregethwr, ddefnyddio grym ysbrydol geiriau'r wir Efengyl er mwyn gwrthweithio dylanwad y 'voyce of words, *a voice of terrible words*' a oedd i'w glywed yng nghenhadaeth y 'cyfreithiolwyr' *(legalists).*

Yn sicr, fe lwyddodd i arwain y llanc ifanc, Morgan Llwyd, o fwg a thân mynydd Sinai i gopa braf bryn Seion, a hwyrach fod hinsawdd ysbrydol hynaws campweithiau'r gŵr o Wynedd i'w phriodoli, yn rhannol o leiaf, i ddylanwad cynnar Cradoc. Fe ddychwelwn eto, yn y man, at yr ysbryd cariadus a nodweddai gymeriad a gwaith y ddau ohonynt fel ei gilydd.

Ond os mai'r cyfarfyddiad hwnnw â Chradoc, yn Wrecsam, oedd y prif drobwynt yn holl hanes datblygiad Morgan Llwyd, paham na chafwyd adroddiad manwl ganddo am yr hyn a ddigwyddodd? Hwyrach fod a wnelo dysgeidiaeth Cradoc ei hun â phenderfyniad Morgan Llwyd i beidio ag oedi uwchben y profiad o dröedigaeth. Credai'n angerddol gadarn, wrth gwrs, mai profiad o ailenedigaeth yn yr ysbryd oedd y profiad hwnnw, a bod yr hen Adda ynddo wedi ei orchfygu unwaith ac am byth bryd hynny gan yr Arglwydd Iesu. Eithr un o nodweddion pregethau Cradoc oedd y pwys arbennig a roddai ynddynt, yn unol ag athrawiaeth Galfinaidd uniongred ei gyfnod, ar y gwahaniaeth rhwng y weithred ddwyfol o gyfiawnhau a'r profiad o sancteiddio. Drwy ei ras, gallai Duw, ym mherson Iesu Grist, achub dyn o afael pechod mewn amrantiad, a dyna'r pechadur wedi ei wneud yn dderbyniol unwaith ac am byth yng ngolwg ei Greawdwr. Eithr dim ond ymhen hir a hwyr y deuai'r pechadur hwnnw, drwy nerth cyson gras Duw, yn ŵr o sylwedd ysbrydol ac yn llawn daioni perffaith, pur, digymysg. Thalai hi ddim, felly, i ddyn ymhyfrydu ac ymfalchïo cymaint yn y profiad o gael ei achub nes anghofio am y profiad arall gwerthfawr, dirgel hwnnw a ddylai ddyfod yn ei sgil ef, sef y profiad o dwf moesol ac o gynnydd graddol yn ei adnabyddiaeth o Dduw dros weddill ei ddyddiau. Yn wir, ni ddylai dyn ddisgwyl i'r weithred o gael ei achub fod, yn anorfod, yn brofiad dwys, dramatig, ysgytwol. Gwyddai Cradoc yn dda fod rhai yn dueddol i amau a oeddynt hwy'n gadwedig, oherwydd nad oeddynt wedi cyrraedd yr uchelfannau ecstatig y soniai eraill mor ffyddiog amdanynt. Ceisiai ef esbonio, felly, fod

75

gras Duw yn medru gweithredu yn yr enaid mewn amrywiol ffyrdd.

In Matth.13. It *is said of the Merchant man, he found the* feild *wherein was the* treasure, *he* rejoiced. *I remember a worthy man of this countrie, he saith, hee rejoyced not that he had found the* pearle *the* treasure: *but he rejoyced that he was come neare a good bargaine, he was come to the* feild *where it was; so though I be not assured that I am a* Saint, *yet a sinner may rightly receive this truth with joy as a sinner, because he is* neare *a good* bargaine.[3]

Yr un modd, mae Morgan Llwyd yn ymgadw rhag rhoi disgrifiad manwl o'r modd yr achubwyd ef, oherwydd nid yw am roi'r argraff fod yn rhaid i'r gwrandawr, neu'r darllenydd, ddilyn y patrwm gosod, allanol hwnnw'n union. Yr un, wrth gwrs, fydd y newid mewnol gwyrthiol ym mhob achos – a chanolbwyntia ar hwnnw – ond gall yr amgylchiadau, ac yn wir yr emosiynau, amrywio o berson i berson.

Gwelir yn y darn uchod fod Cradoc yn meddu ar allu anghyffredin i gyflwyno syniadau dyrys mewn termau syml, clir, ac y mae'r ddawn honno i'w gweld ar ei gorau lle mae'n egluro'r gwahaniaeth rhwng cyfiawnhad a'r twf mewn sancteiddrwydd:

As we see a maid or woman *that* spins, *shee holds* one *hand* steddie, *and* turnes about *the wheele with the other: so* our justification *we should hold it* steddie, *for it is not buylt at all upon* any *thing that is in* us, *but let us* turne *and wind the rest, that is,* sanctification. We *must* strive *against* sin, *and* mourne *for it, but* leave justification *wholly to* Christ.[4]

Prif ergyd y gyffelybiaeth, o'i gosod yn ei chyd-destun, yw y gall dyn a achubwyd fod yn berffaith sicr ei fod yn gadwedig: '*so our* justification *we should hold it* steady'. Fel y dengys ei bregethau, fe wyddai Cradoc yn iawn mai un o'r pryderon mwyaf echrydus a flinai'r saint oedd y gofid o ansicrwydd dybryd ynghylch eu cyflwr ysbrydol. Yr oedd ymwybyddiaeth y pechadur nad oedd ef, ohono'i hun, yn ddim ond telpyn o gnawd pwdr, llygredig, yn gynsail i'w brofiad o gael ei weddnewid drwy ras Duw, a'i wneud yn greadur newydd. Ond fe allai'r ymwybod hwnnw o'i gyflwr pechadurus barhau hyd yn oed ar ôl iddo gael tröedigaeth, gan hau amheuon ynddo a thanseilio'r hyder ei fod mewn gwirionedd wedi ei drawsnewid a'i adnewyddu. Ac onid oedd hynny wedi digwydd, yna yr oedd ef wrth gwrs yn gwbl golledig i dragwyddoldeb. Dyna'r pwll diwaelod o ofnau du y bu Bunyan yn ei blymio yn *Grace Abounding to the Chief of Sinners*.

Ac y mae holl arswyd y cymhlethdod meddyliol hwn a nodweddai Biwritaniaeth y cyfnod wedi ei fynegi yn ddiweddar gan y diwinydd Paul Tillich mewn termau seicolegol sy'n gweddu'n well, efallai, i'r ugeinfed ganrif: *'The difficulty is'*, meddai, *'to discover the courage to accept oneself as accepted [by God] in spite of being unacceptable . . . For being accepted does not mean that guilt is denied.'*[5]

Rhaid ymhelaethu ar y mater hwn am ei fod o'r pwys mwyaf yn achos Cradoc a Llwyd fel ei gilydd. Yn wir y mae lle i ddadlau ei fod yn anhawster a ddylanwadodd yn drwm ar eu ffordd hwy ill dau o lunio'u cysyniadau ysbrydol, o amlinellu eu cred ac o genhadu ymhlith eu pobl. Fe welir hyn yn ddigon eglur yn achos Cradoc. Soniwyd yn barod am ei hofffter ef o wahanu'r weithred o gyfiawnhad oddi wrth y broses o sancteiddio, a hawdd deall fod hynny'n ei alluogi i bwysleisio na ddylai neb ddisgwyl fod olion pechod yn diflannu ar unwaith o fywyd dyn pan gâi dröedigaeth, er bod y gafael marwol a fuasai gan bechod ar ei enaid wedi ei dorri am byth:

> so let the devill, *and* hell *say what they will, they shall never beat him from that refuge; And saith the soul being a* sinner *I am the proper* object *of* grace *and* life, *and* salvation *in the Gospel, though I have no comfort that I am in, yet I have comfort that I am neare, and the* doore *is* open.[6]

Y mae'n arfer gan Forgan Llwyd yntau ysgrifennu yn yr un modd. Nid yw pechod yn y dyn cadwedig ond 'fel y mae'r afiechyd yn yr iachaf, neu ddraen yn y troed, neu wynt yn y cylla, neu asgwrn o'i le. Mae pechod yn olrhain dyn da, i geisio ei ddal. Ond y mae meddwl dyn drwg yn dal, ac yn goddiwedd ei bechod. Mae'r naill yn marwhau, a'r llall yn magu, ei anwylchwant. Mae'r naill yn ei ofni, ac yn ei gasáu fel gelyn, a'r llall yn ei groesawu i'w feddwl fel siwgwr dan ei ddannedd. Y naill sydd yn ei chwant a'i natur fel brithyll yn y dwfr, a'r llall yn nofio allan ohono ei hunan am ei fywyd. Y naill fel yr hwch a'r afr, a'r llall fel y ddafad ddiniwed yn adnabod llais y bugail.' (*Ll*,61: *G*,1.218)

Y mae cysyniadau a mynegiant y ddau yn cyd-daro felly yn y sylwadau hyn, ond yn amlach na pheidio y mae eu ffyrdd o ymateb i'r broblem o sut i fagu hyder yn y saint yn arwydd o wahaniaeth pwysig rhwng dull Walter Cradoc o feddwl a dull Morgan Llwyd. Wrth graffu ar waith Cradoc fe sylwn ar yr ymdrech a wneir ganddo'n barhaus i fathu termau esboniadol ar gyfer tawelu pryderon y saint ynghylch patrwm mewnol y profiad o dröedigaeth. 'Roedd yn Galfinydd llwyr ymroddedig, a chwiliai am iaith ac am ddelweddau a fyddai'n argyhoeddi'r ffyddloniaid fod Duw, yn ei ras, yn eu cofleidio ac yn eu derbyn ar waetha'r holl bechodau yr oeddynt mor ymwybodol ohonynt. Hwyrach fod enaid rhyw druan, yn ei fraw, yn ochneidio 'good Lord, where am I? O what a hell have I in me! *for there is a hell in the heart if God takes off the veil of grace';* ond ateb cysurlon Cradoc iddo yw '*but there is* nothing but love, *even after* sin, *there is not one hard* thought.'[7] Noder fod Cradoc yn tawelu ofnau'r enaid, yn yr achos hwn, drwy chwalu'r ddelwedd o orchudd gras – delwedd sy'n gamarweiniol ac yn annigonol oherwydd ei bod yn peri i ras Duw ymddangos yn rhywbeth bregus y mae'n rhwydd iawn ei rwygo neu ei dynnu i ffwrdd, gan ddinoethi hagrwch dyn unwaith yn rhagor. Sylweddolai Cradoc, felly, pa mor bwysig ydoedd iddo ddod o hyd i gymariaethau digonol – cymariaethau a fyddai'n mynegi grym di-droi'n-ôl y gras dwyfol sydd ar waith ym mywydau'r rhai a fydd gadwedig, ac a wnâi hynny (yn unol ag athrawiaeth Calfin) *heb* anwybyddu eu hamherffeithrwydd dynol pechadurus.

For your comfort, this is one thing; thou that hast but little grace coming in so many yeers: I tell thee, God saith that grace is like the springing of the sea, or the springing of the yeer. Now in the springing of the sea, when men would have a tide for their passage, a man is glad to see a little turning of the water first, it is *so much the nearer: then he observes, and is glad to see the* Sea rise, *and* cover a few stones or marks, *though it be little: but stay till it* be almost full sea, *when it is high tide, then everything almost is covered on a sudden, the tide over-runs all . . . But* grace *comes as the* tide; *stay a while and thou shall see such a* flowing of grace *in thy soul, that thou knowest not where to look; such a* tide *of* love, *and* joy, *and* knowledge, *such innumerable* lessons, *that thou knowest not where to look; Therefore wait upon the* Lord, *& thou shalt see* grace *come in as the* tide.[8]

Sylwer fod Cradoc yn dal i wahaniaethu'n fanwl rhwng yr enaid a'r gras sydd yn dylifo i mewn iddo a throsto. Yn wir, y mae'r gofal hwn i gadw'r gwahaniaeth rhwng y meidrol a'r anfeidrol mewn golwg ar hyd yr amser, hyd yn oed wrth sôn am y modd gwyrthiol y mae Duw'n ymweld â'r enaid, yn nodwedd a wreiddiwyd yn ddwfn yn nysgeidiaeth Calfin.

Fe godai pryderon lu ym meddyliau rhai Piwritaniaid uniongred yn benodol o'r wedd honno ar eu cred, sef o'u hanallu i gredu eu bod yn llwyr eiddo i Dduw, a'i fod Ef wedi ymuno â'u bywyd hwy, drwy gyfrwng a thrwy ras ei Fab, Iesu Grist. Ond ar y llaw arall, yr oedd amryw eraill ohonynt yn gallu defnyddio athrawiaeth Calfin i fagu, yn hytrach nag i fygu, hyder ysbrydol. Ac un o'r enghreifftiau gorau o hyn yw honno a geir yng ngwaith ysgytwol John Bunyan, *Grace Abounding:*

It was glorious to me to see [Christ's] exaltation, and the worth and prevalency of all his benefits, and that because of this: now I could look from myself to him, and should reckon that all those graces of God that now were green in me, were yet but like those cracked groats and fourpence-halfpennies that rich men carry in their purses, when their gold is in their trunks at home![9]

'*Now I could look from myself to him.*' Ar un ystyr, dyna gnewyllyn cred Morgan Llwyd yn ogystal. Mae'n rhaid lladd yr hen hunan, meddai, cyn y gall y creadur newydd gael ei eni o fewn i ddyn. Ond dyna ni eisoes wedi taro ar fynegiant sy'n wahanol iawn i'r arddull a'r delweddau a arferir gan Bunyan. Sôn y mae'r Sais am gyfeirio ei olygon tuag i fyny, gan roi ei fywyd yn gyfan gwbl yng ngofal yr

Hollalluog – '*Oh, I saw my gold was in my trunk at home*', sef yn ddiogel uchod yng ngofal Duw. Nid dyna a ddywed Morgan Llwyd. Cyfeirio a wna ef yn ddi-ffael at 'y byd mawr helaeth' sy'n guddiedig yn nyfnder yr enaid, hyd nes i ddyn fedru ei ddarganfod drwy arweiniad gras Duw. Troi ei olygon tuag i mewn, felly, a wna ef, gan esbonio: '*I finde that the Lord Jesus is as a golden Mine in our owne fields, under our owne earth.*' (*G*,2.262) Gweledigaeth fewnfodol sydd ganddo ef, ond gweledigaeth drosgynnol sydd gan John Bunyan.

Sicrwydd tawel yw un o brif nodweddion Llwyd wrth ysgrifennu, ac fe fedr rannu'r sicrwydd deniadol hwnnw â'i ddarllenydd. 'Pe bai'r Mab yn dy fynwes di, fe laddai dy bechodau, fe losgai dy chwantau, ac a lenwai dy feddyliau â goleuni rhyfedd mewn cariad nefol a llawenydd anhraethol. Llun a delw Duw yw dy enaid di, ac ni all dim dy lenwi di ond llawnder a delw y Goruchaf.' (*YB*,2: *G*,1.117–8) Sonia am '*ysbryd y Duw byw* (yr hwn yw gwreiddyn dyn, a'r nerth golau oddi fewn)', ac yn y weledigaeth honno y gwreiddiwyd ffydd ddisglair Morgan Llwyd (*YB*,7: *G*,1.127). Meddai eto: 'Er cynted y bo marw dy ewyllys di, fe dyf ewyllys Duw allan drwyddo'. Y drwg yw fod rhai, druain, 'yn edrych am Dduw o hirbell, a hefyd yn gweiddi amdano oddi allan, heb weled fod ffynnon a gwreiddyn ynddynt yn ceisio tarddu a thyfu drwyddynt. Canys mae fe gyda phob dyn er cynddrwg yw, yn goleuo pob dyn ar sydd yn dyfod i'r byd, ond er ei fod ef drwy bawb nid yw fe yn cael aros ond yn ambell un.' (*Ll*,70: *G*,1.227)

Mae un peth i'w ganfod yn gwbl amlwg, o ddarllen darnau fel hyn, sef fod ffordd Morgan Llwyd o amgyffred y profiad o dröedigaeth yn bur wahanol i ffordd Calfiniaid mwy cydymffurfiol megis Bunyan neu Gradoc. Mae'r termau a'r delweddau a ddefnyddir ganddo i fynegi ac i ymgorffori ei weledigaeth yn argyhoeddi'r darllenydd fod cael tröedigaeth yn gyfystyr â bod ffynnon bywyd newydd o darddiad dwyfol yn cael ei hagor yn nyfnderoedd yr enaid dynol. Hynny yw, y mae Morgan Llwyd yn credu fod ysbryd dyn yn mynd yn un â'r Duwdod Ei Hun pan fydd y

Crist a groeshoeliwyd ac a atgyfododd yn cael ei eni oddi mewn iddo, yn faban bach a rydd fodolaeth i fywyd newydd. Ym marn rhai o Galfiniaid uniongred y cyfnod, fe ymylai cred o'r fath ar fod yn heresi ddinistriol, am ei bod fel petai yn gosod ysbryd dyn gyfuwch â Duw. Ond mynnai Morgan Llwyd yn orfoleddus mai'r wyrth a brofwyd gan y saint oedd fod Duw a dyn yn gallu tyfu'n un yn yr enaid. Y mae'r rheini sy'n meddu ar y wir ffydd yn llawn 'ysbrydoliaeth ryfeddol, nid yn unig i gredu mai'r Iesu yw Crist, ond hefyd mai'r Crist yma yw anwylyd a brenin a bywyd dy enaid ti: a darfod i'r Iesu farw drosot ti i fyw ynot ti, ac i'th ddwyn yn ddioed at Dduw i'r gwreiddyn yn y Drindod nefol, o'r hwn yr ehedodd dyn allan drwy gwymp Adda.' (*Ll*,84: *G*,1.241)

Rhannai Morgan Llwyd y weledigaeth gyfriniol hon â'r Crynwyr, ac y mae G. F. Nuttall wedi tynnu sylw at y modd y bu i'r profiad hwnnw esgor, yn eu hachos hwy, ar hyder ysbrydol a oedd yn gwrthgyferbynnu, yn ddramatig ar brydiau, ag ansicrwydd meddwl rhai o'r Piwritaniaid uniongred. Er enghraifft, cyfeiriodd un Piwritan beirniadol at sicrwydd ffydd y Grynwraig gynnar Margaret Fell, gan achwyn amdani *'that she is past the cloud and hath liberty to wear satins, and silver and gold lace, and is a great gallant.'*[10] Cyferbynner yr ymadrodd awgrymog hwnnw, *'past the cloud'*, â sylwadau trist Walter Cradoc: *'There are some Saints that cannot at any time get to God, and ask any thing, but they have much ado to* set their hearts, *and to get off the* guilt *that is between them and God as a cloud.'*[11]

Er bod dull Morgan Llwyd o gyrraedd y tu hwnt i'r cwmwl yn wahanol iawn i ddull Walter Cradoc, yr oedd y ddau'n gytûn fod y cwmwl pryder a oedd yn cyniwair meddyliau llawer yn eu gyrru ar gyfeiliorn yn aml. Deallai Cradoc sut y gallai pryder fagu dicter parhaus ym mhersonoliaeth dyn, gan greu aflonyddwch mawr. Mennai hynny yn ei dro ar ei berthynas â'i gyd-ddyn. Mennai hefyd ar ei berthynas â Duw, oherwydd ni fedrai person o'r fath gredu mewn Duw cariad. Eithr am y Duw hwnnw y mynnai Cradoc sôn yn bennaf oll: *'For [the Apostle Paul] carries that clearly to all his Epistles, that there is no* damnation *to them that are* in Christ, *and* you are not appointed unto wrath, *saith he, but he presseth them unto it out of the* sweetness and dearness *of spiritual things that they apprehended.*'[12] '*For this is a general truth with me, that our* frowardness *doth generally rise from some* distemper *of our souls within, I mean when a man sees that* God is angry *with him he is* angry *with others.*'[13] Ceir golwg debyg ar Dduw tosturiol, cariadus, yng ngweithiau Morgan Llwyd hefyd, bob tro y bydd ef yn sôn am y blys sydd ar yr enaid dynol am gael ymryddhau o faglau'r cnawd: 'Mawr yw'r barnwr, parhaus yw ei farn . . . Gwael yw'r hoywaf, a gwyn ei fyd a'i gwado ei hunan ac a ymneilltuo oddi wrth y byd i gymdeithas y Tad a'r Mab. Canys cariad yw Duw; mwyn yw Crist; melys yw ei ysbryd.' *(YB,4: G,1.120)*

Hawdd credu fod Llwyd pan oedd yn fachgen ysgol yn Wrecsam wedi ei swyno gan ddisgrifiadau hudolus Cradoc, y pregethwr ifanc, o gariad aruthrol anfeidrol Duw tuag at ddyn: '*I say the Ministery of the Gospel if it be rightly dispensed doth not containe a tittle in it but perfect good newes, and glad tidings to the heart of the worst of sinners. For this is the proper difference between the* Law *and the* Gospel.'[14] Yn sicr y mae'r un agosatrwydd cynnes i'w glywed yng ngeiriau'r ddau pan fyddant wrthi'n efengylu. Mae'n amlwg fod tynerwch yn rhan bwysig o gyfansoddiad eu cymeriad ysbrydol ac at hynny gellir awgrymu eu bod yn oddefgar, ac yn amyneddgar hefyd, wrth drafod yr ymrannu a'r cecru cyson ffyrnig a nodweddai fywyd sectau Piwritanaidd dirifedi'r cyfnod. Yma eto gellir dyfalu fod Cradoc wedi dangos y ffordd yn glir i Forgan Llwyd yn gynnar yn ei hanes. Credai Cradoc mai gwreiddyn y drwg oedd fod pobl yn crefu am y sicrwydd a ddeuai o grefydd swcr, a'u bod o'r herwydd yn creu patrwm o reolau a defodau gosod a fyddai, yn eu barn gyfeiliornus hwy, yn gwarantu iddynt fywyd tragwyddol. Yr oedd gan bob sect felly ei chyfundrefn o batrwm eglwysig penodol ac o ordinhadau gofynnol. Eithr ym marn Cradoc fe ddylai'r gwahanol sectau hyn gyd-fynd â'i gilydd yn heddychlon, gan sylweddoli nad y sagrafennau oedd cyfrwng gras bellach, mai arwyddion yn unig oeddynt hwy o'r gras oedd wedi ei dywallt yn uniongyrchol i eneidiau'r saint. Felly nid oedd fawr o wahaniaeth i ba un o'r sectau y dewisai dyn berthyn. Ac yn hynny o beth cytunai Morgan Llwyd yn fras â'i hen athro. 'Roedd sawl agwedd ddiddorol, i ddweud y gwir, ar oddefgarwch Walter Cradoc. Synhwyrwn wrth ddarllen y llyfryn *Gospel-Libertie*, er enghraifft, fod Cradoc yn awyddus i sicrhau na fyddai 'clymblaid' y Piwritaniaid yn ymddatod cyn iddynt sicrhau buddugoliaeth gyflawn ar eu gelynion. Cyhoeddwyd y gwaith hwnnw yn 1648, ac fe'i disgrifir ar y ddalen deitl fel llyfr *'wherein is laid down an exact way to end the present dissensions, and to preserve a future peace among the SAINTS.'* Mae lle i awgrymu, felly, fod yna wedd 'wleidyddol', a siarad yn fras, ar ymgais daer yr awdur i gyfannu'r rhwyg rhwng y sectau. Ymhellach, credai Cradoc fod yr amrywiaeth cred, a nodweddai fudiad y Piwritaniaid yn gynyddol, yn arwydd fod Duw yn ymweld fwyfwy â dynion: *'One main cause of contention among us is, God comes now with more light than we had before'.*[15] Wrth i Dduw baratoi i roi diwedd ar y byd, goleuai feddyliau lliaws o bobl, gan ddangos iddynt ran – eithr rhan yn unig – o'r darlun cyflawn.

> The knowledge of heavenly things come into the soules of people now a dayes, as the Sun shines on the earth; How is that? You know when the Sun shines in our horizon, it doth not shine to the other end of the world; it is night with them when it is day with us; So, when the light showes one thing, another truth is lost; And this is the reason of division, light is come, but it is not a full light, it reveales not all the will of God, but teacheth one, one thing, and another, another. We see not all together.[16]

Crefai Cradoc ar bawb i barchu barn ei gilydd, ac fe seiliwyd goddefgarwch Morgan Llwyd i gryn raddau ar yr un gred yn y 'Golau Newydd'.

Fe welir, felly, bod cynghanedd ddwys yn bodoli rhwng syniadaeth sylfaenol y ddau hen gydnabod er bod eu ffordd o feddwl ac o draethu yn bur annhebyg yn aml. Er

mwyn deall y paradocs hwn yn well, y mae'n bwysig cofio
mai yn ystod pumdegau'r ail ganrif ar bymtheg yr ysgrif-
ennwyd pob un o weithiau Morgan Llwyd. Hynny yw, yr
oedd bron i ugain mlynedd wedi mynd heibio er iddo ddod
dan ddylanwad Cradoc yn Wrecsam, ac yr oedd mwy na
deng mlynedd er i'r ddau gyfaill ffarwelio â'i gilydd wrth
iddynt ymdaflu i ferw'r rhyfel. Yn ystod y blynyddoedd
hynny fe newidiwyd ac fe gyfoethogwyd holl agwedd
meddwl Morgan Llwyd yn ddirfawr gan y profiadau
newydd gwefreiddiol a ddaeth i'w ran. Yn wir, mae'n bur
debyg iddo ef gael ei gynhyrfu lawer mwy na Chradoc gan
awyrgylch ymchwilgar y cyfnod. Er bod Cradoc, yn ei
ffordd, yn feddyliwr annibynnol medrus a mentrus, ac er
ei fod yn perthyn ar sawl cyfrif i garfan y Piwritaniaid lled-
radical, mae lle i gredu ei fod yn teimlo braidd yn anghys-
urus ynghanol y cyffro meddwl anhrefnus, anystywallt a
ddaeth, tua diwedd y pedwardegau, yn sgil llwyddiant
cynyddol y *New Model Army*. Yn *Gospel-Libertie* rhydd
ddarlun beirniadol byw i ni o fywyd ysbrydol aflonydd rhai
o'r saint yn Llundain yn 1648:

> *I bewaile it, and it will be your misery; you in this City of all places in*
> *Christendome, (excepting none) are miserable people. Here in this*
> *populous place, and abundance of Preachers, and abundance of* itch-
> ing eares, *and* greasie *hearts as the Psalmist saith, and you will not*
> *be tyed by the* Magistrates *to your Parishes, and I desire not that, but*
> *you will not be tied by the* Ministers, *to* suffer the word of exhort-
> ation, *but you make a trade of* wandering *from* Minister *to* Minister
> *to try their weares, and as soone as you have heard a word that*
> *crosseth your* corruption, *and your* fancy *you are gone. As if a poore*
> *soldier should come with a wounded* arme, *or a broken* legg, *and*
> *desire a* Chirurgeon *to put on a plaister, and when he feeles it smart,*
> *away he goes from that* Chirurgeon *to another, and so to a* third,
> *and a* fourth. *So, you are miserable souls, without Gods mercy like to*
> *perish for ever; you have hearts as fat as* brawne, *as fat as* grease, *as*
> *some translate it. What is that? Our work is upon your hearts, we are*
> Gods hammers *the word is called so by* Jeremiah: *Now take a*
> greasie *thing and put it under a hammer, and it will* slip *on one side,*
> *and on another, and you can never strike it justly: So you, if there be*
> *any thing that crosses your humour; it is a* hard saying, *and away*
> *you goe; and were it not for your own* miserie *it were no great losse.*[17]

Mae'n ddarn diddorol, oherwydd yma fe welir Cradoc ar y naill law yn cymeradwyo'r chwalfa gymdeithasol yr oedd Piwritaniaeth wedi esgor yn fwriadol arni *('you will not be tyed by the* Magistrates *to your Parishes, and I desire not that'),* ac eto ar y llaw arall yn anghymeradwyo'r defnydd a wnâi'r bobl o'r rhyddid newydd a roddwyd iddynt i anwybyddu eu llywodraethwyr *('you make a trade of* wandering *from* Minister *to* Minister *to try their weares').*

Wrth gwrs, ni fynnwn awgrymu am funud fod Morgan Llwyd yn un o'r bobl oriog y mae Cradoc yn cwyno yn eu cylch. Ond mae'r dystiolaeth yn awgrymu fod eples yr amserau wedi dylanwadu fwy ar y gogleddwr nag ar y deheuwr. Bu'r cyfan yn addysg bellach i Forgan Llwyd ac yn agoriad llygad ysbrydol. Felly, wrth archwilio'r gweithiau a orffennwyd ganddo o 1653 ymlaen, a cheisio dyfalu sut un ydoedd ddeng mlynedd ynghynt, pan oedd dylanwad Cradoc yn dal yn drwm arno, mae'n werth cofio am yr hyn a welwn ym myd arlunio. Drwy ddefnyddio offer pelydr-X y mae modd bellach edrych o dan wyneb y darlun sy'n weladwy, ac ailddarganfod y braslun gwreiddiol cuddiedig a osodwyd gyntaf ar y cynfas. Yn aml ceir gwahaniaeth mawr rhwng y braslun cynnar hwnnw a'r gwaith gorffenedig ysblennydd. Wrth i'r arlunydd ychwanegu lliw, gall drawsnewid golwg y cyfan; ar yr un pryd gall newid patrwm y dyluniad gwreiddiol, gan greu llun pur wahanol. Fe ddigwyddodd gweddnewidiad tebyg i hyn yn hanes Morgan Llwyd dros gyfnod yn ymestyn o ddechrau'r pedwardegau hyd at ddechrau'r pumdegau, ac ysywaeth ni fedd y ddynoliaeth ar offer pelydr-X a all ddatgelu inni gynllun neu strwythur gwreiddiol ei feddwl ifanc ef. Ni allwn ond syllu ar y peintiadau geiriol gwych a orffennwyd ganddo yn y pumdegau, a cheisio dyfalu ynghylch eu gorffennol. Ond o leiaf fe wyddom o ba le y daeth rhai o'r lliwiau cyfoethog, sef y syniadau newydd, a gyfrannodd at odidowgrwydd y gweithiau diweddar hyn a oedd yn gynnyrch aeddfedrwydd meddwl Morgan Llwyd. Ac ymhellach, wrth osod ei lyfrau ochr yn ochr â phregethau Cradoc, fe ddown yn ymwybodol o ddwy wedd

wahanol, a gwrthgyferbyniol, ar feddylfryd Piwritaniaid y
cyfnod digyffelyb hwnnw.

* * * *

yn Sir y Mwythig mi wasnaethais,
yn Sir Fonwy mi briodais

Darlun o fywyd disgybl a'i athro a geir yn y llinellau hyn,
oherwydd maent yn olrhain hanes taith Morgan Llwyd o le
i le yng nghwmni Walter Cradoc. Fel y mae'n digwydd fe
gyhoeddodd Llwyd lyfr yn 1657 yn dwyn yr union deitl
'Y Disgybl a'i Athro'. Cyfieithiad o'r Saesneg ydoedd o lyfr
o waith yr Almaenwr Jacob Böhme, ac erbyn y pumdegau,
disgybl i Jacob Böhme oedd Morgan Llwyd ei hun i bob
pwrpas. Bu Böhme farw yn 1625, ond o 1643 ymlaen bu
bri mawr ymhlith y Piwritaniaid ar weithiau niferus
ganddo a oedd erbyn hynny yn ymddangos am y tro cyntaf
yn y Saesneg. 'Yn Sir Ddinbech im newidiwyd', meddai
Morgan Llwyd yn 'Hanes Rhyw Gymro', cerdd a ysgrifen-
nwyd yn 1650. Ond yn ôl y *Cydymaith i Lenyddiaeth Cymru* fe
'newidiwyd' Morgan Llwyd, am yr eildro, yn 1651, ar ôl
iddo ymdrwytho yng ngwaith Böhme. 'Yn wir', meddai'r
Cydymaith, 'ymddengys fod Llwyd yn cyfrif ei gyfarfyddiad
cyntaf â syniadaeth Böhme yn 1651 yn ail dröedigaeth.
Cynigiai Böhme lwybr gwahanol i lwybr y Biwritaniaeth
radicalaidd a dderbyniasai gan Gradoc, a chaniatâi iddo
bwysleisio (yn unol â'i dueddiadau dyfnaf ei hun, mae'n
ddiau) brofiad yn hytrach nag uniongrededd.'[18]
Dyna felly esboniad pwysig ar y gwahaniaeth rhwng
ymagweddiad crefyddol Morgan Llwyd yn 1642, pan oedd
yn ddisgybl i Gradoc, a'i argyhoeddiadau ysbrydol aeddfed
o 1651 ymlaen, sef ar ôl iddo dderbyn ei ddysgu ymhellach
gan Böhme. Eithr cafwyd cyfnod hir o ragbaratoad cyn i
Lwyd ddarganfod athrawiaeth Böhme. Nid trefn wleid-
yddol yn unig a chwalwyd gan y Rhyfel Cartref. Fe
chwiliwyd ac fe chwalwyd cyfundrefnau meddyliol yn
ogystal. Ynghanol berw cyffrous blynyddoedd y rhyfel
fe fu aml gredadun tebyg i Forgan Llwyd ar grwydr
deallusol, yn chwilio'n aflonydd obeithiol am lestri cred

amgenach a allai gostrelu eu profiadau ysbrydol newydd bywiol. Ac wrth i fyddinoedd y Senedd orchfygu'r Brenhinwyr, bu'r ymchwydd o deimladau buddugoliaethus ymhlith y Piwritaniaid yn foddion iddynt gredu fod y Duw a oedd mor amlwg o'u plaid ar fin coroni'r cyfan drwy ddanfon Iesu i'r ddaear i fod yn Frenin yr holl fyd. Cynhyrfwyd Morgan Llwyd gan ddisgwyliadau apocalyptaidd ei gyfnod, a dyna i raddau paham yr ymserchodd gymaint yng ngwaith Böhme, oherwydd yno cafodd hyd i ieithwedd ffigurol gyfoethog a arwyddai ac a hyrwyddai'r gred fod 'math ar ddydd y farn o'r tu mewn i ddyn yn barod, er nad yw diwedd pob peth eto', a bod 'dydd mawr yr Arglwydd yn chwilio ac yn profi pob meddwl dirgel.' (*YB*,9: *G*,1.131)

'Roedd Cradoc yntau yn disgwyl yn eiddgar am ddiwedd y byd:

> There is no Saint almost now, that I know, but expect glorious times, only one Saint thinks that the glory of the Saints shall be this thing, and another in that thing, but every Saint expects continually the fulfilling of those Prophesies and promises set downe in the latter end of the Revelation, and they are glorious ones, whatsoever the meaning of them is . . . the Lord will send a light into our hearts to know the truth, in the power and spirit and to square our hearts to it. For that is new Jerusalem.[19]

Ond er bod Cradoc yn ddidwyll ei obeithion milflynyddol, ni chafodd ei ddychymyg ef ei wefreiddio i'r un graddau ganddynt â dychymyg Morgan Llwyd, ac felly ni newidiwyd ei syniadaeth resymol gytbwys ef am berthynas dyn â Duw. Mae'r ffordd y cychwynna ei bregeth ar y testun 'Gospel-Libertie' yn gwbl nodweddiadol ohono:

> So that before I goe about to tell you my thoughts from this place: for the setling of you in these wavering times, wherein you grope for light; I will open a little to you these words, that you may the more clearly see the Doctrines.[20]

'Roedd Cradoc yn seicolegydd da. Deallai fod ansefydlogrwydd yr amserau yn gallu bwrw meddyliau pobl oddi ar eu hechel, a'u bod wedyn yn awchu am gred a roddai sadrwydd cadarn i'w bywydau. Gallai athrawiaeth Gras ei hun fynd yn ysglyfaeth i ofidiau pobl:

> they will never doe any thing for God but when they are assured of their salvation, if there be the least doubt that the work of grace is not right, they mope, and will doe nothing for God, but vex, and fret, and tug, and when their qualifications are gone that they builded on, then they think they are hypocrites, and damned creatures, and God shall have no service from them, when other people that it may be have not fully assurances they are Saints, not one day of three in the whole yeare, yet there is a current, and streame of obedience, and love, and delight in God in some measure, and they goe on constantly, though not so strongly, doing and suffering his holy will.[21]

Gan ei fod yn gredwr cryf ym mywiogrwydd a bywiol-rwydd yr ysbryd, a'r ysbryd yn unig, ni fynnai Cradoc gyfyngu arferion cred i unrhyw batrwm gosod. Ond derbyniai fod arno gyfrifoldeb arbennig o'r herwydd i esbonio prif hanfodion ei ffydd drosodd a throsodd, gyda'r eglurdeb mwyaf a fedrai, gan sicrhau ei fod yn gwahaniaethu'n glir, ar bob adeg, rhwng yr elfennau anhepgorol angenrheidiol a'r elfennau llai pwysig yn y ffydd honno. 'Roedd y gennad i esbonio yn rhan bwysig o genadwri Cradoc, ac felly mae'n ddiddorol cyferbynnu ei ddull ef o efengylu â dull Morgan Llwyd o ysgrifennu.

Yr oedd Cradoc yn bregethwr o ran greddf yn ogystal ag o ganlyniad i'w argyhoeddiad, ac fe gytunai â barn y Presbyteriad Richard Baxter fod angen i bregethwr osod trefn ar ei argyhoeddiadau er mwyn i'w wrandawyr fedru amgyffred patrwm deallusol y ddysgeidiaeth Gristnogol. 'Roedd Baxter yn hoffi'r diwinyddion hynny '[who] narrowly searched after truth and brought things out of the darkness of confusion, for I could never from my first studies endure confusion . . . I never thought I understood any thing till I could anatomise it and see the parts distinctly, and the conjunction of the parts as they make up the whole. Distinction and method seemed to me of that necessity that without them I could not be said to know; and the disputes which forsook them or abused them seemed but as incoherent dreams.'[22] Ac i rai o'i gyd-Biwritaniaid rhesymegol fe allai dull Morgan Llwyd o ysgrifennu ymddangos yn *'confused'* ac yn gasgliad o *'incoherent dreams'.* Wrth gwrs, ni chredai Cradoc fod cynneddf y rheswm naturiol, y meddai'r ddynoliaeth gyfan arni, yn gallu cyrraedd at y gwirioneddau ysbrydol. Na wnâi, ond fe gredai y gallai dyn, drwy ras, ddatblygu cynneddf newydd, sef *'the spiritual reason'*, ac at y gynneddf ysbrydol honno yr apeliai Cradoc yn ei bregethau.

There is in all godlinesse, *in every part of it, excellent* reasons, *there is the purest,* sublimest, *excellentest reason in godlinesse. Beloved, I may say, and say truely of* godlinesse, *in a* spirituall *sense, what ever you may say of* Logick *in a naturall way . . . Most of your wanderings and mistakes exist from want of observing* spiritual reason; *we reject* reason, *and go and take a place of* Scripture, *and so hand over head go along, and not deduct things, as Paul and Abraham did.*[23]

Y mae'r rheswm dyrchafedig hwn yn llywodraethu pob gair a phob ymadrodd yn yr anerchiadau ben bwy gilydd. Eithr yn ei gyfarwyddyd enwog i bregethwyr, fe fynnodd y Piwritan Richard Sibbes fod *'four ways of teaching: rule, reason, similitudes, and examples. The two former enjoines, but works not on the affections.'*[24] Gwyddai Cradoc hyn yn iawn, ac un o brif nodweddion ei bregethau ef yw'r ffordd y darperir *'similitudes and examples'* lu er mwyn cynorthwyo'r gwrandawyr i ddeall *'rule and reason'* y ffydd Gristnogol. Mae ganddo esiampl neu gyffelybiaeth at bob diben, ac maent wedi eu cymhwyso'n ofalus at brofiadau'r gynulleidfa. Yr oedd Cradoc yn ddirmygus iawn o'r efengylwyr hynny nad oeddynt yn ymwybodol o natur ac o anghenion eu gwrandawyr. *'Without [this]'*, meddai, *'we are as expert Smiths that make curious keyes and never consult with the wards of the locke, whereas a rude, illshap'd key that is fitted to the locke is of much use, the other of none at all.'* Ni allai'r gweinidogion gyflawni eu dyletswydd, meddai, *'till we have attained to some compleat measure of acquaintance with the soules of our people, [and] till wee have the skill of speaking to their very hearts, and particular estates.'*[25] Credai'n angerddol *'[that] men must make it their study, if they will win souls to the Lord, to look not only that they preach* truth, *but what truth, to* what *people, and what* way *they do it.'*[26] Dyma ragargoel am seiadau, efallai. Yn ei farn ef, 'roedd yn rhaid i'r pregethwr ffrwyno'i dafod weithiau. Wedi'r cyfan, pan aeth Paul i bregethu yn nheml Diana, fe fu'n ddigon call i beidio ag ymosod yn agored ar y dduwies ei hun. *'He that would convert sinners or edify Saints, ought to study soules as well as bookes'* oedd un o ddywediadau mawr Cradoc, ac fe ddengys ei bregethau ei fod ef yn gweithredu'r gred honno'n rheolaidd.[27] Pwysleisiai fod arwyddocâd arbennig i'r ffaith mai 'pysgotwyr dynion' oedd yr Apostolion: *'fisher-men must be* cunning, *it is not every* baite, *that will catch* every *fish, he must baite and* waite, *and be* cunning, *and* wise. Saith Paul, I took you by guile; *I had a way to win you'.*[28] Nid yw'n syndod darganfod, felly, fod gan Cradoc stôr o ddamhegion ac o gymariaethau a godwyd o fywyd beunyddiol:

> *You see how [Adam] did name all the creatures, and what wisedom he had, but after the fall, sinne had not been long in him, but he was more corrupt. As you see in a house where there is a hole in the thatch, if the raine come in but two or three days, the* Timber *will not be much rotted, but in time it will spoyle it.*[29]

Ymhellach y mae Cradoc yn amlach na pheidio yn cyfeirio'n fwriadol at fywyd trefol, yn hytrach nag at fywyd cefngwlad, gan ddangos mai siopwyr a masnachwyr oedd trwch ei gynulleidfa. *'God, at the first, put a great stock of righteousness in Adam's hand to trade with; . . . and when Adam fell God took away his stock, and God said he should never trade and set up shop again.'*

Yr oedd ei hoffter o gymariaethau cartrefol – *'homely illustrations'* chwedl yntau – yn tarddu hefyd o'i gred mai neges syml oedd neges yr Efengyl yn y bôn, ac nad yn yr eglwys yn unig y byddai Duw'n ymweld â'i bobl, ond pan fyddent yn eu cartrefi, ymhlith eu ffrindiau, neu wrth eu gwaith bob dydd. *'Have you forgot'*, meddai Bunyan yn *Grace Abounding, 'the close, the milk-house, the stable, the barn, and the like, where GOD did visit your soul.'*[30] Felly nid symleiddio cred a oedd yn gynhenid gymhleth, er mwyn ei gwneud hi'n ddealladwy i wŷr a gwragedd cyffredin a wnâi'r pregethwr wrth bregethu, eithr defnyddio'r iaith syml ac eglur a oedd yn gweddu i wirioneddau'r Efengyl. Uchelgais y saint, meddai Cradoc, oedd '*not to grow in higher notions, and speculations of things, but to grow more simple in the* worship *of God.*' Wedi'r cyfan, fe ddewisodd yr Iesu 'fisher men, *and such* poor *men, and women sometimes.* Rude *men, in a manner without* learning; *these were to go and tell a* simple *story of* Iesus Christ, *and him* crucified.'[31] '*Keep to the simplicity of the Gospel. The Gospel, though there be glorious mysteries in it to feed the soul, yet, notwithstanding, it is a plain, simple thing,*' Rhaid gwarchod, wrth gwrs, rhag cael ein twyllo gan y syniad hwn am symlrwydd yr Efengyl. O edrych yn fanylach canfyddwn fod y cymhlethdodau rhyfeddaf yn llechu dan yr wyneb, gan gynnwys pob math o groes ddywediadau ac o resymiadau pur gywrain. Ymhellach, hwyrach fod paradocs diddorol ynghudd yn y dull plaen o draethu ac o ysgrifennu yr oedd y Piwritaniaid mor hoff ohono. Craffer ar sylwadau awgrymog, pryfoclyd Stanley Fish:

> Those who are accustomed to regard Donne as the type of the metaphysical preacher, given to ingenious puns and fanciful analogies, may find it difficult to think of his as a self-deprecating art. And yet it is by calling attention to itself that his prose becomes a vehicle of humility, for its most spectacular effects are subversive of its largest claims, which are also, by extension, the claims of the preacher. The prose of the Puritan sermon, by way of contrast, is self-effacing in style, but self-glorifying (in two directions) in effect, for by making no claim to be art, it makes the largest claim of all, that it simply tells the truth. The Anglicans may display language, but it is the Puritans who take pride in language, because it is the Puritans who take language seriously.[32]

Bid a fo, mae'n bwysig iawn deall fod carfan gref ymhlith Piwritaniaid y cyfnod a haerai mai neges syml oedd neges y Testament Newydd, a maentumient y dylai pob Cristion arfer iaith syml wrth gyhoeddi'r neges honno. A chan fod dysgeidiaeth o'r fath yn elyn i ddysgedigion coleg ac eglwys, mae'n hawdd deall mai ymhlith y sectau mwyaf radical yr oedd y gred hon gryfaf. Nid yw'n syndod darganfod felly mai gan yr 'eithafwr' hwnnw, y Bedyddiwr

John Bunyan, y cafwyd y datganiad mwyaf arswydus o glir o'r safbwynt hwn:

> *I would also have stepped into a stile much higher than this in which I have here discoursed, and could have adorned all things more than here I have seemed to do; but I dare not: GOD did not play in convincing of me; the DEVIL did not play in tempting of me; neither did I play when sunk as into a bottomless pit, when THE PANGS OF HELL CAUGHT HOLD UPON ME; wherefore I may not play in my relating of them, but be plain and simple, and lay down the thing as it was; He that liketh it, let him receive it; and he that does not, let him produce a better.*[33]

Yr oedd Morgan Llwyd ei hun yn radical, ac yn ôl pob tebyg gallasai gydymdeimlo ag ergyd sylwadau John Bunyan yn y fan hon. Eithr ni allasai dros ei grogi gydymffurfio â gorchymyn Bunyan a Chradoc i draethu'n syml ac i siarad yn blaen. Gwyddai'n iawn am ei ddiffyg yn hyn o beth, ac ar brydiau teimlai ef i'r byw, gan ofidio'n arw yn ei gylch. Fe gofiwch am y geiriau a sibrydodd y Sarff yn ei glust yn *Llyfr y Tri Aderyn:* "Rwyt ti yn sgrifennu yn rhy dywyll, ni fedr neb mo'th ddeall nes i'th niwl di godi, ac nid wyt ti yn dy ddeall dy hunan. Gad yn llonydd.' (*Ll*,103: *G*1,1.260)

Beth felly oedd dull Morgan Llwyd o ysgrifennu, a phaham yr oedd mor 'dywyll'? Un ffordd hwylus o geisio ateb y cwestiwn mawr hwn yw drwy edrych ar ran fechan o *Lyfr y Tri Aderyn:*

> Mae tair rhan dyn yn ymddangos fel plant a gweision ac anifeiliaid Job, neu yn debyg i dri mab Noa a'u gwragedd. Neu fel tri phlentyn yn y ffwrn, a Mab Duw yn bedwerydd. Neu fel cyntedd y deml, a'r lle sanctaidd, a'r lle sancteiddiolaf. Cofia dithau mai'r tri hyn yw dy ddyddyn a'th etifeddiaeth di; ac mae'r Ysgrythur Lân yn sôn yn helaeth ac yn fynych am enaid ac ysbryd a chorff, er nad oes fawr eto yn deall hyn. A'r rhai sydd yn canfod ychydig lewyrch, ni chaniataed iddynt mo'i draethu mewn iaith ddynol, canys dyfnder anfeidrol yw; prin y ganwyd yr amser yn yr hon y datguddir hyn. Ond disgwyl di yn ostyngedig am Dduw, ac di gei weled rhyfeddodau tragywyddol ei gariad ef, a bydd ddiolchgar am ychydig oleuni. (*Ll*,92: *G*,1.249)

Teg sylwi fod Llwyd yn esbonio yng nghanol y paragraff mai'r corff, a'r enaid, a'r ysbryd yw tair rhan dyn y cyfeirir atynt ar y cychwyn. Ond hyd yn oed ar ôl cael yr eglurhad hwnnw, mae'r darn yn un digon anodd i'w amgyffred, ac y mae'n werth holi pam? Fe all pregethau Walter Cradoc fod o gymorth i ateb y cwestiwn, oherwydd fe welsom ei fod ef bob amser yn defnyddio cymhariaeth i ddarlunio gosodiad rhesymegol y mae ei ystyr eisoes wedi ei egluro'n weddol glir: 'To make it a little plainer by an illustration . . .'[34] Dyfais atodol yw'r gymhariaeth, felly, a'i galluoga i ailadrodd y gosodiad mewn dull a fydd nid yn unig yn ategu ac yn atgyfnerthu'r gosodiad gwreiddiol ond hefyd yn peri i'r syniad fod yn fwy cofiadwy. Nid yw hyn yn wir o gwbl am ddull arferol Morgan Llwyd o ysgrifennu. Yn hytrach noder ei fod ef yn tueddu i fathu cyffelybiaethau heb gynnig unrhyw osodiad rhesymegol ymlaen llaw, a heb ychwanegu unrhyw eglurhad manwl at y ffigurau chwaith. Sylwer ymhellach ar arfer Cradoc o ddefnyddio un gymhariaeth yn unig ar y tro, gan wneud honno'n gymhariaeth estynedig, a chan gynnwys esboniad rhesymegol helaeth, hamddenol ohoni. Ond y mae Llwyd yn hoff o bentyrru cymariaethau, heb esbonio'r un ohonynt yn iawn, a chan awgrymu wrth weithredu felly eu bod i gyd yn annigonol yn y bôn er eu bod ar yr un pryd yn anhepgorol ddefnyddiol am na all y meddwl dynol wneud hebddynt.

Ymhlyg yn y dull hwn o ysgrifennu y mae dwy ragdyb sydd â goblygiadau diwinyddol pwysig ynghlwm wrthynt. Yn gyntaf ni all y rheswm dynol amgyffred gwirioneddau'r ysbryd. Fe gytunai Cradoc â hyn, wrth gwrs, ond cofier ei fod ef yn credu fod gras Duw yn galluogi dyn i ddatblygu cynneddf newydd, sef yr hyn y mae ef yn ei alw'n 'spiritual reason'. Credai Llwyd yntau fod y sant yn berchen ar gynneddf feddyliol newydd, ond nid ymdebygu i'r rheswm a wnâi honno, eithr yn hytrach gweithredai mewn ffordd debyg i ddull y dychymyg o weithredu. Hynny yw gweithiai'n uniongyrchol drwy gyfrwng cymariaethau a chyffelybiaethau a symbolau. Yn y modd hwn medrai'r meddwl ysbrydol ymgyrraedd yn agosach at y gwirionedd nag y medrai mewn unrhyw ffordd arall, oherwydd meddai'r dychymyg ysbrydol, goleuedig, ar rymusterau canfyddol unigryw. Yn ail, hyd yn oed ar ôl iddo gael ei weddnewid gan dywalltiad yr Ysbryd, ni fedrai dychymyg ysbrydol dyn ddisbyddu'r gwirioneddau y cawsai gip arnynt drwy gyfrwng y delweddau awgrymog, eneiniedig a gyniweiriai ei feddwl. Yr oedd y delweddau hyn felly yn olau ac yn dywyll ar yr un pryd, yn union fel y maent yn ymddangos yn rhyddiaith Morgan Llwyd.

Fe welir fod arddull Morgan Llwyd wrth ysgrifennu yn ymgorfforiad perffaith o'i farn ef am y ffordd y mae meddwl y dyn meidrol yn ymwneud â dirgelion byd yr ysbryd. 'Nid yw hyn i gyd', meddai, 'ond golygiad mewn drych ar frys, neu rosyn yn gwywo wrth ei arogli.' (*Ll*,94: G,1.251) A dyna'r union brofiad a gawn wrth ddarllen rhyddiaith Llwyd. Felly, os arddull blaen oedd yn gweddu i syniadaeth ysbrydol Cradoc, yna arddull aruchel (i.e. *'sublime'*) oedd y mynegiant naturiol i ymagweddiad meddwl Llwyd. Ond er bod dawn ysbrydol Morgan Llwyd yn ennyn parch Walter Cradoc, 'roedd gan Cradoc ei amheuon ynghylch diddordeb afiach, obsesiynol rhai o'r saint yn nirgelion byd yr ysbryd:

> Many among us, they doe more and more loose the Word of God, unlesse it be about some sublime notions. If a Minister be upon such poynts, some high Ideas (for they feed upon such) that is worth the while; but if a Minister speake of things that concerne their calling, or their sex, and condition; that is plaine, it hath no tast in it, no more than the white of an Egg. It is a hard thing to keepe to the simplicity of the Gospell.[35]

Mae tinc cyhuddol llais hen athro Morgan Llwyd i'w glywed yng ngeiriau'r Sarff yn *Llyfr y Tri Aderyn*.

Nid sylwadau trefnus tebyg i rai Cradoc a gawn gan Forgan Llwyd, ond fflachiadau'r dychymyg, sy'n datgelu'r dirgelwch inni am ennyd fer, eithr heb ei oleuo'n llawn. 'Canys dyfnder anfeidrol' yw'r gwirionedd, a 'p[h]rin y ganwyd yr amser yn yr hon y datguddir hyn.' Yma fe welwn fod cysylltiad agos rhwng arddull Morgan Llwyd a'r ddiwinyddiaeth filflynyddol a goleddai. Yn fras, gellir awgrymu fod dwy swyddogaeth i'w lyfrau ef. Yn gyntaf, bwriadwyd hwy i alluogi'r unigolyn i brofi 'rhyfeddod tragwyddol' cariad Duw, a thrwy hynny i gael ei achub. Ond yn ail fe'u bwriadwyd hefyd i ragarwyddo'r hyn a oedd i ddod, sef y 'diwrnod mawr' pan fyddai dorau'r nef yn agor, a Christ yn dychwelyd yn ei ogoniant, a holl ddirgelion byd yr ysbryd yn cael eu datgelu i'r cadwedig rai. Y mae arddull Llwyd yn ddatguddiad o'r datguddiad sydd i ddod. Y mae'n llenwi'r meddwl â rhyfeddod, a thrwy hynny yn achosi iddo ddisgwyl yn eiddgar am y dydd pan gaiff brofi 'dyfnion bethau Duw.' 'Does dim rhyfedd fod yr Eryr yn dweud wrth y Golomen: 'mi dybygwn nad wyt ti weithiau yn ateb ond yn dywyll ac yn brin, a bod llawer o'r peth a ddywedaist ti i'w roi heibio cyn nemor o amser.' (*LL*,94: *G*,1.251)

Y gred angerddol, arswydus hon, fod diwedd y byd yn rhwym o gyrraedd yn ebrwydd, yw'r gred sy'n rheoli'r defnydd a wneir o'r Beibl yn *Llyfr y Tri Aderyn*. Yn wir y mae'r llyfr cyfan wedi ei seilio ar ddull hynafol iawn o ddehongli'r Beibl, dull a ddeilliai o'r goel fod patrwm triphlyg i hanes, a bod yr ysgrythurau hwythau yn amlygu, ac ar yr un pryd yn esbonio, y cynllun rhagarfaethedig dwyfol hwnnw.[36] Yr oedd Iesu Grist ei hunan yn ymwybodol iawn o'r wedd yma ar hanes, ac yr oedd yn rhan annatod ar ôl hynny o amgyffred yr Efengylwyr a'r Apostolion o batrwm ac o arwyddocâd Ei fywyd. Craidd y gred oedd bod y digwyddiadau hanesyddol yr adroddir amdanynt yn yr Hen Destament yn rhagfynegi, yn ffigurol, ddyfodiad a bywyd Iesu Grist y Ceidwad. Hynny yw, credid bod Duw wedi arfaethu holl gwrs hanes, o'i gychwyn hyd at ei ddiwedd, er mwyn achub dyn, a bod y Cristion wedi ei alluogi i adnabod ac i ddarllen arwyddion y patrwm cyfrin, 'sef y dirgelwch oedd guddiedig er oesoedd ac er cenedlaethau, ond yr awr hon a eglurwyd i'w saint ef.' (Col.1.26) Bellach medrai'r Cristion weld bod yr hanes a draethir yn yr Hen Destament yn rhagbaratoad ar gyfer yr Ymgnawdoliad, a'i fod hefyd yn cynnwys rhagarwyddion cyffelybiaethol o'r hyn oedd i ddod. Ond nid yr Ymgnawdoliad oedd diwedd hanes chwaith, ac fe gredai'r Eglwys Fore fod geiriau a gweithredoedd yr Iesu ar y naill law yn cyflawni'r hyn a broffwydwyd yn yr Hen Destament, a'u bod ar y llaw arall yn rhagfynegi'r hyn a ddigwyddai pan ddeuai diwedd y byd. Dyma batrwm triphlyg y cynllun dwyfol fel y'i hamlygwyd yn y Beibl, felly, a disgwylid iddo orffen gyda dychweliad Crist yn y diwedd.

I'r patrwm hwn, wrth gwrs, y perthyn dehongliad creiddiol Morgan Llwyd o'r hanes am arch Noa, a cheir cyfeiriadau penodol yn *Llyfr y Tri Aderyn* at y rhannau hynny o'r Testament Newydd lle tarddodd y dehongliad eschatolegol hwnnw. Mae gosodiad Mathew 24.37,38 yn un syml a chryno: 'Ac fel yr oedd dyddiau Noe, felly hefyd y bydd dyfodiad Mab y dyn', oblegid, 'yr oeddynt yn y dyddiau ymlaen y dilyw yn bwyta ac yn yfed, yn priodi ac yn rhoi i briodas, hyd y dydd yr aeth Noe i mewn i'r arch.' Yr un gyffelybiaeth yn union a geir yn 2 Pedr 3.6–12: 'Oherwydd paham y byd a oedd y pryd hwnnw, wedi ei orchuddio â dwfr, a ddifethwyd.' Eithr mae'r Apostol yn mynd yn ei flaen i sôn yn fwy cyffredinol am 'ddyfodiad dydd Duw', gan bwysleisio mai drwy dân, ac nid drwy ddŵr, y difethir y byd pechadurus hwn yn y pen draw.

Os yw'r dwfr dilyw yn rhagarwyddo'r hyn sydd i ddigwydd ar ddiwedd y byd, ac os trigolion yr arch yn unig a gaiff eu hachub y pryd hynny, yna 'does dim rhyfedd fod pob eglwys a fu mewn grym ar hyd y canrifoedd wedi ceisio profi mai hyhi, a hyhi'n unig, oedd yr arch achubol a arfaethwyd gan Dduw. Pan gyfieithwyd y Beibl o'r Hebraeg i rai ieithoedd eraill fe ddatblygodd y syniad o'r arch yn fwy allweddol fyth, a hynny ar siawns. Mae'r ymadrodd am 'arch y cyfamod' a'r ymadrodd am 'arch Noa' yn eiriau cwbl wahanol yn yr Hebraeg, ond defnyddiwyd yr un gair wrth drosi'r ddau ymadrodd i rai ieithoedd, gan gynnwys y Saesneg a'r Gymraeg. Buan, felly, y cysylltwyd y ddau syniad, ac ymddangosai fod y gair 'arch' (llong) yn golygu trigfan Duw.

Gwyddai Morgan Llwyd yn dda fod Eglwys Loegr ar ôl y
Diwygiad Protestannaidd yn hawlio mai hi oedd gwir arch
Noa. Yn wir, dyma'n union a gyhoeddwyd yn y rhan
honno o'r Llyfr Gweddi Gyffredin a oedd yn ymwneud ag
ordinhad bedydd. Dyma'r fersiwn a geir yn Llyfr Gweddi
1567:

> Oll-alluoc a' thragywyddol Dduw yr hwn o'th vawr drugaredd
> a gedwaist Noe a'i duylu yn yr Arch rhac ei cyfyrgolli gan
> ddwfyr, a' hefyd a dywysaist yn ddiangol blant yr Israel dy
> bobyl trwyr mor coch, can arwyddocau wrth hynny dy lan
> vetydd, a' thrwy vetydd dy garedic vab Iesu Christ y
> sancteiddiaist afon Iorddonen a' phob dwfyr arall, er dirgel
> 'olchedigaeth pechodau: Atolygwn y ty er dy aneirif drugar-
> eddau edrych o hanot yn drugaroc ar y plant hynn, eu
> sanctaiddio hwy a'i glanhau a'r yspryt glan, yd yddynt wy yn
> waredawc o ddiwrth dy lid, gaffael i derbyn y Arch Eccles
> Christ.[37]

Daw'r syniad fod hanes yr arch yn arwyddlun o fedydd yn
syth o Epistol Cyntaf Pedr (3.20 a 21): '. . . y rhai a fu gynt
anufudd, pan unwaith yr oedd hir amynedd Duw yn aros
yn nyddiau Noe, tra y darperid yr arch, yn yr hon ychydig,
sef wyth enaid, a achubwyd trwy ddwfr. Cyffelybiaeth
cyfatebol i'r hwn sydd yr awr hon yn ein hachub ninnau,
sef bedydd.' 'Does dim rhyfedd i'r Eryr, wrth ymddiddan
â'r Golomen, ei hatgoffa hi fod 'rhai yn dywedyd mai'r
Arch yw'r eglwys' (*Ll*,48: *G*,1.206). Ateb y Golomen yw mai
dim ond wrth fynd yn un â Christ y gall dyn ymuno â'r wir
eglwys, oherwydd 'yr un yw Crist a'i eglwys.'

'Oni wyddoch chi fod eich corff yn deml i'r Ysbryd Glân
sydd ynoch?' meddai Paul ymhellach. Sylwer mai enghr-
aifft arall eto o 'deipoleg' a geir yma, sef yr arfer y
cyfeiriwyd ato uchod o ystyried rhai digwyddiadau yn yr
Hen Destament yn ffigurau rhagbaratoawl o'r hyn a
fyddai, yng nghyflawnder yr amser, yn eu cyflawni a'u
disodli, sef bywyd, dysgeidiaeth, a phresenoldeb ysbrydol
parhaol y Crist. Nid y deml yng Nghaersalem a'i chysegr
sancteiddiolaf yw man cyfarfod Duw a dyn bellach, ond
enaid dyn ei hunan. Wrth gwrs, fe gydnabyddai Eglwys

Loegr hynny; 'roedd yn hen arferiad ganddi esbonio fod pedair lefel o ystyr i'r gair 'Ecclesia': (i) Teml Solomon a'r Synagog Iddewig, (ii) adeiladau'r eglwysi Cristnogol, (iii) cymdeithas y ffyddloniaid, gan gynnwys yr offeiriaid a'r lleygwyr, ac (iv) enaid y credadun unigol.[38] Ond 'roedd yn hawdd i'r Piwritaniaid ystumio'r ddysgeidiaeth gywrain hon, fel y gwna Llwyd i raddau, er mwyn creu'r argraff mai 'eglwys y plwyf' yn unig oedd gan Eglwys Loegr i'w chynnig, ac nad oedd honno'n amgen nag 'ysgubor wag': 'llawer eglwys blwyf sydd fel corlan geifr a buarth gwarchae defaid.' (Ll,49: G,1.206)

Mae'r arfer o fabwysiadu dulliau teipolegol o ddehongli'r Beibl yn eithriadol bwysig yn achos Morgan Llwyd, ac fe fyddai'n anodd iawn ei orgyfrif. O fewn ychydig frawddegau yn Llyfr y Tri Aderyn, er enghraifft, sonnir am 'anifeiliaid brithion, cylchfrithion, mawrfrithion a mânfrithion Jacob', am 'dafodiaith y ddeubar bobl yn ein mysg', am Foses a'r cawell o frwyn (arch arall eto), ac am feibion y wasanaethferch a meibion y wraig rydd. Enghreifftiau ydynt bob un o'r dychymyg teipolegol a luniodd y llyfr drwyddo. Ond nid yw'r awdur yn esbonio'i gyfundrefn, a dyna un rheswm paham y mae'n 'sgrifennu'n dywyll'. Anaml iawn y byddai Cradoc yn defnyddio'r dull teipolegol − wedi'r cyfan, am wrthgyferbynnu'r Hen Destament a'r Testament Newydd yr oedd ef ar hyd yr amser, ac felly ni fynnai godi delweddau yn aml o'r naill ran o'r Beibl er mwyn goleuo'r rhan arall. Ond pan ddefnyddiai'r dull, yna gosodai'r ddau ddigwyddiad, neu'r ddau berson (e.e. Abel a Christ), ochr yn ochr er mwyn amlygu'r annhebygrwydd yn ogystal â'r tebygrwydd rhyngddynt.

Gwir y dywedodd John Donne fod teipoleg yn profi mai 'a figurative, metaphorical God' oedd y Duw a drefnai i'r naill ddigwyddiad yn hanes ymdebygu i'r llall ganrifoedd maith ar ei ôl. Ac fe fyddai'n fuddiol ceisio dyfalu i ba raddau y mae hoffter Morgan Llwyd o ffigurau a chyffelybiaethau i'w briodoli i'r syniad hwn am Dduw. Yn sicr, y mae'r arfer o feddwl mewn cymariaethau a damhegion ac alegorïau, arfer a feithrinwyd ynddo gan y traddodiad teipolegol, yn rhan bwysig iawn o deithi meddwl Morgan Llwyd, y llenor crefyddol. Ond y mae gogwydd meddwl Cradoc, a'i ffordd ef o drin y Beibl, yn hollol wahanol, er ei fod yn rhannu cred Llwyd fod yn rhaid gafael yn y Testament Newydd yn ei gyfanrwydd, gan edrych ar hyd yr amser o'r naill ran ohono i'r llall. 'For wee must expound Scripture by Scripture, or else, we shall run giddily and endlessly into error'.[39]

Prif bryder Cradoc oedd fod pobl yn darllen y Beibl ar gam, gan graffu ar eiriau a brawddegau heb eu gosod yn y cyd-destun llawn a roddai ystyr iddynt.

> You take the Book of God, as if it were all aphorisms and Theorems, and Canons; No, the Book of God (to speak with reverence) is like the Common Law of England, and there we know sometimes by paralell cases, sometimes by expediency. Now you say, let such a man bring me Scripture; what Scripture? any line whatesoever, and they (simple people) bring a place or two, and make an absolute rule to binde you, and all the worlde.[40]

Wrth bregethu, byddai Cradoc, nid yn unig yn codi ei destun o'r Ysgrythur ond hefyd yn dangos i'w wrandawyr sut y dylent fynd ati i ddarllen y Beibl. Mae pob pregeth o'i eiddo yn dilyn y patrwm gosod clasurol a arferwyd gan lawer o'r Piwritaniaid, y patrwm a gynlluniwyd yn wreiddiol, mae'n debyg, gan William Perkins, dan ddylanwad Petrus Ramus. Hanfod y cynllun yw bod y bregeth yn cael ei rhannu'n bedair rhan. Yn gyntaf mae'r testun yn cael ei 'agor'; hynny yw, fe'i harchwilir yn fanwl er mwyn darganfod y gwersi sydd i'w dysgu oddi wrtho. A dyna ail ran y bregeth yn dilyn yn naturiol, sef y gorchwyl o restru'r gwersi athrawiaethol hyn mewn modd gofalus a chlir. Wedi hynny, ceir trydedd elfen y bregeth, pryd yr esbonir pob athrawiaeth yn fanwl yn ei thro, gan ddefnyddio'r rheswm i egluro ac i gyfiawnhau pob datganiad. Yn olaf dangosir bod y gwersi'n rhai perthnasol i'r gwrandawyr, ac y dylent eu gweithredu yn eu bywydau beunyddiol.[41]

Ar gychwyn pob pregeth, byddai Cradoc yn datgymalu'r testun, er mwyn canolbwyntio ar yr elfennau pwysicaf ynddo, ac yna defnyddiai adnodau eraill er mwyn nithio ystyron y geiriau mwyaf allweddol. Mae'n broses o chwilio ac archwilio sy'n atgoffa dyn o'r modd y gwahaniaethodd Thomas Hobbes rhwng 'wit' a 'reason'. Mae'r naill gynneddf, meddai, yn creu cymariaethau'n ddiofal ac yn ddiball, tra bo'r llall yn pwyso a mesur mewn ffordd gyfrifol a gofalus, gan sicrhau fod nodweddion anghyffelyb dau wrthrych yn cael cymaint o sylw â'u nodweddion cyffelyb. Efallai mai 'wit' oedd y reddf gryfaf yng nghyfansoddiad meddwl Morgan Llwyd, ond gan y rheswm yr oedd y gafael sicraf ar feddwl Walter Cradoc.

Fe barhaodd Morgan Llwyd i hoffi ei hen athro hyd y diwedd ac fe barchai ei gymeriad ysbrydol cadarn. Ond erbyn iddo ddechrau cyhoeddi ei lyfrau defosiynol roedd Llwyd wedi hen beidio â bod yn ddisgybl i Gradoc. Yn wir priodol fyddai cymhwyso geiriau'r Golomen at y berthynas gynnar rhwng Llwyd a Chradoc fel y gwelai Llwyd hi, efallai, wrth edrych yn ôl arni dros gyfnod o ddeuddeng mlynedd cynhyrfus a thra chythryblus. 'Cofia hyn, . . . fod yr holl ymddiddan yma a fu rhyngom ni fel llyfr corn, neu A.B.C. i blentyn. Ond mae amser a lle i bob peth'. (*Ll*,94: *G*,1.251) Priodol hefyd yw gorffen lle y dechreusom, sef gyda'r gerdd 'Hanes Rhyw Gymro'. Yno, tua'r diwedd, ceir cwpled sy'n cydio diwinyddiaeth Morgan Llwyd yn un â'i ddawn lenyddol:

> Brenin mawr a ddaw or dwyrain
> Mae fo'n agos: cenwch blygain.

Disgwyliadau Morgan Llwyd am y mil blynyddoedd a fu'n bennaf gyfrifol am ysgogi ei ddychymyg fel llenor crefyddol, a'r hyn a wnaeth yn ei weithiau mawreddog i gyd, ben bwy'i gilydd, oedd 'canu plygain', gan ddangos i'w gyd-Gymry fod y 'wawr wedi torri, a'r haul yn codi arnoch. Mae'r adar yn canu: deffro *(O Gymro)* deffro' *(YB* 7: *G*,1.128).

1 Ceir crynodeb o fywyd a gwaith Cradoc yn G. F. Nuttall, *The Welsh Saints, 1640–60* (Caerdydd, 1957). Gw. hefyd Noel Gibbard, *Walter Cradock: 'New Testament Saint'* (Pen-y-bont ar Ogwr, 1976). Ceir darnau byrion am bob un o'r radicaliaid ymhlith y Piwritaniaid yng Nghymru, gan gynnwys Cradoc, yn R. L. Greaves & R. Zaller, *Biographical Dictionary of British Radicals in the Seventeenth Century*, 3 cyfrol (Brighton, 1982).

2 *Good News to the Worst of Sinners*, 8–9. Cynhwysir yn y llyfr *Gospel-Libertie Explained* (Llundain, 1648).

3 *Good News*, 38–9.

4 *Gospel-Holinesse: or the saving sight of GOD* (Llundain, 1651), 221.

5 *The Courage To Be* (Llundain, 1965), 160–1.

6 *Good News*, 38.

7 *Divine Drops, distilled from the Fountain of Holy Scripture* (Llundain, 1650), 63–4.

8 *Divine Drops*, 39.

9 *Grace Abounding to the Chief of Sinners* (Llundain, argraffiad 1966), 73.

10 G. F. Nuttall, 'Law and Liberty', yn *The Puritan Spirit: Essays and Addresses* (Rhydychen, 1967), 91.

11 *Divine Drops*, 57.

12 *Divine Drops*, 183.

13 *Divine Drops*, 197.

14 *Good News*, 6–7.

15 *Gospel-Libertie*, 41.

16 *Good News*, 42.

17 *Gospel-Libertie*, 164.

18 Meic Stephens, gol., *Cydymaith i Lenyddiaeth Cymru* (Caerdydd, 1986), 371.

19 *Mount Sion, or, the Priviledge and Practice of the Saints* (Llundain, (1649), 290–1.

20 *Gospel-Libertie*, 4.

21 *Good News*, 39.

22 *The Autobiography of Richard Baxter* (1696, talfyrrwyd gan J. M. Lloyd Thomas, 1925), 10.

23 *Mount Sion*, 368–9.

24 Richard Sibbes, *The Bruised Reede and Smoking Flax* (Llundain, (1630).

25 *The Saints Fulnesse of Joy in their fellowship with God* (Llundain, 1646), 12.

26 *Gospel-Libertie*, 149.

27 *Gospel-Libertie*, 149: *Saints Fulnesse*, 11.

[28] *Gospel-Libertie*, 149.

[29] *Mount Sion*, 379.

[30] *Grace Abounding*, 5.

[31] *Divine Drops*, 224.

[32] Stanley E. Fish, *Self-Consuming Artifacts: the Experience of Seventeenth Century Literature* (Los Angeles, 1972).

[33] *Grace Abounding*, 5–6. Cymharer Sibbes, *The Bruised Reede: 'If I had gone about to affect writing in a high straine, I should have missed of mine end.'* ('To the Reader')

[34] *Good News*, 170.

[35] *Mount Sion*, 302–3.

[36] Ar y testun hwn, gw. yr astudiaethau canlynol: Jean Danielou, *From Shadows to Reality: Studies in the Biblical Typology of the Fathers*, cyf., Wulstan Hibberd (Llundain, 1960); Jean Danielou, *The Lord of History*, cyf., Nigel Abercrombie (Llundain, 1958); Joseph A. Galdon, *Typology and Seventeenth Century Literature* (Yr Hâg/Paris, 1975); Edmund Leech & D. Alan Aycock, *Structuralist Interpretations of Biblical Myth* (Caergrawnt, 1983); Earl Miner, gol., *Literary Uses of Typology from the Late Middle Ages to the Present* (Princeton 1977); Northrop Frye, *The Great Code* (Llundain, 1983); Glyn Tegai Hughes, *Williams Pantycelyn* (Caerdydd, 1983).

[37] Melville Richards a Glanmor Williams, goln., *Llyfr Gweddi, 1657* (Caerdydd, 1953), 231–2.

[38] Ceir enghraifft wych o fardd yn defnyddio'r 'lefelau' hyn yn *The Temple*, y dilyniant enwog o gerddi gan George Herbert.

[39] *Gospel-Libertie*, 5.

[40] *Good News*, 58.

[41] Gw. Perry Miller, *The New England Mind: the Seventeenth Century* (Cambridge, Mass., 1967): Ch.XII, 'The Plain Style' (331–62).

V

Ceisio a Chael:
Perthynas Morgan Llwyd a
William Erbery

William Erbery, yn ddiau, oedd yr hynotaf o'r grŵp o
Biwritaniaid a weithiai mor galed ym mhedwardegau a
phumdegau'r ail ganrif ar bymtheg i ddod â goleuni
ysbrydol newydd i Gymru. Bellach mae enwau gweddill yr
arweinyddion yn ddigon adnabyddus – Vavasor Powell,
Walter Cradoc a Morgan Llwyd – ond er i'w cyfeillgarwch
ag Erbery fod yn hysbys, ac er y gwyddys fod ei ddylanwad
yn drwm ar rai o'i gyfeillion, ni roed, hyd yn ddiweddar, yr
un sylw iddo ef ag a roed iddynt hwy. Nid fod dim i synnu
ato yn hynny, oherwydd gŵr naill adain fu Erbery drwy
gydol ei yrfa: gŵr a goleddai syniadau diwinyddol amheus
a'i gosodai (yn ymddangosiadol, o leiaf) ar ei ben ei hun.
'Does dim rhyfedd felly na chafodd haneswyr hi'n hawdd
ei gloriannu, a'u bod wedi tueddu i fwrw golwg frysiog,
anniddig dros ei yrfa.[1]

Ond daeth tro ar fyd ac esgor ar do o haneswyr a'u bryd
ar wneud yn fawr o radicaliaeth amlochrog rhai o
Biwritaniaid y cyfnod pan oeddid heb frenin. Daeth y
mudiadau yr arferid eu cyfri'n fudiadau ymylol, dibwys
bellach yn fudiadau a hawlia sylw pennaf yr haneswyr
newydd. Rhoddwyd sylw parchus i radicaliaid gwleidyddol
a chymdeithasol, megis y Gwastatwyr (Levellers), a'r

Cloddwyr (Diggers), ac yn sgil hynny cynyddodd y diddor-
deb yn yr hyn a ystyrid gynt yn ysgymun-fudiadau'r
radicaliaid crefyddol, y Ceiswyr (Seekers) a'r Bostwyr
(Ranters). A chan i Erbery yn ei ddydd gael ei alw'n
'Bencampwr y Ceiswyr', denodd yntau ei gyfran·deg o
sylw. Mewn braslun gwerthfawr dangosodd Christopher
Hill fod Erbery'n coleddu syniadau crefyddol a barai iddo
adweithio yn erbyn mawrion ei gymdeithas a darogan
dydd y byddai mawr y rhai bychain.[2] 'Roedd yn arbennig o
gas ganddo'r degwm, ac y mae o leiaf un o'r pamffledi a
ysgrifennwyd ganddo ar y testun hwn (*The Grand Oppressor,
Or, The Terror of Tithes*, 1652) yn dal i haeddu sylw.[3]

Yn ôl ei arfer, mae ei sylwadau'n ddigymrodedd: '*God in
Christ has glad tydings to speak, and great things to do (in these
last dayes also) for three sorts of people; for the poor, for the
oppressed, and for the Prisoner*' (49). Mae'n cyfaddef iddo
draethu droeon ar y testun hwn cyn sylweddoli, gydag
arswyd, ei fod yntau a'i deulu wedi bod yn orthrwm ar y
tlawd drwy fynnu'r degwm: '*we drunk their blood, and lived
softly on their labour and sweat*' (50). Disgrifia wedyn yr
ymgiprys mewnol a ddioddefai ar y pwnc hwn, gan nodi
fod y gwingo'n debyg i'r hyn a brofasid ganddo o'r blaen
pan gredasai fod rhif ei bechodau'n drech na maddeuant
Duw. Cabledd oedd y gred honno, eithr fe'i hargyhoeddir
yn awr fod Duw am ddysgu gwers newydd, ddifrifol iddo:
'*This was the sum of that morning-exercise, how men oppress God
in mans oppression; and then that God oppresseth also their
spirits, as they do His*' (52).

Yn ei batrwm, yn ogystal ag yn ei gynnwys, felly, mae'r
pamffledyn hwn yn enghraifft ddadlennol o'r modd y mae
cydwybod grefyddol newydd, frawdgarol, yn tyfu allan o'r
hen gydwybod fewnblyg, 'efengylaidd'. Bron na ellir
awgrymu fod y pamffledyn yn un hanesyddol yn hanes y
Gymru fodern am mai yma yr ymddengys (hwyrach am y
tro cyntaf) briodoleddau'r gydwybod gymdeithasol,
Anghydffurfiol.[4] Dyma un o'r amryw resymau paham y
byddai'n dda cael dehongliad newydd trwyadl Gymreig o
yrfa William Erbery, oherwydd ef yw un o ragflaenyddion

cynnar pwysicaf y glewion hynny yn y bedwaredd ganrif ar
bymtheg a ysgogid gan eu ffydd grefyddol i geisio gwell a
thecach trefn ar eu cymdeithas. *'Why'*, meddai eto'n
brofoclyd, *'not a Treasury for the poor, when so many thousands
a year, can be found out to give to the rich? would that hinder the
publick more than this?'* (75) At hynny, noder fod Erbery yn
ymfalchïo yn ei Gymreictod, ac yn argyhoeddedig fod
Cymru am chwarae rhan bwysig yn y chwyldro a oedd ar
ddod. Cythruddwyd ef gymaint gan y gefnogaeth a roddid
i'r degwm gan rai o weinidogion yr Efengyl yn Lloegr, nes
iddo ddatgan yn ffyrnig: *'its such a Monster, that it made my
Welsh blood to rise at your English Religion'* (199).

Serch hynny, nid y trywydd hwn a ddilynir yma. Canol-
bwyntir yn hytrach ar ddaliadau diwinyddol William
Erbery, er mwyn taflu ychydig o oleuni ar destun arall a
esgeuluswyd braidd, sef y berthynas rhwng dysgeidiaeth
William Erbery a daliadau crefyddol Morgan Llwyd.
Y gwir yw bod y berthynas hon, yn y gorffennol, wedi ei
gorbrisio a'i dibrisio yr un pryd. Cymerwyd yn ganiataol yr
hyn y mae mewn gwirionedd gryn amheuaeth yn ei gylch,
sef fod Erbery wedi dylanwadu'n bur drwm, a hynny
mewn ffordd uniongyrchol, ar gynnyrch meddwl aeddfed
Morgan Llwyd; ond bach iawn o gymharu manwl a fu ar
athrawiaethau'r naill a'r llall.

Ni wyddom nemor ddim i sicrwydd am berthynas y ddau
cyn i Forgan Llwyd yrru llythyr at Erbery yn 1652. Ynddo
mae'n sôn am y fendith a dderbyniasai gan Erbery yn y
gorffennol, yn cyfeirio ato fel *'my once-dear School-master'*, ac
yn ymbil arno i'w gynorthwyo i ddeall rhai o ddirgelion
cred. Ymddengys yn glir fod Morgan Llwyd yn ymwybodol
o fywyd crwydrol, dadleuol Erbery (*'tempestuous and
strange'*) a'r sôn a oedd ar led amdano: *'neither do I disown
you (as some strange notionist or sceptick gnostick) . . . I ever
lodged respectful thoughts of you.'* (G,2.257–8) Ond cyn
manylu ymhellach gwell i ninnau hefyd ein hatgoffa'n
hunain am hanes bywyd cynhyrfus William Erbery a'i
ddysgeidiaeth anghyffredin.[5]

* * * *

Ganed William Erbery (1604–54) yn y Rhath, yn neddwyrain sir Forgannwg, a chafodd ei addysgu ar gyfer yr eglwys ym mhrifysgolion Rhydychen a Chaergrawnt. Bu'n ficer Eglwys Fair yng Nghaerdydd am gyfnod, ond cafodd ei erlid oddi yno yn 1638 am beidio â darllen Llyfr y Campau. Eisoes cawsai ei hudo gan gyfeillach ysbrydol William Wroth a'i gyd-Biwritaniaid yn Llanfaches, ac yn awr aeth Erbery ati i ffurfio eglwys ymneilltuol debyg i'w heglwys hwy.[6] Mae'n bur debyg iddo ddod i gysylltiad â Morgan Llwyd rywbryd yn ystod y cyfnod hwn. Fe gredir i Lwyd gyrraedd Llanfaches erbyn dechrau'r pedwardegau, ac iddo ymgartrefu yno yng nghwmni Walter Cradoc, y gŵr a fu'n bennaf gyfrifol am dröedigaeth Morgan Llwyd yn Wrecsam. Ond cyn hynny bu Cradoc yn giwrad i Erbery yng Nghaerdydd; 'roedd ef felly'n ddolen gydiol gyfleus rhwng Llwyd ac Erbery. Odid nad at eu perthynas yn ystod y ddwy flynedd hyn (h.y. 1640–2), y mae Morgan Llwyd yn cyfeirio wrth sôn amdano'i hun fel disgybl i Erbery. Os felly, noder un pwynt tra phwysig. Daliai Erbery y pryd hynny i'w gyfrif ei hun, ac i gael ei gyfrif, yn aelod ffyddlon o sect yr Annibynwyr. Hynny yw, nid oedd eto wedi dechrau ar ei bererindod ysbrydol unig – ffrwyth ei grwydradau corfforol oedd honno.

Y Rhyfel Cartref a'i dechreuodd ar ei daith yn 1642, ac ymddengys iddo deithio, mewn byr amser, ymhell iawn oddi wrth y credoau parthed natur a swyddogaeth eglwys a arferasai eu harddel yn Llanfaches. Ond fe fyddai hefyd yn fuddiol dadlau i'r gwrthwyneb, a chrybwyll mai ymgais oedd y ddiwinyddiaeth wahanredol a ddatblygwyd gan Erbery yn ystod y pedwardegau ac ymlaen i'r pumdegau, i fod yn ffyddlon i'r gwirioneddau ysbrydol hynny a ddatgelwyd iddo gan William Wroth. Yr eironi chwerw ym mywyd Erbery oedd i'r mudiad Piwritanaidd y perthynai Wroth ac yntau iddo, sef (yn fras) mudiad plaid yr Annibynwyr, ennill y dydd yn wleidyddol ar draul rhuddin y gwir ysbrydol a oedd ynddo. Aeth Erbery i gredu mai oes aur y saint oedd y cyfnod hwnnw yn y tridegau cyn iddynt ymneilltuo ac ymgasglu'n eglwysi annibynnol ffurfiol:

'*that light and love which was formerly in* Wales *in good Mr* Wroth's *daies, is dead with him, and quite darkened*' (91). '*Truly, the Spirit's presence was more waited on, and the Saints [in]* Wales *were far more spiritual before their Church-fellowship, more simple-hearted, sincere, self-denying, and dying to the world; . . . the Saints were all drawn up to the Spirit, which made them to be scoft of the world, which now they follow in their principles, practice, and desire of profit*' (55).

'Roedd Erbery felly o'r farn mai aflwydd ysbrydol fu llwyddiant gwleidyddol yr Annibynwyr yn ystod y degawd blaenorol. Eto cyfranasai Erbery ei hun at y buddugol-iaethau milwrol a oedd wedi palmantu'r ffordd i oruchaf-iaeth yr Annibynwyr yn y byd a'r betws. O'r cychwyn cyntaf yr oedd wedi bwrw'n syth i ganol berw gwleidyddol a chrefyddol y Rhyfel Cartref. Y fyddin oedd pair y berw hwnnw, ac iddi hi yr aeth Erbery yn 1642 gan ymuno â byddin Iarll Essex. Ond ar ôl i'r fyddin gael ei had-drefnu yn 1645 ceir enw Erbery ymhlith y naw y gwyddys i sicr-wydd eu bod yn gaplaniaid swyddogol yn y *New Model Army*.[7]

'Ni fu tebyg y *New Model Army* erioed o'r blaen', meddai Christopher Hill.[8] Crëwyd yn y fyddin honno, yn ddiar-wybod, yr amodau a alluogai liaws o wŷr cyffredin i ymryddhau oddi wrth gyfundrefnau cymdeithasol gor-mesol a chyfundrefnau meddyliol traddodiadol eu cyfnod, ac ymroi i archwilio meysydd crefydd a gwleidyddiaeth o'r newydd trostynt eu hunain. Anarchiaeth bur oedd y canlyniad, ym marn pob ceidwadwr a phob person cymedrol. Magwrfa heresïau dinistriol a sectau gorffwyll – a'r rheini'n bleidiol i'r Annibynwyr – oedd y fyddin yn ôl Presbyteriaid selog, megis Richard Baxter a Thomas Edwards. Rhoesant y bai ar y diffyg disgyblaeth a'r parch eithafol at annibyniaeth barn a nodweddai'r Annibynwyr. Gresynent mai diwinyddion penchwiban oedd y mwyafrif o gaplaniaid y fyddin, a bod nifer ohonynt yn dal i gymeradwyo arferiad a oedd wedi ei wahardd gan y Llywodraeth yn 1645 – hynny yw, eu bod yn caniatáu i wŷr cyffredin (a rhai ohonynt yn anllythrennog) bregethu'r Efengyl dan ddylanwad yr Ysbryd.

107

Yn yr awyrgylch hwn datblygodd syniadau crefyddol nifer o'r caplaniaid, megis Erbery, William Dell, John Saltmarsh, William Sedgwick, a Morgan Llwyd yn ogystal hwyrach, i gyfeiriadau anuniongred.[9] Eithr o'u gosod yn eu cyd-destun hanesyddol cyflawn, nid ymddengys eu daliadau bellach yn eithafol nac yn ód. Yn gefn i'r cyfan, ac yn gyfiawnhad i'r damcaniaethu diwinyddol beiddgar, yr oedd y gred a nodweddai Annibyniaeth y cyfnod; y gred bod eu cyfnod hwy'n gyfnod wedi ei neilltuo gan yr Ysbryd Glân, a ymwelai'n gynyddol â'r saint ac a hyrwyddai'r ffordd ar gyfer Ailddyfodiad Crist.[10] 'Roedd yn hawdd coelio felly nad oedd hyd yn oed y puraf o arferion eglwysig y gorffennol yn ddilys bellach, a bod rhaid diddymu'r cyfan a gredasid gynt.

Nid gŵr mympwyol, rhyfedd ac anesboniadwy ydoedd William Erbery, ac nid yw ei syniadau, fel y cyfryw, yn rhai unigryw. Yn wir, gellir darganfod y rhan fwyaf ohonynt yn ddigon hawdd ymhlith y rhestr o'r 'heresïau dinistriol' a restrir gan y Presbyteriad ymosodol Thomas Edwards, yn y rhan gyntaf o *Gangraena* (1646). Serch hynny, yr hyn a rydd ryw gymaint o arbenigrwydd i Erbery, yw'r ffordd y mae'n gosod yr elfennau hyn wrth ei gilydd, ac yn creu ei adeiladwaith ei hun allan o'r coed amrwd a adawyd ar y lan gan benllanw dyheadau ecstatig ei gyfnod.

Sylfaen y cyfan oedd y gred a briodolid gan ei gyfoeswyr fel arfer i'r 'Ceiswyr', ac a grynhowyd gan Thomas Edwards fel enghraifft 97 o gyfeiliornadau'r sectau:

> *That there ought to be in these times no making or building of Churches, nor of Church-ordinances, as ministring of the Word, Sacraments, but waiting for a Church, being in readinesse upon all occasions to take knowledge of any passenger, of any opinion or tenet whatsoever, the Saints pilgrims do wander as in a Temple of smoak, not able to finde Religion, and therefore should not plant it by gathering or building of a pretended supposed House, but should wait for the coming of the Spirit, as the Apostles did.*[11]

Ychwanegodd Erbery at hyn ei ddehongliad arbennig ef ei hun o dri chyfnod hanes perthynas dyn â Duw. Dysgeidiaeth Joachim o Fiori (1145–1202) oedd hon yn y bôn.[12]

'Roedd hwnnw wedi dosbarthu hanes i dair goruchwyl-
iaeth, sef cyfnod y Gyfraith, cyfnod yr Efengyl, a chyfnod
yr Ysbryd, ac yn ystod pedwardegau'r ail ganrif ar
bymtheg mabwysiadwyd y ddysgeidiaeth yn eiddgar gan
amryw o grefyddwyr mentrus – gan gynnwys Annibynwyr
megis William Dell, William Sedgwick, a Peter Sterry.
Cytunent i'r oruchwyliaeth gyntaf orffen gyda dyfodiad
Crist, i'r ail dynnu at ei therfyn yn eu cyfnod hwy, a bod yr
Ysbryd Glân bellach yn cychwyn y drydedd oruchwyliaeth
drwy egino ym mywydau'r saint. Ond newidiodd Erbery
holl bwyslais a goslef yr hanes drwy fynnu fod cyfnod yr
Efengyl wedi dirwyn i ben gyda'r Apostolion, a bod y
ddynoliaeth byth oddi ar hynny'n crwydro ar goll yn
nhywyllwch y Gwrthgiliad (Apostasy).
    Sylfaenai'r mwyafrif o Biwritaniaid eu daliadau parthed
ordinhadau eglwysig ar un ffaith ddisyfl, sef mai adfer
arferion yr Eglwys gynnar, fel yr oeddynt wedi eu sefydlu
gan yr Apostolion, oedd eu nod a'u hamcan. Eithr tan-
seiliai Erbery'r cyfan oll drwy wadu fod yr arferion cyntefig
bellach yn berthnasol, gan fod yr Ysbryd a'u cynhaliai wedi
cilio: 'for many generations men have been desolated of that glory
once given them.' O'r herwydd, methiant fu pob ymdrech
oddi ar hynny i sefydlu cyfundrefn eglwysig ddigonol. Yr
oedd Eglwys Rufain wedi teyrnasu am dros fil o flynydd-
oedd; parhaodd Eglwys Loegr am ganrif; byrhoedlog fu
cyfnod buddugoliaethus y Presbyteriaid, byrrach byth fu
goruchafiaeth yr Annibynwyr, ac yr oedd Erbery'n dar-
ogan na châi'r Bedyddwyr nemor awr cyn i nos hir y
Gwrthgiliad ddirwyn i ben, ac i wawr yr Ysbryd dorri. Yn y
cyfamser ni fynnai'r gwir saint ymhel â chyfundrefnau
eglwysig: ymwrthodent â phob ordinhad, gan gynnwys
bedydd a chymun a phregethu a gweddi gyhoeddus:
mynnent ymatal rhag ymgasglu'n eglwys a dewisent fyw fel
unigolion gwasgaredig gan ddisgwyl i'r Ysbryd ei amlygu
ei hun chwipyn: 'There's no returning to God, till God return to
us' (174).
    Eithr nid ailadroddiad o'r cyfnod Apostolaidd a ddis-
gwylient, ond Ailddyfodiad Crist yn yr Ysbryd. Dim ond

blaenffrwyth gwan o'r hyn a oedd ar fin digwydd a brofasid ers talwm gan yr Apostolion, ac a ddatgelasai Crist yn ystod ei fywyd hanesyddol, daearol. Edrychai Erbery ymlaen at weld y saint yn cael eu breintio â phrofiad cyflawn, dihafal o rym ac o ddirgelwch yr Ysbryd. Dyna yr oedd Ailddyfodiad Crist yn ei olygu iddo ef – gweddnewidiad ysbrydol dyn – ac ni allai ymatal rhag bwrw ei ddirmyg ar blaid y Bumed Frenhiniaeth a ddisgwyliai i Grist ddyfod o'r newydd yn y cnawd i arglwyddiaethu: '(me thought) my Brother's conceits were too carnal and earthly of this heavenly mystery', meddai wrth Vavasor Powell (187).[13]

Ceisiodd un hanesydd yn ddiweddar esbonio paham yr oedd y mwyafrif o'r Annibynwyr, erbyn y pumdegau, am ymddihatru o'r hyn a gredent drwy gydol y pedwardegau, sef fod Crist am deyrnasu ar y ddaear am fil o flynyddoedd. Yr esboniad a gynigiwyd ganddo oedd eu bod wedi eu brawychu gan y modd y datblygwyd y gred honno i gyfeiriadau gwleidyddol pur chwyldroadol gan blaid y Bumed Frenhiniaeth, a'u bod yn rhagweld y byddai awenau'r llywodraeth yn cael eu cipio o'u dwylo gan eithafwyr y sectau lleiafrifol, megis y Bedyddwyr.[14] Os gwir y ddamcaniaeth hon am adwaith yr Annibynwyr i'r blaid newydd, yna gellir ei defnyddio'n hwylus i esbonio atgasedd Erbery tuag at wŷr y Bumed Frenhiniaeth, a'i ddysgeidiaeth am ddyfodiad Crist yn yr Ysbryd yn hytrach nag yn y cnawd. Hynny yw, er bod Erbery wedi ymwahanu ers blynyddoedd oddi wrth fudiad yr Annibynwyr, ac er iddo ymosod yn chwyrn, droeon a thro, ar aelodau'r mudiad hwnnw, eto wele ef yn reddfol yn cymryd ei le ochr yn ochr â'i hen gyfeillion yn yr argyfwng hwn. Ond os felly, rhaid cyfaddef yn ogystal fod Erbery, yn wyneb yr her newydd, yn ymddwyn yn yr unig ffordd a weddai i'r ddiwinyddiaeth yr oedd wedi ei datblygu dros gyfnod o ddeng mlynedd.

Hanfod y ddysgeidiaeth honno oedd syniadau Erbery am Grist yn Ei berthynas â Duw ac â dyn. 'Roedd wedi ymwrthod â'r ddysgeidiaeth uniongred parthed natur y Drindod: nid tri pherson oedd y Drindod, mynnai Erbery, ond tair ffordd yr oedd Duw yn Ei amlygu Ei Hun, tair agwedd ar y Duwdod. Yng Nghrist y cyflwynodd Duw Ei Hun i ddynion, a hynny mewn dau gam. Yn gyntaf drwy i'r Duwdod wisgo cnawd a gorchfygu bywyd cnawdol, llygredig y ddynoliaeth, ac yn ail, drwy fod Crist, ar ôl iddo ddychwelyd at Dduw, wedi ymweld eto â dyn o'r newydd, a thrigo ynddo yn yr Ysbryd; hyd nes i'r Ysbryd hwnnw gael ei erlid allan wrth i gyfnod y Gwrthgiliad ddechrau:

> For God was brought forth in flesh, and was manifest in flesh, by mighty works and words which he spake and did, while he lived in the dayes of his flesh, but in his death God crucified that flesh to himself, which afterward he raised to glory, God rising or revealing himself gloriously therein; then God ascended up on high, that is, God in flesh did ascend not only to heaven, but far above all heavens, into his own eternal abysse, and incomprehensible Being, and unaccessible light, whence the brightness of his glory proceeded . . . It is the promise of the Father, the power of God from on high, which the Saints received from and with the Son, they being Sons and Co-heirs with him. (64–5)

Hoff adnod Erbery oedd honno a godai o Col.1:27: 'I'r rhai yr ewyllysiodd Duw hysbysu beth yw golud gogoniant y dirgelwch ymhlith y Cenhedloedd, yr hwn yw Crist ynoch chwi, gobaith y gogoniant.' Yn ôl dehongliad Erbery, gogoniant y Duwdod ei Hun oedd y 'gogoniant' y soniai Paul amdano. Gan mai agwedd ar y Duwdod cyflawn oedd Crist, byddai dyn, yng Nghrist (ar ôl Ailddyfodiad yr Ysbryd), yn cael ei gydio wrth Dduw nes mynd yn un â Duw, fel yr oedd Crist yntau yn un â Duw:

> He brings us [meddai am ddiwinydd yr oedd yn anghytuno ag ef] no further then to the vail of his flesh, not through it into the holy of holiest, into the Godhead it self, that is, into the Father, for Christ was but our fore-runner, Hebr.6,19,20 . . . that is, the Son being once revealed in us, reveals the Father in us also, God in our flesh as in his, and we living with him in God alone, Joh.14,19,20. 1 Joh.5,11,12 (68)

Dyma felly fan uchaf ecstatig ei weledigaeth – neu eithafbwynt rhyfygus a pheryglus ei ddysgeidiaeth, ym marn rhai o'i gyfoeswyr.

* * * *

111

Dyma, hefyd, fan cyfarfod eithriadol bwysig dysgeidiaeth Erbery a dysgeidiaeth Morgan Llwyd. Sylwer ar y dyfyniad cyfarwydd canlynol sy'n crynhoi un o'r agweddau pwysicaf ar gredo Llwyd:

> Mae dau beth yn cysuro llawer, ond y trydydd yw sylfaen y cwbl. Y cyntaf yw fod Crist mab Duw wedi marw drosom, a thalu'r holl ddyled i Dduw; ond nid yw sôn am hynny ddim, oni bydd yr ail yn canlyn, a hynny yw fod Crist yn byw ynom ni, ac yn rheoli drosom, a thrwyddom, yn oleuni, yn gysur, ac yn nerth ym mynwes yr enaid.
>
> Ond nid yw hyn chwaith ddigon, nid hyn yw gwreiddyn y mater, ond yr undeb sydd rhwng y *Tad a'r enaid, yn ysbryd y Mab, yn y cariad anhraethol;* sef yr un fath undeb ag sydd rhwng Duw a'i fab ei hunan. Nid y cyfryngwr yw diwedd y cwbl, canys Crist ei hunan a rydd ei swydd i fyny, wedi iddo yn gyntaf ddwyn yr enaid i mewn i undeb a chymundeb â'r Tad, yn yr ysbryd tragwyddol. Canys mae'r dyn newydd yn un â Duw, a'r dyn hwnnw yn unig a fydd cadwedig. (*YB,* 16: *G,*1.143–4)

Rhaid mynd gam ymhellach wedyn a deall fod William Erbery a Morgan Llwyd wedi cyrraedd yr un safbwynt diwinyddol am eu bod wedi eu hysgogi gan yr un cymhelliad. 'Roeddynt ill dau'n anfodlon â dysgeidiaeth Galfinaidd y Cymod, ac yn chwilio am esboniad amgenach, cyfoethocach o genadwri Crist, ac o natur y Tad. Ni allai'r naill na'r llall ohonynt ddygymod â'r athrawiaeth fod aberth y Mab yn angenrheidiol er mwyn lliniaru dicter y Tad, a'i fodloni.[15]

Eithr dewisodd y ddau ffyrdd pur wahanol i ddelio â'u hargyfwng diwinyddol. Trodd Morgan Llwyd at waith Böhme, wedi ei ddenu, hwyrach, gan y modd y daliai Böhme i ddefnyddio'r termau diwinyddol cyfarwydd, uniongred, tra diwygiai eu hystyr yn dawel drwy eu gosod o fewn cyd-destun syniadau newydd. Caniatâi amwysedd (ac aneglurdeb) termau Böhme i Lwyd ddatblygu geirfa grefyddol newydd, heb ymosod yn agored ar yr hen eirfa, a heb orfod troi ei gefn yn gyhoeddus ar yr athrawiaeth draddodiadol. Nid oedd anian y dadleuwr yn amlwg iawn yn ei gyfansoddiad ef.

112

Mae'r gwrthwyneb, wrth gwrs, yn wir am Erbery, ac wele
yntau'n ei ddatgysylltu ei hun yn egnïol oddi wrth y
dehongliad arferol o aberth Crist.

Satisfaction supposeth wrath to be pacified, and he who is offended to
be reconciled: so God is not (for fury is not in me), *and as Gods*
wrath to be pacified is not written in Scripture, so God is not to be
reconciled to Man, but Man to God, 2 Cor. 5;19. (322)

Ac wrth iddo ddatblygu'r pwynt hwn mae Erbery'n cael ei
gludo i gyfeiriadau ymhell y tu hwnt i ffiniau cred Morgan
Llwyd. Mynn, er enghraifft, y bydd i'r ddynoliaeth gyfan
gael ei hachub yn y pen draw, ac nad yw dicter Duw yn
ddim ond ffrwyth dychymyg dynion euog ac ofnus. Ond
os ydyw'r agweddau hyn ar gredo Erbery yn annerbyniol
gan Forgan Llwyd, eto maent ill dau dan gyfaredd yr
un dirgelion ysbrydol, a heb gael eu bodloni gan esbon-
iadau diwinyddol prif gredinwyr eu cyfnod ar y dirgelion
hynny.

Bu'r ddau'n rhannu ac yn gwyntyllu syniadau drwy
lythyr yn 1652-3. Morgan Llwyd a yrrodd y llythyr cyntaf
at ei hen athro (fel y geilw Erbery), a hynny yn ystod
cyfnod diddorol yn ei hanes – sef tua blwyddyn cyn i'w
lyfrau ddechrau ymddangos mewn print. Yn wir, mae ei
lythyrau at Erbery'n awgrymu ei fod, ar y pryd, yn ansicr
parthed dyletswyddau'r Cristion yn ystod y dyddiau olaf,
fel y tebygai ef, cyn Ailddyfodiad Crist, a'i fod yn chwilio'n
eiddgar am gyfarwyddyd: *'therefore I enquire what that*
morning-star is that is risen, what vial, or seal, or trumpet are we
under, and what manner of people should we be in this age.'
(G,2.259)

Er bod y llythyrau a ddanfonwyd gan y naill at y llall yn
gyforiog o bwyntiau diwinyddol diddorol, mae yna un
testun a ymddengys fwy nag unwaith, ac sydd o'r arwydd-
ocâd pennaf yn natblygiad Morgan Llwyd fel awdur.
Y testun hwnnw'n fras yw distawrwydd a lleferydd, a'r
dynfa a deimlai Llwyd ac Erbery at y ddau yr un pryd. Gan
Forgan Llwyd y codir y pwnc gyntaf, a'i godi, mae'n debyg,
am ei fod yn ymwybodol iawn o hynodrwydd barn Erbery
ar y testun:

The Hermite is not very usefull to man or beast (nor the Christ to him) because Talents will rust and rot the living creature, unlesse they be thrown out of your private chest and ship. The Prophets, Apostles, etc. spake to God (the Eternity), listened to him, and spake from him; they writ, they preached, they charged their Ambassage, as the heavenly true Spirit spake to them; and that creature was ever the basest, that did trade least between the mother (the heavenly nature and angelical world) and the sinfull children of men (now out of Paradise, wandring in the heart of this shadowy world.) (G,2.257)

Yn y fan hon mae Morgan Llwyd yn dadlau o blaid cyhoeddi gwirioneddau'r Efengyl, ac yn cyfiawnhau hynny drwy gyfeirio at esiampl aruchel y proffwydi a'r Apostolion. Bu'r Ysbryd Glân yn llefaru drwy eu pregethu hwy, ac fe lefara eto yn natganiadau ysbrydoledig pregethwyr yr Efengyl. Ond noder mai dyna'r union athrawiaeth yr oedd Erbery yn ei gwadu. Mynnai ef fod yr Ysbryd Glân wedi cilio rywbryd yn ystod canrifoedd cynnar Oed Crist, ac nad oedd eto wedi dychwelyd. Ei gasgliad oedd nad oedd gan neb awdurdod oddi wrth Dduw i bregethu yn ystod cyfnod y Gwrthgiliad, a'u bod yn rhwym o ymdawelu:

This is also the Sabbath *before spoken of, (which the Ministers there wish it were over) not only to* cease from our own works, *but from* speaking our own words, *or from* speaking words, *as the Hebrew reads ver.1:3 (88)*

I told you Sir in private, that in my late publick Teachings I was carried forth contrary to the inclinations of my own Spirit, willing rather to sit still in silence, and spiritual retirements with my God, waiting for his glorious appearance with power in all his people. (49)

Beth, felly, am yr anghysondeb rhwng y daliadau hyn a'r dadlau cyhoeddus a wnâi Erbery, a'r pamffledi ganddo a ffrydiai o'r wasg yn ddi-baid? Maentumiai Erbery mai ymddwyn a wnâi fel unigolyn yn chwilio am y gwirionedd, ac nad oedd yn hawlio awdurdod y pregethwr halogedig. Y neges a gyhoeddai oedd yr amhosibilrwydd o weithredu eglwysig dilys nes bod cyfnod y Gwrthgiliad yn gorffen a Christ yn ei amlygu ei hun yn ei ogoniant ym mywydau'r saint.

Ymddengys fod Morgan Llwyd, wrth ei gydio ei hun wrth draddodiad y proffwydi a'r Apostolion, ac wrth

bwysleisio'r alwad oddi fry i efengylu, yn fwriadol yn
dadlau'n groes i athrawiaeth sylfaenol Erbery.

Sylwer, yn y
cyswllt hwn, ar ymateb pigog Erbery i'r llythyr gwreiddiol a
yrrwyd ato gan Forgan Llwyd: *'I return an answer'*, meddai,
*'in silence, seeing we are both in the Eternal Spirit, with the spirits
of just men made perfect, where there is no need of speech to
communicate our thoughts or attainments each to other; being
taken up into him who is our All, and all in All'.* (235–6) Mae'r
ymgais yma *'to have it both ways'*, chwedl y Saeson, yn
nodweddiadol o Erbery, ac mae'r ysfa sydd ynddo i
gyfathrebu ac i gynnal dadl yn ei gwneud hi'n anodd ei
gredu pan yw'n datgan yn groch y dylai pawb gilio o'r
neilltu ac ymdawelu.

Ond mae'r gwrthwyneb yn wir am Forgan Llwyd. Fel y
gwelwyd uchod, hawlia ef fod gan y gwir Gristion
genadwri, sef ei fod i bregethu'r Gair, a bod pwysau arno i
genhadu am fod diwedd y byd yn prysur agosáu. Eithr
mae ganddo hefyd gariad dwys at fyfyrdod a gwerthfawr-
ogiad o'r tawelwch hwnnw lle y trig dirgelion yr ysbryd.
Dyma'r teimladau sy'n symbylu Morgan Llwyd i brotestio
am fod Erbery wedi cyhoeddi ei lythyr heb ganiatâd:

> but whereas you have printed my Letter, I desire you to let me be a
> private seeker, lest I should be spiritually a loser, and seem more then I
> am, for how much better is it to have the heart in secret, then to be
> accounted of amongst men? My darkness is like a large sackcloth, and
> until the bright light dispel the Clouds, it is sweetest to wait in silence.
> (G,2.262)

Yn ei ymateb mae Erbery yn cyfeirio at yr anghysondebau
yn yr hyn a ddywed Morgan Llwyd, ond wedyn yn mynd
yn ei flaen i gysoni'r sylwadau gwrthgyferbyn. *'Your waiting
in silence contradicts your preaching, as well as your coming forth
in print by me; but in both, you may be in your own earth, under
your own Vine, and under your own Fig-tree sit in silence.'* (115)

Yn y bennod ar 'Sisial y Sarff' crybwyllwyd fod gan
Forgan Llwyd amheuon ynghylch cyhoeddi'r Gair mewn
geiriau. Y bwriad oedd pwysleisio mai allan o dyndra'r
argyfwng personol hwn y daethai'r cariad amwys at eiriau
a gynhaliai ei ddawn lenyddol. At hyn gellir ychwanegu yn

awr mai argyfwng a oedd yn nodweddiadol iawn o'r cyfnod rhyfedd hwnnw, oedd ei argyfwng ef. Er na fynnai dderbyn dehongliad ecsentrig William Erbery o'r tair goruchwyliaeth, cydymdeimlai ag ef yn ei ddymuniad i fwrw pob cyfundrefn ac ordinhad eglwysig (gan gynnwys pregethu a gweddïo cyhoeddus) o'r neilltu, heb ymddiried mewn dim ond yng nghyffyrddiadau Crist â'r enaid. Ac er nad oedd yn cyd-weld ag Erbery yn ei ymosodiadau chwyrn ar bregethwyr ac ar bob ymdrech i daenu'r Efengyl, eto cytunai mai dirgelwch i'w ddarganfod gan yr unigolyn yn rhuddin distaw ei fodolaeth unigryw ef ei hun oedd grymusterau'r Gair.

Mae Morgan Llwyd ac Erbery yn ei chael hi'n hawdd deall ei gilydd am eu bod yn rhannu rhagdyb diwinyddol pwysig dros ben sy'n dylanwadu ar bob agwedd ar eu cred. At honno y cyfeiriai Morgan Llwyd pan ofynnodd i Erbery *what manner of people should we be in this age.* 'Roedd y ddau ohonynt yn gwbl argyhoeddedig fod Crist ar fin dyfod am yr eildro, a'i fod yn hyrwyddo'r ffordd drwy beri i'w saint gael profiad amgenach, llawnach, dyfnach o fywyd yr Ysbryd nag a gafwyd gan ddynion erioed o'r blaen. Felly nid oedd yr hyn a oedd wedi ei ddatgelu i ddynion yn y gorffennol (e.e. yn y Beibl) yn berthnasol iawn i'r presennol digyffelyb hwn. Credent fod datguddiad cynyddol o ddirgelion byd yr Ysbryd ar gerdded yn eu cyfnod hwy, ac y byddai hwnnw'n cyrraedd ei benllanw yn y Datguddiad cyflawn, olaf a ddeuai gyda Christ. Y gwahaniaeth rhyngddynt, wrth gwrs, yw fod Morgan Llwyd yn sicrach o lawer nag Erbery ei fod eisoes yn medru cyfranogi'n helaeth o fendith gynhaliol yr Ysbryd, tra bo Erbery yn credu mai'r unig weledigaeth a roddwyd iddo, hyd yn hyn, yw'r weledigaeth o annigonolrwydd, neu wagedd, y bywyd eglwysig traddodiadol a chipolwg ar ogoniant y gobaith sydd yng Nghrist. Yn y cyfnod hwn gelwid credinwyr fel hyn yn *'New Lights'*, ac yn wir mae Morgan Llwyd ac Erbery yn chwilio'n eiddgar, beunydd, am arwyddion newydd o bresenoldeb yr Ysbryd: *'I shall expect the movings of the eternal Spirit in the pools of others'*, chwedl Morgan Llwyd

(*G*,2.262). Ac fel y cawn weld, yr oedd yr un disgwyliadau yn cyniwair, ac yn cynnal, yr ohebiaeth rhyngddo a Peter Sterry. *'Lord, how can man preach thy eternall word?'* yw cwestiwn pryderus George Herbert yn ei gerdd 'Windows' (cyhoeddwyd 1633), wrth iddo gydnabod gwendidau a pheryglon iaith: *'but speech alone / Doth vanish like a flaring thing, / And in the eare, not conscience ring.'*[16] 'Roedd gan awdur *Gwaedd yng Nghymru yn Wyneb Pob Cydwybod* amheuon tebyg, amheuon a ddwyseid gan yr ofn y byddai yntau'n amlhau geiriau nes boddi'r llais a sibrydai'n dawel o'r newydd wrth y galon yn nhafodiaith Ysbrydol gyfoethog ei gyfnod unigryw ef. Eithr ei obaith (sydd i'w gyferbynnu ag anobaith Erbery yn y cyswllt hwn) yw'r gobaith a ddatganwyd gan Herbert yn yr un gerdd:

> *But when thou dost anneal in glasse thy storie,*
> *Making thy life to shine within*
> *The holy Preachers; then the light and glorie*
> *More rev'rend grows, more doth win:*
> *Which else shows watrish, bleak, & thin.*
> *Doctrine and life, colours and light, in one*
> *When they combine and mingle, bring*
> *A strong regard and aw: . . .*

Dyma'r argyhoeddiad sy'n cyfrif am ysblander ffenestri lliw rhyddiaith Morgan Llwyd ei hun, er mai Piwritan ydoedd ef!

Wrth gymharu syniadau diwinyddol Morgan Llwyd a rhai William Erbery, felly, cawn eu bod weithiau'n wahanol iawn i'w gilydd – yn groes i'w gilydd, hyd yn oed, ar brydiau – a thro arall wedi eu plethu'n un. Eithr nid dylanwad y naill ar y llall sy'n gyfrifol pan fônt gytûn, ond y ffaith fod y ddau'n cyfranogi'n helaeth o'r un cefndir hanesyddol. At hyn, fodd bynnag, dylid ychwanegu'r awgrym fod gohebu ag Erbery wedi bod o fudd mawr i Forgan Llwyd, a hynny mewn cyfnod allweddol yn hanes ei ymbaratoad i fod yn awdur. Oherwydd mae'n debyg mai wrth iddo ymgomio ag Erbery ar bapur y llwyddodd i roi trefn ar rai o'i syniadau hanfodol, astrus. Yn anad dim, cafodd gyfle i grynhoi, a chyfle hwyrach i amgyffred, ei deimladau croes parthed efengylu cyhoeddus. Ac os na chafodd ateb a oedd wrth ei fodd i'w gwestiwn allweddol – *what manner of people should we be in this age* – eto efallai iddo fagu hyder i wneud y cwestiwn hwnnw'n brif destun ei weithiau.

[1] Er ymdrechu i fod yn deg a chytbwys, y mae bywgraffiad Erbery yn y *D.N.B.* yn cynnwys cyfeiriad at osodiadau eithafol, penchwiban a wnaed ganddo. Ceir Thomas Rees, *The History of Protestant Nonconformity in Wales* (Llundain, 1861), yn derbyn esboniad Richard Baxter ac eraill ar syniadau anuniongred Erbery: 'Mr Erbery, several years before his death, was visited by a sore affliction, which to some degree deranged his mind' (48). Mae G. F. Nuttall yn cyfeirio at yr un hanesion, ac yn eu derbyn. 'In my own judgement a perusal of Erbury's writings unfortunately confirms these statements, and I do not propose to consider him further', *The Welsh Saints* (Caerdydd, 1957), 21. Ac er bod Thomas Richards, yn ei lyfr cyfarwydd, dihafal, *The Puritan Movement in Wales* (Llundain, 1920), yn cynnig crynhoad gofalus o ddaliadau Erbery (180–2), eto gall ei ddisgrifio fel hyn: 'it should be said that his was a wonderfully versatile but somewhat unbalanced mind whose high ideals set up impossible standards for an age of transition.' (181)

[2] Christopher Hill, *The World Turned Upside Down* (Llundain, 1972), 154–8.

[3] Drwy gydol y bennod bresennol cyfeirir at *The Testimony of William Erbery* (Llundain, 1658). Am drafodaeth fanwl ar y feirniadaeth gyffredinol ar y degwm yn y cyfnod hwn, gweler Margaret James, 'The Political Importance of the Tithes Controversy in the English Revolution', *History,* XXIV (Mehefin, 1942), 1–18.

[4] Ond mae hefyd yn bosibl dadlau mai adlais o'r gorffennol, o'r traddodiad elusennol, a geir yn nadleuon Erbery.

[5] Gw. *Y Bywgraffiadur,* ond hefyd yr astudiaeth gynhwysfawr, sydd eto heb ei chyhoeddi, o fywyd ac o weithiau William Erbery: John Ivor Morgans, *The Life and Work of William Erbery* (Traethawd B.Litt. Rhydychen, 1968).

[6] Cyfleir naws y gyfeillach yn Llanfaches gan R. Geraint Gruffydd, *In That Gentile Country* (Pen-y-bont ar Ogwr, 1976).

7 Gw. C. H. Firth, *Cromwell's Army* (Llundain, trydydd argraffiad, 1921), yn enwedig pennod XIII (313–48); a Mark A. Kislansky, *The Rise of the New Model Army* (Caergrawnt, 1979).

8 *The World Turned Upside Down*, 46. Cyfieithwyd y dyfyniad gan awdur y gyfrol hon.

9 Am y cefndir hwn yn gyffredinol gw. Leo F. Solt, *Saints in Arms* (Llundain, 1959). Hefyd gw. Eric C. Walker, *William Dell, Master Puritan* (Caergrawnt, 1970), yn enwedig y drydedd bennod (45–69) sy'n crynhoi hanes bywyd John Saltmarsh; ac A. L. Morton, *The World of the Ranters* (Llundain, 1970).

10 G. F. Nuttall, *The Holy Spirit in Puritan Faith and Experience* (Rhydychen, 1946). Hefyd W. S. Hudson, 'Mystical Religion in the Puritan Commonwealth', *Journal of Religion*, XXVIII (1948), 51–6; a George A. Johnson, 'From Seeker to Finder: A Study in Seventeenth-Century English Spiritualism Before the Quakers', *Church History*, XVII (1948), 299–315.

11 *Gangraena* (1646, argraffiad 1977, Exeter), 28.

12 Norman Cohn, *The Pursuit of the Millennium* (Llundain, argraffiad 1970). Hefyd Katherine R. Firth, *The Apocalyptic Tradition in Reformation Britain* (Rhydychen, 1979).

13 Os am gael rhywfaint o drefn ar gymysgwch daliadau milflwydd y cyfnod, gw. y llyfrau canlynol: B. Capp, *The Fifth Monarchy Men* (Llundain, 1972); a Peter Toon, gol., *Puritans, The Millennium and the Future of Israel* (Caergrawnt, 1970). Hefyd sylwer ar Alfred Cohen, 'Two Roads to the Puritan Millennium: William Erbery and Vavasor Powell', *Church History*, XXXII (1963), 322–38; a John F. Wilson, 'Comments on "Two Roads to the Puritan Millennium"', *Church History*, XXXII (1963), 339–43.

14 Tai Liu, *Discord in Zion: The Puritan Divines and the Puritan Revolution, 1640–60* (Yr Hâg, 1973), yn enwedig pennod 4 (123–4). Sylwer hefyd fod Erbery yn ymbellhau oddi wrth yr Annibynwyr ac yn dynesu at wŷr y Bumed Frenhiniaeth wrth ddadlau'n chwyrn dros ddiddymu'r degwm ar unwaith.

15 Ceir triniaeth deg a threiddgar o'r pwnc hwn gan R. Tudur Jones ym mhedwaredd bennod ei lyfr *Vavasor Powell* (Abertawe, 1971).

16 F. E. Hutchinson, gol., *The Works of George Herbert* (Rhydychen, 1941: argraffiad 1970), 67–8.

VI

'Mutual Society': Morgan Llwyd a Peter Sterry

Ymhlith y llawysgrifau hynod werthfawr a ddarganfuwyd ym Mhlas Iolyn, llawysgrifau sydd bellach yn ddiogel yn y Llyfrgell Genedlaethol, y mae chwe llythyr a ddanfonwyd at Forgan Llwyd gan Peter Sterry rhwng 1651 a 1656.[1] Dolen gyswllt gyfoethog yw hon, ac y mae'n werth ei thrysori, oherwydd os oedd y Cymro yn un o fawrion llên ei genedl, 'roedd y Sais hefyd yn awdur i'w barchu ac i'w edmygu. Hanner canrif yn ôl fe fentrodd y diweddar Vivian de Sola Pinto ddatgan fod Sterry yn un 'o feistri arddull rhyddiaith . . . Y mae'n fardd yn ystyr fwyaf cynhwysfawr y gair; yn feddyliwr athronyddol a chrefyddol beiddgar; ac yn gyfrinydd o'r pwys mwyaf yn hanes crefydd.'[2] Fe sylwir yn syth fod hwn yn ddisgrifiad sy'n gweddu i'r dim i athrylith Morgan Llwyd yn ogystal.

Teimlai Pinto fod dawn Sterry heb gael ei chydnabod gan y Saeson, ac o'r herwydd fe aeth ati i olygu detholiad o'i weithiau, gan gynnwys peth deunydd a oedd heb ei gyhoeddi o'r blaen.[3] Ymddangosodd y gyfrol yn 1934, ond er iddi gael ei chroesawu a'i gwerthfawrogi gan rai arbenigwyr, nid ysgogwyd neb ganddi ar y pryd i baratoi astudiaeth lawnach, fanylach o fywyd ac o waith Peter Sterry, fel yr oedd Pinto wedi gobeithio. Erbyn heddiw mae pethau'n argoeli'n well, oherwydd y mae N. I. Matar, darlithydd ym Mhrifysgol America, Libanus, wedi ymgym-

120

ryd â'r gorchwyl o baratoi argraffiad ysgolheigaidd safonol
o'r llawysgrifau yn llaw Sterry sydd ar gadw yng Ngholeg
Emanuel, Caergrawnt.

Yn fuan ar ôl cychwyn ar ei waith, daeth Dr Matar ar
draws y llythyrau a yrrodd Sterry at Forgan Llwyd, ac yn
1981 fe gyhoeddodd ysgrif ddiddorol amdanynt.[4]
Ymddiddora'n bennaf yn y wedd wleidyddol ar y testun.
Mae'n ein hatgoffa fod Sterry yn gaplan preifat i Gromwell
drwy gydol yr amser yr oedd yn gohebu â Llwyd. Ym mis
Rhagfyr, 1653, fe wnaeth Cromwell ei hun yn Arglwydd
Amddiffynnydd gwledydd Prydain, gan chwalu gobeithion
y garfan ymhlith y Piwritaniaid a oedd wedi disgwyl i
Senedd y Saint (1653) baratoi'r ffordd tuag at Ailddyfodiad
Crist. Siomwyd Llwyd ei hun mor arw gan weithred
Cromwell nes iddo glosio am gyfnod at Blaid y Bumed
Frenhiniaeth, sef grŵp a oedd yn fodlon defnyddio dulliau
trais er mwyn disodli'r llywodraeth a sefydlu trefn gym-
deithasol a fyddai'n paratoi at Ddiwedd y Byd. Eithr nid
arhosodd Llwyd yn eu cwmni'n hir. Yn hytrach rhoddodd
y gorau yn fuan i obeithio am chwyldro yn y byd mawr
gwleidyddol oddi allan a chanolbwyntiodd yn lle hynny ar
y byd mawr ysbrydol oddi mewn.

Mae'n hen arfer gan haneswyr briodoli'r newid cyfeiriad
pwysig hwn yn bennaf i'r dylanwad a gafodd gwaith Jacob
Böhme ar feddwl Morgan Llwyd; ond awgryma Dr Matar
fod gan Sterry hefyd ei gyfran yn y datblygiad. Sylwa'n
graff ar lythyr a ddanfonwyd at Forgan Llwyd fis yn unig
ar ôl i'r Senedd gyfarfod am y tro cyntaf ar ôl i Gromwell
ddod yn Amddiffynnydd. Ynddo mae Sterry'n lled
awgrymu fod Cromwell, fel Dafydd gynt, wedi ei ddewis
gan Dduw i fod yn ben ar y deyrnas. Os felly, meddai, *'then
is the Kingdom of God come downe into the midst of us.'*[5] 'Roedd
Sterry eisoes wedi cefnu ar y disgwyliadau lliwgar, treisgar
a leisiwyd ganddo yn ei bregethau ar ddiwedd y pedwar-
degau. Bellach 'roedd yn arddel y gred mai cyfeirio at
weddnewidiad ysbrydol yn unig yr oedd Llyfr y Datgudd-
iad pan soniai am arwyddion Diwedd y Byd. Ym marn
Dr Matar gobaith Peter Sterry wrth yrru llythyrau at

Forgan Llwyd oedd y medrai ei argyhoeddi yntau o wirionedd y gred honno. Os felly, llwyddodd yn ei amcan, a bu'n gyfrifol, meddir, am gipio un o aelodau mwyaf blaenllaw plaid y Bumed Frenhiniaeth yng Nghymru, a'i dywys i gorlan Cromwell.

Er bod ysgrif Dr Matar yn un ddiddorol iawn, mae lle i amau'n gryf a ydyw'r dehongliad hwn o'r berthynas rhwng Peter Sterry a Morgan Llwyd mewn gwirionedd yn un cywir. Nid yw'r awdur yn sylweddoli, er enghraifft, fod y llyfrau Cymraeg enwog a gyhoeddwyd yn sôn am wedd-newidiad ysbrydol yn hytrach nag am chwyldro gwleid-yddol neu ddiwygiad cymdeithasol. Y tebygrwydd felly yw mai am fod meddwl Sterry a meddwl Morgan Llwyd yn barod yn gweithredu ar yr un donfedd yr hudwyd sylw'r naill ohonynt at y llall.

Nodwedd arall sy'n cyfyngu ar werth ysgrif Dr Matar yw nad yw'r awdur yn trafod y syniadau diwinyddol dyrys sy'n codi ym mhob un bron o'r llythyrau a ysgrifennwyd gan Sterry. Ond yn ffodus mae'r wedd hollbwysig hon ar y cynnwys wedi ei thrin yn feistrolgar gan Goronwy Wyn Owen mewn ysgrif gynnil, gall yn Y Traethodydd.[6] Mae ef yn dyfalu fod Sterry wedi 'bod yn gyfrwng ymgydnabod o Forgan Llwyd â theithi meddwl adwaith cylch Neoblaton-aidd Caergrawnt i Galfiniaeth y Piwritaniaid clasurol', er na fentra Dr Owen ddatgan yn ffyddiog i ba un o'r ddau gyfeiriad yr oedd Morgan Llwyd ei hun yn gogwyddo. Y gwahaniaeth mwyaf sylfaenol rhwng y ddwy garfan oedd fod y Neo-Blatoniaid yn argyhoeddedig fod y rheswm yn gynneddf a allai amgyffred gwirioneddau ysbrydol, a'r Piwritaniaid Calfinaidd ar y llaw arall yn mynnu fod pob cynneddf naturiol yn llygredig ac mai gras Duw yn unig a allai oleuo'r meddwl dynol tywyll.

Ymhellach, 'roedd aelodau ysgol athronyddol Caer-grawnt yn tueddu i gredu mewn ewyllys rydd, ac felly 'roedd yr Uchel Galfiniaid yn eu hystyried yn Arminiaid heresïol. Er ei fod yn ymddiddori'n fawr yng ngwaith y Neo-Blatoniaid, ni chytunai Sterry â hwy o gwbl ar y pwnc hwn. A Discourse of the Freedom of the Will oedd teitl y llyfr

enwocaf a gyhoeddwyd ganddo, a neges fawreddog y llyfr
o'i ddechrau i'w ddiwedd yw fod rhagluniaeth fawr y nef
yn llywodraethu holl gwrs hanes y byd cyfan, a'i bod hefyd
wedi rhaglunio pob manylyn o batrwm bywyd beunyddiol
y bod mwyaf distadl. Yn wir, ni fedrai Sterry fyth gyffwrdd
â'r tant diwinyddol hwn heb ganu salm o fawl i ddoethineb
perffaith, anorchfygol y Duw Hollalluog. Ceir paragraff
telynegol cywrain ganddo ar y testun yn un o'r llythyrau a
yrrodd at Forgan Llwyd:

> *Where are ye Ravishing pleasures of an Undeserved, Unexpected,*
> *Irresistible Love, if this Love bee subject to ye Indifferent Receptions,*
> *or Refusalls of my Will? Where is ye Glorious Tryumph of a Deepe, a*
> *Rich Designe comprehending ye whole Creation, carrying Eternity*
> *thorough Time, like a River under Ground, till Time breake up into*
> *Eternity againe, till yt, wch was ye ffirst, bee ye last, & ye Ende proove*
> *ye Beginning awakened & returning to it selfe againe; if ye Will of*
> *Man bee not as a Linke fastened in this Chaine, but bee a compleate*
> *Circle having its Beginning, & its Ende in it selfe; if ye Will of man*
> *depend not in its Workings upon ye Designe of God, but yt Designe*
> *upon ye undetermined Licentiousnes of these Workings? If Christ bee*
> *ye Universall Image of Things, sure free will is in ye face of this*
> *Image, as a Skerre, a Wound, wch Physitians define to bee, Solutio*
> *Continui. If God bee ye Ffirst cause of things, either ye Will of Man is*
> *in all things determined by a Cause above it selfe, or hath a Godheade*
> *in it selfe.*

Ond fel y mae Dr Owen yn ein rhybuddio, ni wyddys i
sicrwydd beth oedd ymateb Morgan Llwyd i'r ddysgeid-
iaeth hon. Dyma un o'r testunau dadleuol y mae Llwyd yn
osgoi eu trafod yn blwmp ac yn blaen yn ei weithiau, a'r
argraff a roddir yw ei fod yn ansicr ei feddwl ynghylch
rhagarfaeth.

Yr oedd Hugh Bevan yn argyhoeddedig fod Llwyd yn
cael ei wresogi'n fawr gan y syniad o batrwm a chynllun
sydd yng ngwaith Sterry. Credai ymhellach fod Morgan
Llwyd wedi derbyn 'oddi wrth Blatoniaid Caergrawnt beth
o'u hawydd i gyflwyno crefydd mewn gwedd feddyliol.'
Y mae rhan bwysig o *Forgan Llwyd y Llenor* wedi ei seilio ar
y rhagdyb hwn, ac mae'r drafodaeth gyfoethog a geir yn y
llyfr o'r gynghanedd feddyliol ac ysbrydol a amlygir rhwng

Morgan Llwyd a Sterry ar nifer o bwyntiau allweddol (megis y gwahaniaeth rhwng yr Adda cyntaf ar y naill law ac ar y llaw arall yr enaid a enir o'r newydd drwy nerth Crist) yn gymorth inni ddeall arwyddocâd y cyfeillgarwch rhyngddynt. Gesyd Hugh Bevan ddarnau a godwyd o lyfrau'r Sais ochr yn ochr â rhannau o *Gair o'r Gair,* er mwyn profi 'i gymaint graddau y symudai meddwl y naill a'r llall yn yr un cyfeiriad wrth drafod pynciau megis y Cread a threfn cadwedigaeth' (*MLl,*109).

Gwelir felly fod modd creu darlun awgrymog, amlochrog o'r berthynas ddeallusol agos rhwng Morgan Llwyd a Peter Sterry, drwy gyfuno sylwadau Hugh Bevan ag astudiaethau N. I. Matar a Goronwy Wyn Owen. Serch hynny saif rhai agweddau ar gynnwys y llythyrau y byddai'n werth craffu arnynt ychydig ymhellach.

* * * *

Ym mis Mehefin, 1651, yr ysgrifennodd Sterry y cyntaf o'i chwe llythyr at Forgan Llwyd. Nodyn byr ydoedd, ond chwe mis yn ddiweddarach gyrrodd ato eto, a'r tro hwn yr oedd y llythyr yn un sylweddol iawn. Ionawr, 1652, yw dyddiad y llythyr ac y mae rhan helaeth ohono'n ymwneud â phynciau diwinyddol astrus. Gan fod Sterry yn ymateb i gais penodol oddi wrth Forgan Llwyd am fwy o wybodaeth am ddysgeidiaeth Jacob Böhme, mae'n amlwg nad oedd y Sais yn cyflwyno gwaith yr Almaenwr i sylw Morgan Llwyd am y tro cyntaf yn y llythyr hwn – er bod un ysgolhaig wedi awgrymu'n ddiweddar mai Peter Sterry oedd yn gyfrifol am ennyn diddordeb y Cymro yn athrawiaeth y cyfrinydd o Fohemia.[7] Bid a fo, mae'n bur debyg mai newydd ddod ar draws dysgeidiaeth Böhme yr oedd Morgan Llwyd yn 1651–2. Er mai'r cyfeiriad at Böhme yn y llythyr cyntaf a ddanfonodd Peter Sterry at Forgan Llwyd yw'r cyfeiriad cyntaf at yr Almaenwr y gŵyr Dr Matar amdano yn llawysgrifau Sterry, y mae'n debyg fod Sterry bryd hynny yn fwy cyfarwydd â gwaith yr Almaenwr nag oedd Morgan Llwyd. 'Roedd hi'n naturiol, felly, i'r Cymro ofyn am farn y Sais. Gwyddai fod gan

hwnnw brofiad o wyntyllu athrawiaeth Böhme er mwyn
gwahanu'r gwir a oedd ynddi oddi wrth y gau.
'Roedd gweithiau Böhme wedi bod yn ymddangos yn y
Saesneg fesul cyfrol er 1644, a gwyddys fod Platoniaid
Caergrawnt ymhlith y cyntaf yn Lloegr i ymddiddori'n
fawr yn y cyfieithiadau hynod hyn.[8] Dengys Pinto fod gan
Sterry, ar ddiwedd ei oes, rai o'r trosiadau cynharaf yn ei
lyfrgell, a'u bod wedi eu gosod nesaf at lyfrau'r awduron
ysbrydol mawr yr oedd ef yn eu parchu fwyaf – awduron
megis Tauler, Nicolas o Cusa a Francis de Sales. O saf-
bwynt gelyniaethus Piwritan ceidwadol fel y Presbyteriad
Richad Baxter, ymddangosai fod Sterry i bob pwrpas yn
un o ddisgyblion ysgymun Böhme. Honnai Baxter fod
pump o sectau eithafol, gorffwyll wedi dod i'r amlwg yn
ystod blynyddoedd olaf Senedd y Gweddill *(Rump Parliam-
ent)*. Y Ceiswyr, y Bostwyr, Y Crynwyr, y Vaniaid, a'r
Behmenwyr (sef dilynwyr Böhme) oedd y rheini. Cyhudd-
odd Baxter Sterry o berthyn i blaid Vane, *'whose doctrines
were almost the same'*, meddai, ag athrawiaethau canlynwyr
Böhme.[9]
     Nid ar hap, felly, yr holodd Morgan Llwyd tybed beth yn
union oedd barn Peter Sterry am lyfrau Böhme. Ac
yntau'n dechrau ymddiddori'n ddwys yn y llyfrau ac yn
darllen darnau ohonynt yn awchus, fe benderfynodd
Morgan Llwyd fynd yn syth at lygad y ffynnon yn Lloegr i
ddisychedu'r awydd a oedd ynddo am wybodaeth ddyfn-
ach, bellach.[10] Gwyddai fod Sterry eisoes yn weddol
hyddysg yn y pwnc. Eithr nid gyrru cais ato am wybodaeth
yn unig a wnaeth Morgan Llwyd, ac nid dim ond gofyn am
eglurhad yr ydoedd. Na, o graffu ar ymateb Sterry, mae'n
amlwg fod Morgan Llwyd wedi troi ato'n rhannol am
gymorth. Dymunai wybod i ba raddau yr oedd hi'n bosibl
cymathu syniadau Böhme â hanfodion diwinyddol y gred
led-Galfinaidd yr oedd Morgan Llwyd yn dal i'w harddel.
'Roedd y broblem hon o'r pwys mwyaf iddo ar ôl cael ei
swyno am y tro cyntaf gan ddamcaniaethau a symbolau'r
Almaenwr. Un wedd bwysig ar *Lyfr y Tri Aderyn* yw fod y
gwaith yn ymdrech gan yr awdur i osod trefn ar syniadau o

darddiadau pur wahanol, a bod y llyfr yn fodd i Forgan
Llwyd oleuo ei feddwl ei hun. Mae'n briodol meddwl, felly,
am lythyr Sterry parthed Böhme fel un o fannau cychwyn
proses o ymchwil ddeallusol sy'n cyrraedd ei huchafbwynt
ogoneddus ddeunaw mis yn ddiweddarach yn *Llyfr y Tri
Aderyn*.
    Ymateb cymysg, gwyliadwrus, yw ymateb Peter Sterry i
lyfrau Böhme. Fyth er pan ddaeth Cromwell i rym yn 1649
pryderai'r cadfridog a'i gefnogwyr am y lliaws o athraw-
iaethau anuniongred a fwydai ddychymyg yr 'eithafwyr'
anniddig a oedd yn fygythiad i'r llywodraeth ganolog
newydd. Awgryma Dr Matar, felly, mai crynodeb o farn
ddrwgdybus Cromwell a'i blaid am athrawiaethau'r
Almaenwr a geir yn bennaf yn llythyr Sterry. Yr hyn sy'n
sicr yw y ceir ynddo hefyd gyfaddefiad gan Sterry iddo gael
ei hudo gan lyfrau Böhme, ar sawl cyfrif: *'I cannot but
confesse, yt ye Lord Christ hath ministered, as much Heavenly
Pleasures, & Profite to mee by reading of him, as of any
Discourses, besides those of ye Holy Scriptures.'* Mae'n cymerad-
wyo eglurdeb disgrifiadau Böhme o Ysbryd Anghrist, ac
yn gwerthfawrogi *'the Sweetnes, Meekenes, Humility, Holines,
[and] Heavinlines of ye Spirit of Christ [which] run along like
Rivers of Milke & Honey thorow his Writings, which seeme to
have an Authority, & Glory in them, beyond yt of ye Scribes, &
Pharisees.'* Fe sylwir mai canmol y wedd ddefosiynol bur
gyfarwydd ar yr ysgrifeniadau y mae. Unwaith y mae'n troi
oddi wrth honno ac yn bwrw golwg ar weledigaethau
tywyll Böhme, mae'n newid cywair ac yn dechrau petruso:
*'I have very much doubted in my selfe, whether our Lord Jesus, or
some Angell of ye Rulers of ye Darkeness of this Creation,
cloathing himselfe with yt Light & Glory of this Creation, as God
& Christ, appeared to him in his Visions, & directed his Pen.'*
    Nid amheuon annelwig sydd gan Sterry. Mae'n rhestru'r
pennau athrawiaethol lle, yn ei farn ef, y mae Böhme yn
cyfeiliorni. (1) Mae'r Almaenwr yn euog o Arminiaeth:
hynny yw, mae'n credu mewn ewyllys rydd. (2) Nid yw
iachawdwriaeth yn golygu mwy iddo na *'ye Restitution of ye
Ffirst Adam.'* Fel y soniwyd eisoes, fe graffodd Hugh Bevan

ar y cyhuddiad hwn. (3) Mae syniadau Böhme am y Drindod yn annigonol ac yn gamarweiniol. (4) Mae Böhme yn ymddiddori *'in Heathenish Philosophy & Chymistry.'* Ergyd y sylw hwn, mae'n amlwg, yw fod yr Almaenwr yn hoffi defnyddio dyfaliadau'r alcemegwyr i'w ddibenion ei hun, a'i fod hefyd yn elwa ar rai o'r syniadau esoterig a geir yn y Kabala Iddewig. Mae'n bur annhebyg fod angen i Sterry gynghori Morgan Llwyd i ymgadw rhag ymgolli yn y wedd ddirgel astrus hon ar waith Böhme. Yn sicr, nid oes llawer o dystiolaeth ar gael yn llyfrau'r Cymro fod ei feddwl wedi ei hudo i'r cyfeiriadau hynny. 'Roedd ef a Sterry yn gytûn, felly, fod llawer o ddyfaliadau metaffisegol Böhme yn rhai dryslyd a pheryglus. Ond wedi dweud hynny, mae'n bwysig ychwanegu nad oedd y ddau'n unfryd o bell ffordd wrth fesur gwerth athrawiaethau Böhme. Er enghraifft, nid oedd Arminiaeth ŷr Almaenwr yn achosi hanner cymaint o drafferth i'r Cymro ag yr oedd i'r Sais. Ac os oedd Sterry yn arbennig o chwyrn wrth ymosod ar ddamcaniaethau Böhme parthed y Drindod, yna 'roedd y gwrthwyneb yn wir am Forgan Llwyd, oherwydd, dyma'r weledigaeth yng ngweithiau'r Almaenwr yr oedd ef fwyaf hoff ohoni.

Mae'n ddiddorol sylwi fod Morgan Llwyd wedi gofyn yn benodol i Sterry esbonio dirgelwch y Drindod iddo yn ei ffordd ei hun. Awgryma hyn fod Morgan Llwyd yn chwilio'n arbennig o daer yn 1651–2 am oleuni pellach ar y pwnc cymhleth hwn. Yr eironi yw mai yng ngwaith Böhme yn y pen draw y cafodd ddehongliad a oedd wrth ei fodd, er bod Peter Sterry wedi ceisio'i orau glas i'w ddenu oddi wrth Böhme at esboniad gwahanol, sef i gyfeiriad syniadau cyfriniol Peter Sterry ei hun am y Tri yn Un. Y syniadau hyn oedd conglfaen yr adeiladaeth ddiwinyddol a swynai ddeall Sterry, a chynsail y cyfan oedd ei gred mewn Duw *'[who] is not a solitary Unity, without society or solace, but a Unity richly Replenish'd, and Eternally entertain'd, with a Variety, as true and boundless as the Unity itself.'*[11] Dirgelwch oedd hwn, meddai yn ei lythyr at Forgan Llwyd, *'wch is inaccessible by*

Man, untill it selfe come into Man.' Golau oddi uchod ydoedd a lewyrchai oddi fewn i ddyn, *'shed abroade from ye face of Christ'*; a dim ond yng ngoleuni'r llewyrch hwn y gallai dyn amgyffred anhraethol arwyddocâd ymweliad achubol Crist â'r byd:

> Out of this Trinity ye Lord Jesus comes forth, ye Word, One of ye Three, & All Three in yt One. Hee brings forth Himselfe into Mediatours Kingdome: from thence into this Creation, where hee disappeares, & is imprisoned by Sin under ye powers of Darkenes. Then Hee comes up againe being made truely Man of ye Virgin Mary. By his Death, & Resurrection hee returnes out of this Creation unto ye ffather, meeting him first in ye Mediatours Kingdome, where God, & ye Lambe raigne together. After yt Hee rests with him in ye Kingdome of ye ffather, wch is yt Blessed Trinity, out of wch hee first came forth, where God is All in All.

Cnewyllyn dirgelwch y Drindod, yn ôl dehongliad Sterry ohono, yw cydberthynas y Tad a'r Mab, oherwydd hi, *'the matrix of these Loves'*, chwedl yntau, yw egni cychwynnol a chynhaliol yr holl greadigaeth. Credai mai'r Tad oedd y Duwdod sy'n berffaith gyflawn a bodlon ynddo'i hun: ond bod y Mab yn mynegi awydd arall, croes, y Duwdod i ymrannu er mwyn creu cyflawnder o fodau amrywiol, diderfyn. Fel yr esboniodd Peter Sterry mewn llythyr a ysgrifennodd at Forgan Llwyd ym mis Medi, 1656, mae bywyd y greadigaeth gyfan yn cael ei genhedlu a'i lywodraethu gan y tyndra parhaus sydd rhwng y ddau ysgogiad croes yma – sef y cymhelliad i ymegnïo a'r awydd i ymdawelu. Cyffelybodd y patrwm ysbrydol hwn i symudiad olwyn fawr sy'n troi yn ei hunfan yn dragywydd:

> This is ye Glorious Wheele of Immortality, by ye Property of ye Son, to bee ever issuing forth into all pleasant Births, by wch wee ride upon ye Circuite of ye Heavens, ye High places of ye Earth, ye floods of ye great deepe, like ye pleasant light of ye Sun; & then by ye property of ye Ffather to bee ever returning into ye Blessed Wombe, yt Greene Bed of Loves out of wch wee came forth. Blessed is hee, who in every Day, & Night, in every Creature beholds this Wheele, & each Day, each Night, each Creature, ye Revolutions of this Wheele within it selfe; & this Wheele his Eye, his Spirit, wch is also ye Holy, & Immortall Spirit; in wch God ye ffather, & our Lord Jesus everlastingly sport themselves mutually in one another.

Mae'n hawdd gweld sut y byddai'r weledigaeth urddasol hon o fywyd ysbrydol egnïol sydd wedi ei wreiddio'n ddwfn mewn llonyddwch cudd a mudandod llwyr, yn apelio'n fawr at Forgan Llwyd. Eto i gyd, nid gweledigaeth Peter Sterry a fabwysiadodd. Yn hytrach ymserchodd yn esboniadau Jacob Böhme ar gwlwm cyfrin y Drindod. Mae'r Almaenwr yn sôn am y llonyddwch perffaith a nodweddai'r Duwdod cyn bod dim, a'r modd y bu i hwnnw (sef yr 'Ungrund') ymgynhyrfu ac ymrannu, yn ystod y weithred rymus o esgor ar y Drindod. Digwyddodd y creu hwn wrth i Ewyllys danllyd y Tad geisio, a chael, mynegiant perffaith mewn Gair addfwyn gloyw a ymddangosodd wedyn ar ei union mewn gweithred drwy nerth yr Ysbryd. O fewn y cyd-destun Trindodol hwn, felly, egni cynhyrfus ewyllys y Tad oedd ffynhonnell y Cread gwreiddiol difrycheulyd, er mai trwy'r Mab (neu'r Gair) y gweithredodd y Tad er mwyn gwneuthur y bydysawd. Ond yr hyn a ddigwyddodd oedd i Adda ymwrthod â chyfanrwydd Trindodol yr ysbryd oedd ynddo, ac ewyllysio gafaelyd yn syth yng ngwaelodion bywyd, er mwyn eu defnyddio i'w ddibenion hunanol ef ei hun. Lle yr arferai'r ewyllys danllyd gynt fod yn gyfran annatod o gyflwr ysbrydol cyflawn, yr oedd yn awr wedi ei gwyro a'i gwahanu. Ac ar ei gwedd newydd, anghyflawn, fe droes yn nerthyriad cynddeiriog a hysiai'r dyn naturiol ymlaen yn aflonydd barhaus. Ond byth er pan wisgodd y Gair gnawd, er mwyn gorchfygu llygredigaeth y cnawd, ac i'r Crist croeshoeliedig wedyn atgyfodi o'r meirw, yr oedd bellach fodd, drwy ras, i ddyn ymlonyddu ac ymryddhau. Oherwydd, fe fedrai Crist, a Christ yn unig, wrth drigo y tu mewn i ddyn, adfer yr ewyllys i'w phriod le, ac atgyfannu'r bywyd ysbrydol. Oni ddigwyddai hynny, fe ddeuai'r dyn colledig wyneb yn wyneb, yn y byd nesaf, ag ewyllys ddicllon, danllyd, y Tad, wedi ei gwahanu oddi wrth gytgord y Drindod, ac fe fyddai'r digofaint hwnnw'n gosbedigaeth iddo yn dragywydd.

Fe sylwir, felly, mai syniadaeth Morgan Llwyd am Dduw y Tad oedd yn wrthun i Sterry, a hynny oherwydd ei bod

129

yn ymddangos fel petai'n golygu fod nerth y Tad, ohono'i hun, yn nerth dinistriol. Yn wir, fe fynnai llawer fod dysgeidiaeth Böhme, yn y cyswllt hwn, gyfystyr â dweud fod Duw yn Dduw drygioni yn ogystal ag yn Dduw daioni. 'Does dim rhyfedd fod Sterry'n teimlo'n anghysurus iawn ynghylch y wedd hon ar athrawiaeth Drindodol Böhme, a'i fod wedi cynghori ei gyfaill Morgan Llwyd yn daer ac yn benodol i ymwrthod â hi. Y cwestiwn sy'n rhwym o godi wedyn, wrth gwrs, yw pam nad ufuddhaodd Morgan Llwyd i'w gyngor? Paham yr anwybyddodd rybudd mor bendant? Wedi'r cyfan, o fewn blwyddyn yn unig i dderbyn y rhybudd oddi wrth Sterry, yr oedd Morgan Llwyd yn cyflwyno esboniad Behmenaidd cryno ar ddir-gelwch y Drindod i'w ddarllenwyr yn *Llyfr y Tri Aderyn:*

Mae yn nhragwyddoldeb dri yn un, sef ewyllys, cariad, a nerth, a'r naill yn ymgyrhaeddyd erioed â'r llall, ac yn ymborthi, ac yn ymgenhedlu yn ei gilydd byth. Oni bai fod pleser cariad tragwyddol i borthi'r ewyllys anfeidrol, ni byddai neb yn gadwedig. Ac oni bai fod cynhyrfiad yr ewyllys cyntaf yn dân llosgadwy, ni byddai neb yn golledig. Ac oni bai fod y tri fel hyn yn cydweithio, ni buasai na dyn, nac angel, nac anifail, na dim arall wedi ei wneuthur. Mae rhai wedi ymesgor erioed yn y cariad drwy ysgogiad yr ewyllys, yr hwn sydd yn eu gwasgaru fel gwreichion allan ohono ei hun, ac yn eu tymheru yn nwfr a difyrrwch (yr hwn yw'r Arch). Nid yw gwreiddyn y tri ond cariad ynddo ei hun, heb gasáu neb. Ond yn yr ewyllys gweithgar hwnnw mae'r ysgogiad yn tewychu y peth sydd ynddo, ac yn gadel heibio (fel pren ei ddail, neu ddyn ei boeryn) y peth nad yw un ag ysbryd y galon. Wele, nid yw'r cigfrain yn adnabod trawiad y tant yma yn y delyn nefol. Ond deall di (O Eryr) ac fe a ddeall y colomennod hyn fwyfwy. Canys fel dyma wreiddyn y mater, a ffynnon pob peth. Dyma fôn derwen yr holl fyd gweledig hwn. Dyma y cynhyrfiad tragwyddol sydd yn achosi pob symudiad ymysg yr holl greaduriaid. Ond nid yw'r adar ar ganghennau'r pren yn meddwl pa fodd y mae'r gwreiddyn yn cynnal ei naturiaeth, a nhwythau ynddi. Yr ewyllys cyntaf yw gwreiddyn pob un (fel y mae'r wreichionen yn dyfod o'r garreg), ac mae efe ei hun yn ymgyrchu yn wastad i fynwes y mab, ac yn ymlonyddu, yno yn y cariad. Ond mae llawer o'r gwreichion heb fynnu ymoeri felly, ond yn ehedeg gyda Lwsiffer yn erbyn y goleuni a'r tawelwch tragwyddol, ac yn aros yn yr ysgogiad tanllyd, heb gael esmwythdra byth, eisiau dyfod i'w geisio allan o'u naturiaeth eu hunain. (*Ll*,18–19: *G*,1.173–4)

Yr hyn sy'n arwyddocaol, efallai, yw mai ateb i gwestiwn yw'r datganiad cymhleth hwn gan y Golomen. 'Beth a ddywedi di?' hola'r Eryr hi, ar ôl i'r Gigfran honni fod 'llawer yn dywedyd ei fod ef [Duw] wedi gwrthod llawer, a dewis rhai cyn eu geni.' (*Ll*,18: *G*,1.173) Drwy fabwysiadu athrawiaeth Böhme am y Drindod medr Morgan Llwyd osgoi'r syniad fod Duw yn ewyllysio colledigaeth rhai. Yn hytrach, esbonia nad yw hanfod tanllyd y Tad yn medru cael ei fodloni gan ddim ond yr hyn 'sy'n un ag ysbryd y galon', sef Crist. Hynny yw, mae Morgan Llwyd yn arfer dull o feddwl am y Drindod sy'n wahanol i'r dull a ddefnyddid fel arfer gan yr Uchel Galfiniaid. Arferent hwy sôn am Gyfiawnder y Tad yn ymryson â Chariad y Mab, gan synio felly am y Drindod yn gyson mewn termau moesol. Ond mae'n well gan Forgan Llwyd ddefnyddio termau sy'n awgrymu fod 'cydweithio' y Drindod i'w debygu nid yn unig i rinweddau dynol megis cariad, ond hefyd i nerthoedd elfennaidd anorfod y bydysawd, megis Tân.

Mae diweddglo diddorol i'r hanes am yr anghytundeb rhwng Sterry a Morgan Llwyd yn 1652 ynghylch gwerth dysgeidiaeth Böhme am y Drindod. O'r flwyddyn honno ymlaen fe swynwyd meddwl Peter Sterry fwyfwy gan ddiwinyddiaeth gyfriniol yr Almaenwr, nes yn y diwedd iddo gael ei hudo hyd yn oed gan gysyniad Böhme am y Drindod. Mae nodiadau a baratowyd ganddo yn 1659 ar gael o hyd yn Llyfrgell Coleg Emanuel, Caergrawnt. Yn y sylwadau hynny defnyddir ieithwedd a thermau Böhme i ddisgrifio perthynas y Mab a'r Tad: *'The Anger-fire and Love-fire in the Humane Substance in Christ stood in one Ground . . . Thus the 2 Genetrixes, the Wrath and the Love, have set their Model in the Wisedome.'*[12] Aralleiriad o ddarn arall o lyfr Böhme am y Swper Olaf a geir yn y brawddegau hyn. Ond yn llawysgrifen Sterry y mae'r nodiadau, a chred Dr Matar fod hynny'n profi fod ganddo ddiddordeb anghyffredin – diddordeb angerddol yn wir – yn y neges a gofnodir. Felly

pwy a ŵyr: efallai fod Morgan Llwyd yn y pen draw wedi
dylanwadu ychydig ar ddatblygiad meddwl Peter Sterry yn
y cyswllt hwn.

* * * *

Dim ond bwrw un olwg fras, frysiog dros lythyrau
meithion, cyfoethog Sterry at Forgan Llwyd sydd angen i
sylweddoli'n syth fod yr hyn a ddywed Goronwy Wyn
Owen yn wir: 'un o'r dylanwadau pwysig . . . ar Forgan
Llwyd yn y cyfnod wedi'r Ail Ryfel Cartref oedd eiddo'r
cyfrinydd Peter Sterry.'[13] Yr un i bob pwrpas yw barn
Dr Matar, ond sylwer ei fod ef yn newid ychydig ar y
pwyslais: *'Although there was little difference in age between
them, Llwyd viewed Sterry as a learned preacher to turn to in
moments of religious and political doubt.'*[14] Yr argraff a roddir
yn y frawddeg hon yw mai perthynas athro â'i ddisgybl a
fynegir yn y llythyrau ond nid yw'n ddisgrifiad teg o
gyfeillach feddyliol y Cymro a'r Sais. Yn wir, mentrwn
fynd gam ymhellach ac awgrymu fod camddealltwriaeth
pwysig y tu cefn i osodiad Dr Matar, a'i bod hi'n werth
sylwi ar ddull Sterry o ysgrifennu, er mwyn synhwyro gwir
naws ac arwyddocâd ei gyfeillgarwch â Morgan Llwyd.

Yn ei ail lythyr at y Cymro – sef y llythyr hir cyntaf sydd
ar glawr – mae Sterry yn ymddiheuro'n fawr iawn am
beidio ag ysgrifennu ynghynt, ac mae'n ymesgusodi mewn
ffordd sy'n ymddangos yn hirwyntog ac yn flodeuog:

*It is in part a Losse of Life, & Vailing of Heaven from mee, yt I am so
much interrupted by ye Shakings of this Tabernacle, where now I
dwell, in my Communion with my Bridegroome in you. Wt would
make up this Losse, if I did not find a Living way of Enjoying you in
Him, in whom All Saints doe not live, but are Life, have not a
Beautifulness, & Sweetnesses, but are themselves ye Eternall
Beauetys, & Sweetnesses, multiplying, & begetting themselves from ye
ffather, upon ye Son, in One Spirit! Your Severall Letters, to wch
I have returned no answer, were like Jacobs Rods, Welcome
Appearances of My God, forming other Appearances in mee, wch
I would gladly have returned yt wee might thus have as Members
by our mutuall Supplys built up one another to ye Increases of God
in us.*

132

Mae'n hawdd colli amynedd â'r dull hwn o ysgrifennu, a'i gollfarnu drwy ddweud nad yw'n ddim ond brodwaith geiriol a wëwyd i guddio bai'r awdur. Ond ni wna'r esboniad hwnnw mo'r tro. Sylwer ymhellach ar y cynnwys a'r arddull gyda'i gilydd. Thema'r darn cyfan yw cynghanedd a chytgord (*'consort'*, chwedl Sterry, gan ddefnyddio cerddoriaeth yn fwriadol fel ffigur). Mae'r saint yn ymuno â'r Duwdod hwnnw sydd nid yn unig yn rhoi bywyd ysbrydol newydd iddynt, ond hefyd yn rhannu ei fywyd Ef ei hun â hwy. Yna, mewn modd sy'n deillio o'r wyrth ddwyfol hon ac yn ddrych ohoni, mae'r ddau 'sant', sef Peter Sterry a Morgan Llwyd, yn cydgyfranogi o'r bywyd hwnnw drwy fod yr Ysbryd oddi mewn i'r naill ohonynt yn galw ar yr Ysbryd yn y llall. Y canlyniad yw fod cydberthynas ryfedd rhyngddynt sy'n llawn rhoi a derbyn ysbrydol. Mae gweledigaethau'r naill yn ysbrydoli'r llall, gan esgor ar broses ysbrydol ddilechdidol ddiderfyn. A dyna paham y mae brawddegau Sterry yn y darn hwn yn ymddolennu tuag ymlaen. Mae ei arddull yn arwyddo'i gred mewn cydweithrediad cyfriniol, ac yn ymgorfforiad o'i athroniaeth ddwys.

Ar ddechrau'r llythyr y daw'r darn hwn, a'r rheswm am hynny, heblaw mai yno y bydd ymddiheuriadau yn cael eu cyflwyno fel arfer, yw bod Sterry'n dymuno creu naws ar y cychwyn a fydd yn dylanwadu ar y ffordd y bydd y derbynnydd yn darllen ei lith. Mae am greu'r argraff mai ymchwilio ar y cyd i ddirgelion mwyaf tywyll cred y mae ef a Morgan Llwyd, a'u bod felly yn gynhaliaeth ac yn ysbrydoliaeth i'w gilydd: *'ye Lord in you judge how farre my Thoughts come forth from ye Minde of Christ in mee.'* Wele'r ffordd y mae'n cychwyn llythyr arall:

Most Deere in ye Unity of ye Spirit, & ye Ffellowship of ye Mystery of ye Ffather, & of Christ.

These Springings of my Love, & Glory in your Spirit, manifested to mee by your sweet-smelling Letters are not thorow ye same Jesus without ffruite of more Love, & Praise to our Beloved in my Spirit. How pleasant it is to my Eye to see you looking forth like ye Morning, & ye Heavenly Man, who is ye Quickning Spirit in ye ffirmament of

Eternity, as a Sun, comming forth out of ye Chamber of your Heart, as
a Bridegroome, revealing him selfe in you, as he riseth, & forming
himselfe upon you by those Revelations.

Noder ei fod bob tro yn cyfeirio'n gyntaf at lythyrau
a dderbyniodd oddi wrth Forgan Llwyd, a'i fod felly
yn cyflwyno'i lythyr ef fel rhan o batrwm cyfnewid
syniadau, patrwm sy'n cynyddu amgyffred ysbrydol y ddau
ohonynt.

Wrth inni ddarllen epistolau Sterry, fe ddaw'n amlwg
fod Morgan Llwyd wedi danfon llawer iawn o lythyrau ato.
Yn anffodus nid yw'r rheini ar gadw. Ond er na wyddom
beth yn union oedd ynddynt, mae Sterry yn tystio'u bod yn
llythyrau hynod gynnes a threiddgar, ac mae'r ohebiaeth
rhwng Morgan Llwyd a saint eraill yn rhoi inni rywfaint o
flas ei ddull ef o ysgrifennu llythyr o ddwys ymholi. Fel
hyn, er enghraifft, y mae'n gofyn i'w ffrind William Erbery
am gyfarwyddyd ysbrydol: *'It will possibly be as a word upon*
the wheel, and as apples of gold in pictures of silver, if you will let
me hear further of truth from you, & of the wisdom of God'
(*G*,2.259). Sylwer yn arbennig pa mor ddiymhongar yw ei
gais am oleuni ysbrydol. Y rheswm am hynny yw, nid ei
fod ef yn ystyried Erbery yn athro awdurdodol, ond fod
Morgan Llwyd, fel Peter Sterry, yn credu ei fod yn byw
mewn cyfnod pan oedd yr Ysbryd yn goleuo meddwl pob
un o'r saint ar wahanol adegau ac mewn gwahanol ffyrdd.
Rhaid felly oedd i bob sant ymgynghori'n gyson â saint
eraill, a chydweithredu'n ofalus, er mwyn sicrhau fod pob
amgyffrediad newydd yn cael ei daenu ar led ac felly'n
cyfoethogi deall ysbrydol cymdeithas gyfan y saint.

Gwyddai Morgan Llwyd fod William Erbery yn rhannu
gydag ef y gred hon parthed goleuadau ysbrydol cynyddol,
ac felly mae ei lythyrau ato (fel ei lythyrau at Peter Sterry
mae'n bur debyg) yn llawn hawddgarwch a thaerineb
ysbrydol. Nid felly ei lythyr at y Presbyteriad Richard
Baxter. Sylwer pa mor wyliadwrus yw Morgan Llwyd wrth
ymofyn am ei gyngor ef, a pha mor bigog yw'r ensyniadau
ymosodol yn y cymal olaf: *'If you bee meeke and of a sober spirit*
and hearing heart, God will teach you, and you may instrument-

ally teach mee, but if you bee pufft up with your former attainments, then &&&&' (G,2.271).

Sylweddolai Morgan Llwyd nad oedd Baxter yn un o'r *'New Lights'* yr un fath ag ef a'i ffrindiau, Sterry ac Erbery. Fe gofir i'r ymadrodd hwnnw gael ei drafod mewn pennod flaenorol yn y llyfr hwn, sef y bennod am Forgan Llwyd a William Erbery. Credai llawer o'r rhai a berthynai i asgell radicalaidd mudiad y Piwritaniaid fod cyfnod y pumdegau yn gwbl unigryw am fod yr Ysbryd Glân yn paratoi'r ffordd gogyfer ag ailddyfodiad Crist yn ebrwydd, a'i fod yn gwneud hynny drwy oleuo amgyffred y saint fesul tipyn. "Roedd gan Dduw feddwl da atat ti pan ordeinie ef i ti gael byw yn y fath amser â hwn', meddai'r Golomen yn *Llyfr y Tri Aderyn (Ll,85: G,*1.242). Cyfeirio'n benodol y mae at yr argyhoeddiad fod rhai o ddirgelion mwyaf cyfrin cred ar fin cael eu datgelu a'u hesbonio i'r rhai cadwedig.

Mynnai 'Ceiswyr' fel Erbery fod dyfodiad yr Ysbryd yn golygu bod rhaid rhoi heibio bob un o hen arferion yr eglwys, ac aros am gyfarwyddyd newydd oddi fry. Anghytunai Morgan Llwyd a Sterry â hyn. Mae'r gwahaniaeth rhwng y naill farn a'r llall i'w weld yn fwyaf eglur yn eu hagwedd tuag at brif ordinhadau'r eglwys. 'Roedd Erbery am eu diddymu'n llwyr, ond radicaliaid mwy cymedrol fel Morgan Llwyd a Sterry am barhau i'w parchu a'u defnyddio am eu bod yn fodd i ddwyn ffyddloniaid at ei gilydd, ac yn gymorth i'w dwyn hwy'n nes at yr Ysbryd. Dyna paham y mae Sterry yn pwyso ordinhadau'n ofalus ac yn mesur eu gwerth, mewn llythyr at Forgan Llwyd. Mae'n ymosod ar hygoeledd y rhai sy'n credu fod *'set fformes'* ac *'Imposed Rites'* yn gyfryngau ysbrydol ynddynt eu hunain. Ond mae hefyd yn cynghori Morgan Llwyd *'not to reject any Person, yt waites for ye coming up of ye Heavenly seede under any fforme of Outward Worship.'* 'Doedd dim angen iddo bryderu. 'Roedd barn Morgan Llwyd ar y pwnc dadleuol hwn eisoes wedi ei chroniclo mewn pennill: *'When all saints uniformed are, externalls fade away / till then, observe plaine church comands & walke as dawns the day. / . . . We know that ordinaunces pure, are in themselves but dry / yet walke together in knowen paths loves knot will better tye.'* (G,1.16)

Pan osodwn lythyrau Sterry yng nghyd-destun y gred am olau ysbrydol newydd, cynyddol, fe sylweddolwn beth oedd gwir arwyddocâd yr ohebiaeth. Ym mhrofiad y ddau sant, Peter Sterry a Morgan Llwyd, yr oedd gohebu â'i gilydd yn weithred ysbrydol anhepgorol angenrheidiol. 'Roedd yr ohebiaeth yn fodd i'r Ysbryd ddefnyddio'r gyfathrach feddyliol rhyngddynt i genhedlu gweledigaethau newydd. Y mae llythyr 'cyffredin' felly yn ymrithio'n gyfrwng cyfriniol – tabernacl lle mae'r Ysbryd yn sicrhau fod cyfarfyddiad dau feddwl hefyd yn fan cyfarfod dyn a Duw. *'Ffirst looke on mee in Christ'*, meddai Peter Sterry wrth Forgan Llwyd, *'where wee are as Light as ye Sun of Love: then looke on Christ in mee, where hee is always ye same Sun, though often under ye Shadow of this Cloud, this Earth, ye Body'.* Ac meddai eto:

> *Sr, ye Lord Jesus makes this his Spirituall Communion between us very sweet to mee, & precious. My Canaan, my Land of Life, my Lord powres forth thorow mee his rivers of milke & honey with all increases of pleasures, where there is a Neighbouring Channell, as himself in your Spirit, so loving, so enlarging it selfe to receive them. As pleasant is it to mee to be led by your Heaven-breathing Letters into ye Garden of Christ in your Soul, there to feede upon his Spices.*

Er bod y ddau yn dal i barchu ac i wasanaethu ordinhad y cymun, credent fod y gyfeillach rhyngddynt hwy ill dau hefyd yn fodd iddynt fwynhau cymundeb rhyfedd newydd â Duw:

> *While a bubling Sweetnes from ye naked Heart of ye Godheade, our Deepe, & Common Center, ariseth up immediately, into a Pure Spirit in mee, wch is alone my True, & Waking Selfe, in wch my Jesus & I flourish like Twin-Lillys on ye same stocke, bearing all Invisible Spirits, & Visible fformes of things, as ye Leaves of these Lillys, & ye shining Colours upon these Leaves: while I feele you, as ye same Sweetnes springing up in ye same Spirit, & Bright Image of Eternity, & Time within my Spirit; Ô wt Joy have I in my Delicious ffellowship with you! wt auntient, & new ffloods of pleasure flow from within us, & betweene us, in wch wee melt one into another in Spirituall Waters, wch are Lustre, Life, & Love? How is our Communion at once in each exchange of Spirit, both with ye Ffather & ye Son.*

Mae'r darn hwn yn ein hatgoffa fod y syniad o bresenoldeb y Duwdod yn nyfnderoedd yr enaid yn gyffredin i liaws o'r radicaliaid, ac nad oedd cyfeiriad Morgan Llwyd at y 'stafell ddirgel' yn anghyffredin o gwbl, er bod Piwritaniaid ceidwadol yn anesmwyth yn ei gylch. Defnyddia Sterry'r ddelwedd o'r 'canol' i arwyddo mewnfodaeth y Duwdod. Fel y dengys Nigel Smith mewn astudiaeth ddiweddar mae'r ffigur hwn (a'r *lily* hefyd) i'w gael yng ngwaith Böhme, ac fe'i defnyddiwyd yn aml gan Biwritaniaid radical o bob sect.[15]

Wrth gwrs, mae llawer wedi cael ei ddweud, a'i ddweud yn huawdl, am gred fewnfodol Morgan Llwyd. Bu sôn cyson amdano hefyd fel efengylwr ysbrydoledig, ymroddgar. Ond gwir werth y llythyrau hyn a yrrwyd ato gan Sterry yw eu bod yn denu'n sylw ni at wedd arall eto ar bersonoliaeth gymhleth Morgan Llwyd, a honno'n wedd sydd heb gael llawer o sylw hyd yn hyn. Nid unigolyddiaeth ysbrydol Morgan Llwyd sy'n dod i'r amlwg y tro hwn, ond yn hytrach yr awydd taer a oedd arno am gyfeillach gyda'r saint er mwyn i'r Ysbryd ei hyfforddi ymhellach. Nid ar Forgan Llwyd y pregethwr a'r athro y cawn gip yn yr ohebiaeth hon, nac ar Forgan Llwyd y disgybl, ond ar y Morgan Llwyd a oedd yn gyfaill mynwesol yn yr ysbryd i Peter Sterry, ac yn gydradd ag ef. Nid Morgan Llwyd y gweinidog sy'n ymddangos ychwaith: yn wir bron na ellir awgrymu fod ei gydberthynas ddwys â ffrind fel Sterry yn bodoli ar lefel ysbrydol uwch na'r berthynas rhyngddo ef a'i braidd. Wedi'r cyfan, 'roedd hwn yn gyfnod pan benderfynai ambell un fel Erbery roi'r gorau yn gyfan gwbl i weinidogaethu, er mwyn ymroi i ddilyn arweiniad yr Ysbryd. Mae'n wir nad oedd Morgan Llwyd yn eithafwr felly, ond mae'n amlwg serch hynny fod awydd ysol ynddo i gymuno â'r dethol rai yr oedd yr Ysbryd yn ymweld â hwy.

Yn y llythyr olaf a ddanfonodd Sterry at Forgan Llwyd, y mae darn telynegol swynol lle y disgrifia'r profiad o aros am doriad gwawr diwrnod olaf yr holl greadigaeth. *'In a long, & darke night, wn all things are husht up in ye sleepe of*

137

*death round about mee, I watch, & waite for ye Morning, & Day-
spring of thy fface, O my god.'* Sonia am y wefr o ddarganfod
weithiau fod ei ddeall ei hun yn dechrau goleuo. Ond
daw'r ymdeimlad mwyaf o orfoledd iddo wrth sylwi ar *'ye
Blessed Dawnings of His Brightnesses in other Spirits, like
Scatterings of Light in severall parts of ye sky; o then I fall downe
upon my Knees, & blesse ye ffather of Lights, & pray him not to
mocke his poore Children, but to make good these manifestations of
Christ even at ye doore, & ready to enter in.'* Fe rydd y brawdd-
egau gip o'r ochr arall inni, fel petai, ar rai o frawddegau
mwyaf grymus ac adnabyddus Morgan Llwyd:

> *O Bobl Cymru!* Atoch chi y mae fy llais; *O Drigolion Gwynedd a'r
> Deheubarth,* arnoch chi yr wyf i yn gweiddi. Mae'r wawr wedi
> torri, a'r haul yn codi arnoch. Mae'r adar yn canu: deffro
> *(O Gymro)* deffro. *(YB,7: G,*1.127–8)

Anogaeth y pregethwr sydd i'w chlywed yn y darn hwn,
wrth gwrs. Ond fe alluoga Sterry ni i synhwyro'r
gobeithion hiraethus – ie a'r ansicrwydd a'r anesmwythyd
meddwl hefyd – sy'n llechu dan yr wyneb ffyddiog.

Dyheai Sterry am ddyfodiad y dydd pryd y byddai Duw
o'r diwedd yn rhyddhau ysbryd y saint o gaethiwed eu
cyrff, ac yn eu dwyn i mewn i undod llawn a chyfeillach
berffaith â'i gilydd.[16] Yn y cyfamser yr oedd cymuno â
chyfaill dethol drwy lythyr yn fodd iddo gael rhagflas o'r
cyflawnder a oedd i ddod. Gan gyfeirio at y saint, meddai:
*'with their Faces, their Divine part, they looke one to another and
maintain a mutual society. They spread their Hearts, their
Spiritual understanding, their Spiritual affections to each other,
and so meet, so embrace.'*[17] Ni ellir gwell enghraifft o'r *'mutual
society'* honno na'r berthynas ddwys a ddatblygodd drwy
lythyr rhyngddo ef a Morgan Llwyd.

---

[1] LL. G. C., 11439 D. Wele ddyddiadau'r pum llythyr:
(1) Mehefin, 1651: (2) 14 Ionawr, 1651/52: (3) 4 Gorffennaf,
1652: (4) 23 Gorffennaf, 1654: (5) 27 Medi, 1656.

[2] 'Peter Sterry and his unpublished writings', *Review of English
Studies,* VI (1930), 385. Cyfieithwyd y dyfyniad gan awdur y
gyfrol hon.

3 *Peter Sterry, Platonist and Puritan* (Caergrawnt, 1934).

4 N. I. Matar, 'Peter Sterry and Morgan Llwyd', *Journal of the United Reformed Church History Society*, ii (1981), 275–9.

5 *Ibid.*, 277.

6 'Morgan Llwyd a Peter Sterry', *Y Traethodydd*, CXLI (1986), 128–32.

7 Gw. N. I. Matar, 'Peter Sterry and Jacob Böhme', *Notes and Queries* CCXXXI (1986), 33–6.

8 Gw. George Hutin, *Les disciples anglais de Jacob Boehme* (Paris, 1960).

9 *The Autobiography of Richard Baxter* (1696, talfyrrwyd gan J. M. Lloyd Thomas, 1925), 74.

10 E. Lewis Evans, 'Morgan Llwyd and Jacob Boehme', *Jacob Boehme Society Quarterly*, I (1953), 11–16.

11 *Platonist and Puritan*, 146.

12 Dyfynnwyd gan Matar, 'Peter Sterry and Morgan Llwyd', 35.

13 'Morgan Llwyd a Peter Sterry', 125.

14 'Peter Sterry and Morgan Llwyd', 275.

15 *Perfection Proclaimed* (Rhydychen, 1988), 215.

16 Dangosodd V. de Sola Pinto fod Sterry yn disgwyl *'the formation of a new Unity of the Spirit among believers, the Heavenly or Spiritual Man, in place of the shadowy Natural Man, who was destroyed at the Fall'* (*Platonist and Puritan*, 99).

17 *Platonist and Puritan*, 196.

VII

'Apostol y Crynwyr'

Yn y rhagymadrodd byr, defnyddiol i'r argraffiad diwyg-
iedig o *Ysgrifeniadau Byrion* Morgan Llwyd a gyhoeddwyd
ganddo'n ddiweddar, mae'r golygydd, P. J. Donovan, yn
cynnig y sylw canlynol: 'Mae dylanwad credoau'r Crynwyr
yn drwm ar *[Gwaedd yng Nghymru]*: iddynt hwy, llais
mewnol y gydwybod yw maen prawf dyn yn ei ymwneud â
Duw, a lle eilradd sydd i bob awdurdod arall, gan gynnwys
y Beibl a'r Eglwys, gan mai'r gydwybod yw'r dwyfol ym
mhob dyn.' (*YB*, viii–ix) Mae'n osodiad moel, ac o ganlyn-
iad ymddengys fel petai'r ysgolhaig am ategu'r farn
gyffredin, sef fod Morgan Llwyd, fel meddyliwr ysbrydol,
yn bur ddyledus i'r Crynwyr. Ac eto cafwyd dadl gadarn i'r
gwrthwyneb gan E. Lewis Evans, ddeng mlynedd ar
hugain a mwy yn ôl. Mae'r ysgrif feistrolgar ganddo ef a
ymddangosodd yn y *Friends Quarterly* yn dal i haeddu'r
parch mwyaf o hyd. Ac o'r herwydd, fe dâl inni sylwi'n
fanwl arni cyn trafod y pwnc ymhellach.[1]

O'r cychwyn, mae Lewis Evans yn mynd i'r afael â'r gred
gyfeiliornus fod Morgan Llwyd cystal â bod yn Grynwr yn
barod, cyn iddo gyhoeddi *Llyfr y Tri Aderyn* yn 1653.
Seiliwyd y ddamcaniaeth ar y dyb ei fod wedi cyfeillachu
â'r Crynwyr yn Llundain yn 1646, yn siop Giles Calvert,
gŵr a gyhoeddodd nifer o lyfrau radical. Fel prawf dinacâd
fod awdur *Llyfr y Tri Aderyn* yn gyfarwydd â gwaith a
gweithgareddau'r Crynwyr cynnar, cyfeirir yn aml at y
frawddeg yn y *Llyfr* lle mae'r Eryr yn holi ynghylch y Pab:

'A ydyw efe ym mysg y crynwyr? Pam y mae efe yn crynu?'
(*Ll*,20: *G*,1.176) Ond chwâl Lewis Evans y naill ddadl, cyn
bwrw amheuaeth fawr ar y llall. 'Does dim sôn am y
Crynwyr cyn 1650, yn y man cyntaf, ac nid oeddynt wedi
cyrraedd Llundain tan ddechrau 1654. Felly, nid yw
perthynas Morgan Llwyd â Giles Calvert yn berthnasol o
gwbl. Ymhellach, newydd ymddangos mewn print yn y
Saesneg yr oedd y gair *Quakers* yn 1653, ac nid oedd eto
wedi ei gysylltu'n benodol â dilynwyr George Fox. Gwydd-
om, hefyd, mai ym mis Gorffennaf, 1653, y danfonodd
Morgan Llwyd ddau o'i ffyddloniaid i ogledd Lloegr, *'to try
and see what manner of people wee was'*, chwedl Fox. Felly
mae'n bur debyg na wyddai Morgan Llwyd fawr ddim am y
mudiad newydd cyn yr haf hwnnw. Eithr erbyn tymor yr
hydref gwyddai fwy na digon amdano, oherwydd y tymor
hwnnw daeth tri Chrynwr brwd i Wrecsam i genhadu. Er
bod daliadau Morgan Llwyd a'i braidd yn debyg iawn i'w
rhai hwy, 'roedd y Crynwyr, yn ôl eu harfer, yn awchu i
ddamnio pawb nad oedd o'r un farn â hwy i'r blewyn.
Cafodd Morgan Llwyd a'i ddilynwyr eu cystwyo ar lafar yn
ddidrugaredd ganddynt.[2]

Serch hynny, fel y dengys Dr Evans, fe ddaliai cnewyllyn
neges ysbrydol y Crynwyr i gynhesu meddwl Morgan
Llwyd, ac i hudo'i ddychymyg er gwaethaf cerydd y
cenhadon. Teimlai o hyd fod rhyw burdeb arbennig yn
nodweddu eu cred, o'i chymharu â dysgeidiaeth sectau
eraill. Aeth i'r afael un tro â Richard Baxter, am i hwnnw
gollfarnu'r Crynwyr yn llym. Barnai'r Cymro eu bod yn
llygad eu lle wrth ymosod yn bennaf ar feddwl cnawdol
ffiaidd dyn. Gwyddom hefyd fod gan Forgan Llwyd ar
ddiwedd ei oes nifer o daflenni a ysgrifennwyd gan
Grynwyr dinod y cyfnod, a'i fod yn gwerthfawrogi'r
gweithiau hynny'n fawr. Eto fyth, mae'n briodol sylwi fod
llawer o ddilynwyr Morgan Llwyd wedi ymuno â'r Cryn-
wyr. John ap John oedd y cyntaf ohonynt. Ef oedd un o'r
ddau gennad a ddanfonwyd gan yr eglwys yn Wrecsam at y
Crynwyr yng ngogledd Lloegr ym mis Gorffennaf, 1653.
Daeth yn ei ôl wedi ei argyhoeddi'n llwyr mai gan y

Crynwyr bellach yr oedd y gwirionedd i'w gael. Arwein-
iwyd nifer fawr o'r ffyddloniaid yn Sir Feirionnydd drwy
fwlch yr un argyhoeddiad ar ôl marw Morgan Llwyd, eu
bugail hoff, yn 1659.

Croniclir yr hanes i gyd gan Dr Evans, ac fe gyflwynir y
wybodaeth, yn briodol iawn, er mwyn profi fod dilynwyr
Morgan Llwyd yn fwy parod na'r cyffredin i ymaelodi â'r
Crynwyr, a hynny oherwydd ei fod ef eisoes wedi cyhoeddi
neges hynod gyffelyb. Yn wir, mentra Lewis Evans gyfeirio
at Forgan Llwyd fel 'Apostol y Crynwyr'. Un cwestiwn sydd
wedyn yn rhwym o godi'n syth yw paham nad ymaelododd
ef â hwy? Yma eto, ceir ateb cyfoethog a chywir gan
Dr Lewis Evans. Ond cyn sylwi arno, mae'n werth nodi'r
dybiaeth sy'n llywodraethu rhediad y ddadl o ddechrau
ysgrif Dr Evans hyd ei diwedd. Nid un o ddisgyblion neu
ddisgynyddion ysbrydol y Crynwyr oedd Morgan Llwyd,
meddai'r ysgolhaig, ond un a'u rhagflaenodd hwy. Y mae
sawl hanesydd felly, meddai ymhellach, wedi gosod y drol
o flaen y ceffyl wrth drafod dylanwad y Crynwyr ar feddyl-
fryd Morgan Llwyd.

'Does dim amheuaeth ei fod yn llygad ei le. Ond dylid
ychwanegu fod yr ysgolheigion niferus a fu wrthi er ei
ddydd ef yn astudio hanes y sectau yn ystod y cyfnod
rhwng y ddau frenin Siarl, wedi cymhlethu tipyn ar y
darlun gwreiddiol a gafwyd gan Dr Evans.[3] Yr argraff a
roddwyd ganddo ef oedd bod Morgan Llwyd yn unigolyn a
oedd bron heb ei fath yn ei gyfnod; ei fod drwy ryw
athrylith ysbrydol brin, ddigyffelyb, wedi medru achub y
blaen ar y Crynwyr; a'i fod wedi paratoi'r ffordd gogyfer
ag ymddangosiad y sect newydd, syfrdanol flaengar hon
yng Nghymru. Yn y cyswllt hwn mae'n werth sylwi mai
yng nghylchgrawn y Crynwyr yr ymddangosodd ysgrif
Dr Evans, a'i fod drwyddi yn cyfeirio'n hynod barchus at
hanes ysbrydol anrhydeddus y Gymdeithas.

Eithr yr oedd mudiad y Crynwyr yn 1654 yn wahanol
iawn i'r Cyfeillion hynny yn 1954 yr oedd Dr Evans mor
awyddus i dalu dyledus barch iddynt. Cawn gip yn y man
ar rai o'r prif wahaniaethau hyn. Ond am y tro noder nad

oedd y Crynwyr cyntaf, yng ngolwg llawer o'u cyfoeswyr, yn ddim ond un grŵp annelwig ymhlith y mân fudiadau aneirif a ffynnai ar asgell chwith eithafol mudiad y Piwritaniaid. Y mae Richard Baxter, er enghraifft, yn eu rhestru ochr yn ochr â grwpiau eraill: *'In these times (especially since the Rump reigned) sprang up five sects, at least, whose doctrines were almost the same, but they fell into several shapes and names: 1 the Vanists, 2 the Seekers, 3 the Ranters, 4 the Quakers, 5 the Behmenists.'* [4] 'Doedd gan y Crynwyr ddim arweinydd cydnabyddedig ychwaith. Dim ond ar ddiwedd y pumdegau y tyfodd George Fox i fod yn ŵr â mwy o ddylanwad ganddo na'r cenhadon cynnar eraill, megis James Nayler, William Dewsbury, Richard Farnsworth a James Parnell.

Ond yn bwysicaf oll, o'n safbwynt ni, mae haneswyr bellach o'r farn nad oedd dysgeidiaeth y Crynwyr hithau fawr gwahanol i ddaliadau lliaws o unigolion, a mudiadau, a sectau ymhlith y radicaliaid. Meddai Geoffrey Hill yn ddiweddar: *'the Quakers were not unique . . . In fact all the practices which we regard as specifically Quaker were inherited from earlier religious radicals.'* Mae'r gred adnabyddus am y goleuni mewnol yn un o'r nodweddion benthyg a restrir ganddo: *'The assertion that "the doctrine of the indwelling spirit of God in everyone was distinctive to the Quakers" is simply mistaken.'* [5] Dangosodd Dr Geoffrey Nuttall dro yn ôl pa mor gyffredin oedd y gred honno ymhlith Piwritaniaid cymedrol y cyfnod, yn ogystal ag ymhlith y radicaliaid.[6]

Yn ddi-os, un o'r pwyntiau sylfaenol i'w cofio wrth ystyried perthynas Morgan Llwyd â'r Crynwyr cyntaf yw'r pwynt a wnaed yn gryno gan Barry Reay yn ddiweddar, mewn llyfr eithriadol werthfawr: *'the birth of the Quaker movement was less a gathering of eager proselytes at the feet of a charismatic prophet, than a linking of advanced Protestant separatists into a loose kind of church fellow-ship with a coherent ideology and a developing code of ethics.'* [7] Llwyddodd y Crynwyr i ddenu aelodau oddi wrth y sectau a'r grwpiau radical i gyd – yr Annibynwyr, y Bedyddwyr, y Ceiswyr, y Bostwyr a Gwŷr y Bumed Frenhiniaeth. Eithr, meddai

Dr Reay, nid yw'n briodol inni sôn am 'dröedigaeth' y gwŷr a'r gwragedd hyn. Mae'n cynnig enghreifftiau o bobl a ymunodd â'r Crynwyr ond a oedd wedi cyrraedd safbwynt y Crynwyr beth amser cyn i'r Cyfeillion ymweld â'u hardal hwy. Ac yr oedd hynny, meddai, yn nodweddiadol o lawer o'r rhai a ddaeth yn aelodau selog o'r mudiad newydd. Yn amlach na heb, yr hyn a wnâi'r Crynwyr ar y dechrau oedd gosod trefn ar y teimladau dwys a oedd eisoes yng nghalonnau rhai o ymchwilwyr crefyddol mwyaf aflonydd y cyfnod. Noder sylw George Fox am y sgwrs rhyngddo a Justice Hotham: '*After some discourse with him of the things of God, he took me into his closet, where, sitting together, he told me he had known that principle these ten years and was glad that the Lord did now publish it abroad to the people.*'[8]

Mae'r hanes am bererindod ysbrydol William Dewsbury yn enghraifft dda o'r ffordd y medrai dyn symud, fesul cam, tuag at y Crynwyr yn y cyfnod cynnar hwn yn eu hanes.[9] Dechreuodd Dewsbury erfyn am faddeuant Duw pan nad oedd ond wyth mlwydd oed. Bugail ydoedd bryd hynny, ond yna gofynnodd a gâi fynd i fyw fel un o deulu gwneuthurwr-defnydd duwiol. Bu'n hapus yno am gyfnod, ond wedyn dechreuodd ofidio bod allanolion cred yn mynd â bryd y teulu hwnnw. Clafychodd a nychodd oherwydd ei fod yn pryderu cymaint ynghylch cyflwr ei enaid. Bryd hynny cychwynnodd y Rhyfel Cartref, ac fe anogai'r gweinidogion bawb i ymuno â byddin y Senedd. Aeth Dewsbury yn filwr, a theithiodd yn aflonydd mor bell â'r Alban gan chwilio o hyd am esmwythyd meddwl. Ymaelododd â sect yr Annibynwyr am gyfnod, ond ni chafodd ei fodloni ganddynt am hir: '*they spoke smooth things to me, to beleeve in the name of Jesus Christ and to apply the promises, but that he was to be found within me none told me, which added to my sorrow, telling me to beleeve in Christ I knew not where he was.*' Yn y pen draw sylweddolodd mai ofer oedd y gobaith y gellid sefydlu teyrnas Dduw drwy ryfela. Ymadawodd â'r fyddin, a threuliodd dair blynedd yn ymgiprys ag ef ei hun. Dysgodd yn y diwedd nad oedd dim y gallai ef ei wneud, ond aros yn ufudd ac yn amyneddgar i

Dduw ddyfod ato yn Ei amser Ei Hun. A phan gyfarfu Dewsbury â George Fox yn 1651 sylweddolodd yn syth mai ef oedd y cennad yr oedd Dewsbury wedi disgwyl cyhyd amdano.

Mae'n amlwg ddigon, felly, nad oedd Morgan Llwyd, ar un olwg o leiaf, yn ddim ond un ymhlith llawer y pryd hwnnw a gredai ac a gyhoeddai fod Duw yn trigo oddi mewn i ddyn, a 'does dim rhyfedd iddo ef a'i eglwys ymddiddori o'r herwydd yng nghenhadaeth y Crynwyr. Ond, wrth gwrs, erbyn 1653, wedi hir chwilio, yr oedd Morgan Llwyd yn barod wedi dod o hyd i ffydd gyfan, gytbwys, soffistigedig, fel y dengys ei lyfrau. Nid Ceisiwr ydoedd, 'run fath â William Dewsbury yn 1651, neu 'run fath â hen gyfaill Morgan Llwyd, William Erbery. Mae'n ddigon hawdd deall sut y symbylwyd gwraig a merch hwnnw i ymuno â'r Crynwyr. Na, yr oedd Morgan Llwyd yn gadarn ei ddaliadau cyn i'r Crynwyr ddod i Wrecsam. Ymhellach, yr oedd ei ffydd yn ei weledigaeth ysbrydol yn anterth ei nerth yr union adeg honno. O fis Ebrill, 1653, tan y Nadolig, yr oedd yn argyhoeddedig fod Senedd y Saint am baratoi'r ffordd gogyfer ag Ailddyfodiad Crist. Yn sicr, nid dyma'r adeg i ymuno â sect newydd a oedd yn creu cyffro cymdeithasol, er bod aelodau'r sect honno, 'run fath ag yntau, yn disgwyl dyfodiad y mil blynyddoedd yn fuan.

Yn bwysicaf oll, yr oedd y ffaith fod gan Forgan Llwyd ffordd gyfoethog a chynhwysfawr o ddehongli dirgelion byd yr ysbryd yn golygu y gallai weld yn eglur lle yn union yr anghytunai â'r Crynwyr, ac y medrai esbonio hynny i'w ddilynwyr. Hynny yw, mae lle i ddadlau nad paratoi'r ffordd i'r Crynwyr a wnaeth ef yn bennaf, eithr eu rhwystro hwy rhag dylanwadu'n fwy ar gylch y ffyddloniaid yn Wrecsam. Oherwydd, er bod ganddo gydymdeimlad mawr â'r pwyslais a roddai'r Crynwyr ar chwyldroi'r byd mewnol a chydio dyn yn syth â Duw, yr oedd hefyd yn elyniaethus tuag at y ffordd yr oeddynt yn gweithredu eu cred. Hwyrach nad anghytuno â'u hathrawiaeth fel y cyfryw a wnâi, ond anghymeradwyo eu ffordd o ymddwyn.

Mae angen pwysleisio hyn, rhag i rywun fynd ati i restru prif ddaliadau'r Crynwyr a'u cysoni'n fras â daliadau Morgan Llwyd ei hun. Dyna'r fath gamsyniad y mae Christopher Hill yn sôn amdano yn *The World Turned Upside Down.*[10] O ran diwinyddiaeth, meddai, 'doedd fawr dim gwahaniaeth rhwng y Crynwyr a llawer o radicaliaid eraill y cyfnod. Felly er mwyn deall y cynnwrf a achoswyd ganddynt, rhaid gwerthfawrogi'n hytrach fod arferion megis galw 'Ti' ar bawb, gwrthod tynnu het, a thorri ar draws gwasanaethau crefyddol, yn weithredoedd gwleid-yddol a heriai holl batrwm y gymdeithas ar y pryd.

Deallai'r Crynwyr yn iawn eu bod yn dirmygu ac yn diddymu'r haenau a oedd o'r pwys mwyaf yn eu cym-deithas. Dyna, yn wir, oedd eu bwriad, fel yr adroddodd James Parnell:

> amongst the great and rich ones of the earth, they will either thou or you *one another if they be equal in degree, as they call it; but if a man of low degree in the earth come to speak to any of them, then he must* you *the rich man, but the rich man will* thou *him: Nay* you *shall finde it so betwixt Priest and People; If a poore Labouring man come before one that you call a Minister, though he be one of his hearers, and one who helps to maintaine him according to his ability, yet he must* you *the Priest, and the Priest* thou *him.*[11]

Rhaid torri'r arfer hwn, meddai, oherwydd balchder y cnawd ydyw: *'and here they Lord over one another by their corrupt wills; and here is the ground of all Tyranny and Oppression, Rackings and Taxing, and War and Imprisonments, and Envy and Murder, and the Persecution of the righteous.'* Dywedodd Duw 'ti' wrth Adda, *'and Adam said Thee and Thou to God again'*, meddai Richard Farnsworth, gan restru enghreifftiau niferus eraill yn y Beibl o'r dull hwn o gyfarch. Mae'r rheini sy'n gwrthod cael eu galw'n 'ti' yn *'exalted proud flesh . . . accursed with a curse, and cast out from God.'*[12]

* * * *

Rhai tanbaid, hynod anystywallt, oedd y Crynwyr cyntaf. Nid yw'r syniad sydd gennym ni heddiw am y Cyfeillion – y

146

ddelwedd o gyfeillach o heddychwyr ac o ddyngarwyr teyrngar – yn berthnasol o gwbl i'r genhedlaeth gyntaf o gythryblwyr. 'Roeddynt hwy yn eithafwyr hyd yn oed yng ngolwg Piwritaniaid lled-radical. Rhai gwahanol iawn oedd Fox a Nayler a Hubberthorne i'r Crynwyr a ddisgrifiwyd gan David Hume ganrif yn ddiweddarach: *'the most egregious, though at the same time the most innocent enthusiasts that have yet been known.'* Ond fe wyddai ef yn iawn am ddechreuad tymhestlog y gymdeithas: *'Religions which partake of enthusiasm',* meddai'r Albanwr craff, *'are on their first rise more furious and violent than those which partake of superstition, but in a little time become more gentle and moderate.'*[13]

Pryd y dechreuodd y Crynwyr gymedroli? Y mae byd o wahaniaeth i'w weld yn barod rhwng tractau'r cenhadon cynnar a'r *Apology* urddasol, godidog a gyhoeddwyd yn Saesneg ar ran y mudiad gan Robert Barclay yn 1678.[14] Cyn pen dim yr oedd y Crynwyr yn trin llyfr Barclay fel yr esboniad awdurdodol ar eu crefydd. A hawdd deall pam. Dyma'r llyfr a lwyddodd i gyflwyno egwyddorion eu ffydd mewn dull ac mewn iaith a apeliai at 'resymolrwydd' y cyfnod, sef cyfnod yr Adferiad. Er bod Barclay yn honni fod yr hyn y mae'n ei ysgrifennu yn dod o'r galon yn hytrach nag o'r pen (xiv), ac er ei fod yn gwadu fod rheswm y dyn naturiol yn medru ymgyrraedd at wirioneddau'r Ysbryd, y mae er hynny yn ymfalchïo fod y Crynwyr yn credu *'things very agreeable both to Scripture, reason and true learning.'* (ix) Hawdd gweld sut y medrai pwyslais o'r fath esgor, erbyn y ganrif nesaf, ar y ffydd resymegol yr oedd David Hume yn gyfarwydd â hi. *'The Quakers',* meddai ef, *'seem to approach nearly the only regular body of* Deists *in the universe.'*[15] Yn wir, ceir enghraifft ddiweddarach o'r wedd hon ar eu hathrawiaeth yn hunangofiant Henry Tuke. Yn lle sôn am y Duw byw, gwell ganddo ef gyfeirio at *'the Supreme Being distinguished by the name of God.'*[16] Ac y mae'r ymdrech i sicrhau fod gan gred y Crynwyr gynsail gref ym myd y rheswm i'w gweld eisoes yng ngwaith Barclay. Er enghraifft, ar ddechrau ei lyfr rhestra nifer o osodiadau: '*Propositions concerning the true Foundation of Knowledge.*' Ac yna defnyddia resymeg i ddangos bod cyfundrefn cred y Crynwyr yn dilyn yn anorfod o'r gosodiadau cychwynnol hyn.

O fewn chwarter canrif, felly, yr oedd mudiad tanllyd, terfysglyd y Crynwyr wedi ymdawelu, ac wedi newid i fod yn fudiad disgybledig, trefnus. Y newid hwn a'i galluogodd i oroesi'r blynyddoedd blin a ddaeth yn sgil adferiad y brenin yn 1660. Diflannodd pob plaid grefyddol radical arall o'r golwg yn ystod y cyfnod hwnnw. Ymdoddodd pob un ohonynt i ffrwd y Biwritaniaeth gymedrol, ar ei gwedd newydd, Anghydffurfiol. Sut felly y llwyddodd y Crynwyr i ymgadw rhag diflannu fel y gweddill? Yn ôl Christopher Hill, i George Fox yn anad neb y mae'r clod am hynny. Erbyn 1660 yr oedd ef eisoes yn cael ei ystyried yn brif arweinydd y mudiad. Dan ei arweinyddiaeth ef, fe ymneill-tuodd y Crynwyr o ferw peryglus y byd gwleidyddol, gan ddatgan yn ddiamwys ym mis Ionawr, 1661 eu bod am ymwrthod yn gyfan gwbl â dulliau grym, a chan gyhoeddi eu bod bellach yn heddychwyr. Ar yr un pryd fe aeth Fox ati i greu math ar gyfundrefn eglwysig a oedd yn hyblyg ac eto yn ddigon cadarn i sicrhau na fyddai'r unigolyddiaeth a nodweddai'r mudiad yn peri iddo chwalu'n ddarnau mân.

Ond cyn y gallai George Fox ddylanwadu ar ei gyd-aelodau, 'roedd rhaid yn gyntaf iddo ddofi ei gymeriad ei hun, oherwydd buasai ef yn aderyn y ddrycin yn y cyfnod cyntaf, ar ddechrau'r pumdegau. Yn wir, treuliodd yr hybarch Thomas Ellwood ran helaeth o'i hen ddyddiau yn golygu dyddiaduron George Fox cyn iddynt gael eu cyhoeddi, er mwyn gollwng rhai darnau gwreiddiol ohonynt. Nid oedd am i'r darllenwyr feddwl fod Fox, pan oedd yn llanc, yn ŵr byrbwyll, anghyfrifol. Cofier fod y Crynwyr, ar y cychwyn, yn arfer dulliau symbolaidd pur syfrdanol i fynegi eu cred. Mae digon o enghreifftiau ar gael o'u hymddygiad 'cywilyddus' – megis yr arfer o greu anhrefn mewn oedfa drwy dorri yn haerllug ar draws traethiad y pregethwr; gwrthdystio yn erbyn ordinhad y cymun drwy orwedd, yn noethlymun, ar fwrdd y cymun (*'the table of devils, eating and drinking their own damnation'*, chwedl James Parnell);[17] arllwys gwaed ar yr allor i'w halogi; cario carthion dynol i mewn i'r eglwys er mwyn dangos pa mor aflan ydoedd a pha mor ffiaidd ganddynt oedd yr offeiriaid a'r defodau: ac yn y blaen.

Ym marn llawer, un o arferion mwyaf anweddus y Crynwyr oedd y weithred o ddiosg eu dillad yn gyhoeddus. Ceir esboniad cryno ar y weithred hon gan Richard Farnsworth yn 1654, pan oedd yr arfer yn dal yn un cyffredin. Ar ôl cyfeirio at orchymyn Duw i Eseia mab Amos ('Dos, a datod y sachlïain oddi am dy lwynau . . . gan rodio yn noeth'), ychwanega: *'Dwell in the light, which is the condemnation of the ungodly, for all they that are contrary to the light, are without the clothing of God, among such doth the Lord send some of his Children, to go naked and put off their clothes [as] a figure and a signe.'*[18] Yr un modd, mae'n cyfiawnhau arfer y Crynwyr o dorri ar draws oedfaon. Gweithredu y maent yn unol ag esiampl yr Apostolion, a arferai fynd i'r Synagogau i ymrafael â'r offeiriaid. O'r herwydd fe gyhuddwyd Paul, meddai Farnsworth, *'of seeking to turn the world upside down; and so they called the Truth turbulent and him pestilent; and the Truth a sect.'*[19]

Ac yn wir yr oedd trwch y Piwritaniaid yn ystyried y Crynwyr yn 'bla'. Wedi'r cyfan, 'roedd y 'sect' newydd yn bygwth llacio'r afael a oedd gan y Piwritaniaid bellach ar lywodraeth gwlad.[20] 'Roeddynt hefyd yn gwyro rhai o brif gredoau'r ffydd Brotestannaidd ac yn eu hystumio'n rhyfedd, gan honni wedyn nad oedd y Piwritaniaid yn glynu wrth eu hegwyddorion. Un enghraifft o hyn a achosai anesmwythyd mawr i'r sectau Piwritanaidd bron i gyd, ac eithrio'r radicaliaid, oedd honiad y Crynwyr nad oedd gan bechod afael arnynt o gwbl ar ôl eu tröedigaeth. 'Roedd hyn yn groes i'r ddysgeidiaeth uniongred mai fesul cam yn unig, a hwnnw'n gam bach, yr oedd dyn yn araf ymryddhau o afael pechod ar ôl iddo dderbyn moddion gras. Yn *Apology* Barclay ceir, yn ôl y disgwyl, amddiffyniad rhesymegol, dysgedig o safbwynt y Crynwyr.[21] Y mae'r

gair *'justification'*, meddai'r awdur, yn tarddu o'r ymadrodd
Lladin *'justum facio'*; ac y mae hwnnw'n golygu *'I make just'*,
ac nid *'I declare just'*, fel y dysgai'r athrawiaeth uniongred.
Felly nid yw'r gwahaniaeth a wêl y Piwritaniaid rhwng
'justification' a *'sanctification'* yn un dilys.

Erbyn diwedd yr ail ganrif ar bymtheg yr oedd William
Stout, Crynwr a oedd hefyd yn fasnachwr llwyddiannus, a
gŵr a oedd yn uchel ei barch yn y gymdeithas yn ogystal ag
yn y Gymdeithas, yn medru amddiffyn ei gred mewn
ffordd addfwyn, gymedrol: *'the generality of Protestants in
their liturgy profess . . . that we must daily sin in thought, word
and deed during our life, which is a denying the omnipotent power
of God and admitting that the devil has more power to hold us in
sin than God has to redeem us from all evil.'*[22] Ond nid dadlau'n
rhesymol o blaid eu hachos a wnâi Fox a'r gweddill ar
ddechrau'r pumdegau, eithr cyhoeddi eu neges herfeidd-
iol mewn ffordd hynod gythruddol. Dyma ddisgrifiad
nodweddiadol danllyd gan Fox o un cyfarfyddiad cofiadwy
rhyngddo ef a'i elynion:

> *I was taken up in raptures as they called it and so at last they asked me
> whether I was sanctified? and I said, sanctified, yes, for I was in ye
> Paradise of God. And they said had I no sin? Sin? said I. He hath
> taken away my sin . . . and so they committed another man with me to
> ye house of correction for six months. And then many people came far
> and near to see a man that had no sin. And then did the priests roar
> up for sin in their pulpits, and preach up sin, that people said never
> was the like heard.*[23]

Efallai fod y darn hwn yn ddoniol ar brydiau, ond 'roedd
Fox a'i wrthwynebwyr, fel ei gilydd, o ddifrif wrth ddadlau.
Ym marn y Crynwyr yr oedd y Piwritaniaid yn achosi i bobl
amau gallu Crist fel Iachawdwr. Y cwestiwn i'w holi, yn ôl
James Parnell, ydoedd *'whether Christ is but a part of
Redeemer, or a perfect and full Redeemer, and which is the place
betwixt Heaven and Earth where man shall be made free or
cleansed from sin if not upon the Earth.'*[24] Ar yr ochr arall
'roedd ofn ar galonnau'r Piwritaniaid bron i gyd y byddai'r
athrawiaeth hon, am berffeithrwydd bywyd y rhai a
achubwyd, yn arwain at eithafiaeth arswydus. Cofio yr

oeddynt am grwpiau megis y Bostwyr – a bwrw bod y gair 'grŵp' yn briodol yn eu hachos hwy.[25] Unigolion gwasgaredig oeddynt, mewn gwirionedd, gwŷr a gwragedd a haerai fod pob peth, yn ddieithriad, a wnâi'r pur o galon yn rhwym o fod yn bur yn ei dro. Felly arferai'r rhai mwyaf afreolus yn eu plith fwynhau holl bleserau'r cnawd yn ddigywilydd ac yn ddilywodraeth gan ddatgan fod Ysbryd Duw i'w ganfod drwy bob peth ac ym mhob maswedd.

Un o'r cyhuddiadau a ddygid yn rheolaidd yn erbyn y Crynwyr cyntaf oedd eu bod cystal â bod yn Fostwyr. Ac er na ddylid rhoi llawer o goel ar y gŵyn honno – wedi'r cyfan fe sibrydid yn aml hefyd mai gweision y Pab oedd y Crynwyr – mae'n amlwg fod rhai ohonynt wedi bod yn Fostwyr o ryw fath cyn iddynt gael tröedigaeth, a'u bod yn dal i gydymdeimlo â rhai o egwyddorion cred y grŵp penchwiban hwnnw. Y mae'r hanes a adroddir gan John Whitehead, er enghraifft, am ei ddyddiau cynnar yn awgrymu iddo ef fod yn Fostiwr pan oedd yn llanc. Wedi troi'n Grynwr, cyfaddefodd iddo glywed y Sarff yn sibrwd wrtho, pan oedd yn Fostiwr, *'that though I did act sin, yet God did not impute it to me for He sees no sin in Jacob, nor transgression in Israel.'*[26] Bellach, ar ôl cael tröedigaeth, sylweddolai ei fod wedi cael ei dwyllo gan y diafol, ond daliai i gredu fod y Bostwyr yn iawn wrth ymwrthod yn llwyr ag allanolion cred y Piwritaniaid. 'Roedd James Parnell o'r un farn ag ef: *'some of them have tasted of the love of God, and grace of God, and have had appearance of God'*, meddai am y Bostwyr, *'but by hearkning to the voyce of the Serpent, and giving way to the last, have turned with the dog to the vomit, and the grace of God into wantonness.'* Hawdd deall anesmwythyd y Piwritaniaid wrth iddynt ei glywed ef yn datgan *'that the righteous are from under the outward Law, for they are a Law unto themselves . . . subjected by the Law of God in the heart.'*[27]

Yr oedd Duw, yn ôl William Dewsbury, wedi ei arwain *'on my journey through the dark world, where I passed through great tribulations, as formerly written, until I came to the end of the world, over it to rejoice in the power of my God.'*[28] Ar un

151

olwg, 'doedd dim byd newydd mewn gosodiad felly. 'Roedd y syniad o groesi, drwy rym gras, o'r byd cnawdol hwn i'r byd arall, sef byd yr Ysbryd, yn rhan hanfodol, wrth gwrs, o gred pob un o'r Piwritaniaid yn ddieithriad. Ond erbyn 1653 'roeddynt hwy, ar y cyfan, yn dechrau rhoi'r gorau i weithredu'r gred honno yn ôl yr hen ddull, sef drwy ymddwyn yn anoddefgar tuag at bawb nad oedd yn perthyn i'r union un sect â hwy. 'Roeddynt wedi blino ar yr ymrafael di-ben-draw rhwng y gwahanol sectau, ac yr oedd y ffaith fod gan y Piwritaniaid bellach y grym i reoli'r wlad, yn golygu eu bod yn gorfod dysgu cyd-fyw â rhai o'u gelynion, er eu bod, ar yr un pryd, yn ceisio diwygio trefn yr eglwys a'r wladwriaeth. Yn hanes sect yr Annibynwyr y mae'r ymgymedroli hwn i'w weld orau. Hyd at 1650 hwynt-hwy oedd un o'r sectau a oedd yn benderfynol o weddnewid y drefn oedd ohoni, ac arferent ddatgan yn frwdfrydig eu bod yn disgwyl i Grist ymddangos yn ebrwydd. Ond ar ôl iddynt gipio'r llywodraeth dechreusant ymdawelu a phwysleisio mai chwyldro ysbrydol mewnol yn unig oedd ar fin digwydd, ac nid chwyldro cymdeithsol fel yr oeddynt wedi darogan ynghynt.

Er mai Annibynnwr oedd Morgan Llwyd, perthynai ef i asgell radical ei enwad. Daliai felly i obeithio am newid mawr ar ei gymdeithas, yn ogystal â disgwyl am ddyfodiad Crist yn fuan. Erbyn 1653, serch hynny, yr oedd yntau'n barod i gyd-fyw ac i gydweithio â'r sectau eraill hyd nes i Grist gyrraedd a gwahanu'r defaid oddi wrth y geifr. Eithr nid oedd y Crynwyr yn rhannu'r ymagweddiad goddefgar hwn. I'r gwrthwyneb, yn wir: mynnent hwy ymwahanu'n gyfan gwbl oddi wrth bob sect, a phlaid, ac eglwys arall. A hefyd mynnent ymosod yn gynddeiriog arnynt i gyd, gan honni mai perthyn i'r byd pechadurus yr oeddynt. Ymffrostiai'r Crynwyr yn eu hanoddefgarwch, gan gyfeirio at esiampl yr Iesu: 'For He is a condemner before He is a saviour, and He is a peace-breaker, before He is a peace-maker', meddai James Parnell.[29] 'Were not the true prophets counted the troublers of Israel?' holai John Pain. 'Were not the Apostles counted the pestilent fellows and ringleaders of sects, and not fit for to live?'[30]

Er bod y Piwritaniaid (gan gynnwys Morgan Llwyd) yn ddigon hoff o daranu ac o chwythu bygythion yn erbyn pechaduriaid, yr oedd iaith fygythiol y sect newydd hon yn eu dychryn hwy. *The Lord will cleanse the land of you*, meddai George Fox wrth bawb nad oedd yn Grynwr: *'and not any that reject Christ the corner stone shall rule in England.*'[31] 'Roedd iaith y cenhadon cyntaf hyn yn iaith filwriaethus, ond hefyd, yn waeth byth, yr oedd yn iaith filwrol. Ac o gofio fod gan nifer ohonynt brofiad go-iawn o fynd i'r gad gyda byddin Cromwell, 'does dim rhyfedd bod eu bygythion yn creu cryn gyffro ac anesmwythyd. Wrth gwrs, mynnai'r Crynwyr mai brwydr ysbrydol yn unig oedd eu brwydr hwy: *'the great battle fought (with the sword of the mouth only)'*, chwedl Richard Farnsworth.[32] Byddin yr iachawdwriaeth oeddynt, meddai Francis Ellington, *'for the Lord is very terrible before the Northern Army, that the scornful world call Quakers; yet not one of these soldiers hath so much as a stick in their hands; but they have a sword in their mouths, and with it they slay the nations.'*[33] Ond daliai eu gwrandawyr i ofni mai mudiad treisiol oedd y mudiad newydd yn y bôn, fel y dengys yr ymryson canlynol rhwng y Barnwr Windham a William Dewsbury:

Windham: *But if thou and Fox had us in your power, you would soon have your hands imbrewed in blood.*

Dewsbury: *It is not so, the spirit of truth which we witness in us is peacable, and doth neither violence, nor shed blood; and all that are guided by the spirit of truth, their hands are bound for offering violence, or shedding of blood.*

Windham: *It is because you have not power, but here is evidence against you for breaking the Peace.*[34]

Fel mae'n digwydd, William Dewsbury fyddai'r olaf o'r Crynwyr i arfer dulliau trais, oherwydd ef oedd y cyntaf i gyhoeddi ei fod yn heddychwr. Ond 'doedd dim disgwyl i'r Barnwr Windham a'i fath gredu hynny. Terfysgwyr treisgar, peryglus dros ben oedd y Crynwyr i gyd yn eu barn hwy, ac ym marn trwch y gymdeithas ar hyd y pumdegau.

* * * *

Wrth edrych ar y darlun uchod o'r Crynwyr cyntaf, nid yw'n anodd deall pam y gwrthododd Morgan Llwyd ymuno â hwy yn 1653. Wrth gwrs, dylem gofio ar hyd yr amser nad Piwritan cymedrol, uniongred ydoedd yntau, eithr radical argyhoeddedig, ymroddedig. Ond rhaid cofio, ar yr un pryd, am ei berthynas agos â'r llywodraeth ac arweinwyr y wlad. Nid oedd ef yn allanolyn gwrthodedig, ysgymun, yr un fath â'r Crynwyr. Tan ddechrau'r flwyddyn 1653 'roedd ganddo swydd gyfrifol dros ben, a honno'n swydd yr oedd wedi ei derbyn gan y llywodraeth. Ef oedd un o'r gweinidogion a benodwyd yn Brofwyr yn 1650, o ganlyniad i Ddeddf Taenu'r Efengyl yng Nghymru. A phwy a ŵyr, efallai mai'r profiad hwn o genhadu mewn gwlad a oedd yn wrthwynebus tu hwnt i'r Piwritaniaid, ac yn deyrngar o hyd i'r brenin, a'i hysgogodd ef i gysylltu â'r Crynwyr, oherwydd yr oeddynt hwy wedi efengylu'n llwyddiannus iawn mewn ardal gyffelyb, sef gogledd Lloegr.

Mae'n wir i Forgan Llwyd orffen bod yn Brofwr ar ddechrau 1653, pan ddaeth cyfnod gweithredu'r Ddeddf i ben. Ond yn fuan wedyn, ymgynullodd Senedd y Saint, ac yr oedd y Senedd honno, ar y cychwyn, wrth fodd calon gwŷr fel Morgan Llwyd. Felly, er ei fod yn radical, yr oedd ef bryd hynny yn radical a oedd yn dderbyniol, yn ddibynadwy ac yn ddefnyddiol, yng ngolwg yr awdurdodau. Hefyd yr oedd ei weinidogaeth yn Wrecsam yn gofyn am barodrwydd i gydweithio â'r sectau eraill yn y dref, hyd yn oed pan olygai hynny fod rhaid iddo gyfaddawdu parthed rhai materion dadleuol, megis gwerth a swyddogaeth yr ordinhadau. Cyferbynner y goddefgarwch hwnnw ag agwedd ac ymddygiad digymrodedd y Crynwyr. Gan eu bod yn credu fod ymddangosiad Crist yr Arglwydd wrth law, credent hefyd fod amser y didoli terfynol eisoes wedi cyrraedd. *'And now is the separation, the sheep from the goats, the wheat from the tares and Christ is come to set at variance father against son and son against father,'* meddai James Parnell.[35] 'Doedd dim cyfaddawd yn bosibl rhwng pobl y cnawd a phlant yr Ysbryd, a dim ond y

Crynwyr oedd y rheini. Wedi'r cyfan, meddai George Fox, yr oedd ef wedi profi ac wedi gwrthod y credoau eraill i gyd cyn iddo ddarganfod y gwir oleuni: *'But as I had forsaken the priests, so I left the Separate preachers also, and those called the most experienced people, for I saw there was none among them all that could speak to my condition.'*[36]

Dro ar ôl tro fe geisiai'r rhai a oedd yn dadlau â'r Crynwyr ddeall pam yn y byd yr oeddynt mor anfodlon i gydweithio â gweinidogion Piwritanaidd da a duwiol. Pam, yn wir, y mynnent ymosod mor agored ac mor ffiaidd ar weinidogion o'r fath? Yr ateb a roddid gan y Crynwyr, bron bob tro, oedd bod y Diafol yn hoffi gwisgo amdano wisg y goleuni.[37] Ac yn sgil y gred honno, arferai'r Crynwyr gael blas arbennig ar gondemnio'r union weinidogion y tybiai'r Piwritaniaid mai hwy oedd y rhai gorau – gweinidogion yr oedd eu cred yn agos iawn yn ei hanfod at gred y Crynwyr eu hunain. Dyna a ddigwyddodd yn achos Morgan Llwyd ei hun, pan ddaeth cenhadon y Crynwyr i ymweld â'i eglwys yn Wrecsam, ym mis Hydref, 1653.

Mae'n sefyllfa sy'n atgoffa dyn o'r casineb chwerw rhwng dilynwyr Lenin a disgyblion Trotsky yn ystod ein canrif ni – a'r naill garfan fel y llall yn hawlio mai ganddi hi yn unig y mae'r wir ffydd i'w chael yn ei phurdeb dilychwin. A chan fod y Crynwyr yn dirmygu'r sectau, yr oedd y sectau hwythau, yn eu tro, i gyd yn barod i gasáu'r Crynwyr â chas perffaith. Yn hynny o beth, o leiaf, meddai James Parnell yn wawdlyd, yr oedd yr eglwysi i gyd yn gytûn: *'And now the Priests and the Baptists can agree, and they join together, and the Priests call them honest men, and the Baptists call them Gentlemen of Divinity, and the Baptists and Independents, they join together, and the Independents and the Presbyterians they join together.'*[38]

Dangosodd Dr Lewis Evans fod Morgan Llwyd yn methu dioddef anoddefgarwch ymosodol y Crynwyr yn eu hymwneud â'r sectau. Pan holodd ei fam ef yn eu cylch, atebodd yn gytbwys, ond gan bwysleisio'u bod hwy yn rhy danbaid yn ei farn ef. Ei nod ef, meddai, oedd 'ymresymu â phawb a ddêl ataf heb gythrwfl', oherwydd 'lle y bo cythrwfl y mae llwgr yn y meddwl.' (G,2.269) 'Gwir y maent hwy yn ei ddywedyd', meddai, gan gyfeirio'n benodol at y Crynwyr, 'ond nid yr holl wir; ac ni a wyddom mai rhaid wrth ddwfr cystal â thân ysbrydol.' Ac wrth graffu ar y llythyr ymhellach, fe welwn fod Morgan Llwyd yn ystyried fod yn rhaid i gredinwyr ei gyfnod ef ymgadw rhag mynd i'r un o'r ddau begwn ysbrydol eithaf: 'Gwylied H. Hughes ac Efan, a chithau yng Nghynfal, gysgu neu ymwylltio'. Mae'n amlwg ei fod yn parchu gallu'r Crynwyr i gadw'r ffyddloniaid rhag cysgu, ond ei fod yn gresynu at barodrwydd y Crynwyr i ymwylltio.

Serch hynny, 'roedd atynfa gref yn perthyn i'r Crynwyr, yng ngolwg Morgan Llwyd. Mae'n debyg y byddai ganddo gydymdeimlad â barn hanesydd yn ein cyfnod ni am y Cyfeillion cynnar. Dadleua F. D. Tolles na ddylid gwahaniaethu'n bendant rhwng mudiad y Crynwyr a mudiadau'r Piwritaniaid, oherwydd nid gwrthryfela a wnâi'r Crynwyr eithr cyflawni holl ddyheadau dwys y Piwritaniaid am brofi byd yr Ysbryd i'w ddyfnderoedd. *The Quaker way of life is an expression, is in fact the ultimate expression, of the Puritan hunger and thirst after righteousness.*[39] Mae'n werth nodi sylw craff y diwinydd Pabyddol Louis Bouyer yn ogystal. Barna ef mai gan y Crynwyr cyntaf yr oedd yr amgyffred dyfnaf o gred ganolog y Calfiniaid, sef eu cred am benarglwyddiaeth Duw:

> *Nothing is more striking, in the disciples of George Fox, than the wholeness of their acceptance and application of the typically Calvinist idea of the sovereign God, whose infinite greatness annihilates by comparison all else. Even those Protestants who are less radical, more faithful to Calvinism as a whole, and so do not venture to such extremes, cannot escape a feeling of nostalgia for such boldness: as if to them such radicalism constituted both a temptation difficult to resist and an attraction to something higher.*[40]

Ac er bod Morgan Llwyd yn medru gwrthsefyll y 'temtasiwn' hwn yn gadarn, yr oedd hiraeth yn ei galon, mae'n siwr, am feiddgarwch ysbrydol a chorfforol di-ildio y Crynwyr tanllyd.

Ymhellach, yr oedd y newid a ddigwyddodd yn yr amgylchiadau gwleidyddol ar ôl 1653 yn peri i safbwynt y Crynwyr apelio fwyfwy at radicaliaid fel Morgan Llwyd. Wedi i Gromwell ddirwyn Senedd y Saint i ben yn ddiseremoni ym mis Rhagfyr, 1653, sylweddolai'r radicaliaid fod eu gobeithion hwy wedi eu chwalu. Fe ymunodd rhai ohonynt, gan gynnwys Morgan Llwyd ei hun am gyfnod byr, â Gwŷr y Bumed Frenhiniaeth. Fe drodd eraill – gan gynnwys pum aelod o Senedd y Saint – at y Crynwyr. Wedi'r cyfan, yr oedd y Crynwyr yn hawlio mai hwynt-hwy a fyddai'n gorffen y gwaith a ddechreuwyd gan y *New Model Army*. Byddent yn sicrhau fod y chwyldro ysbrydol a chymdeithasol a arfaethwyd gan filwyr y fyddin yn cael ei wireddu.

Serch yr atyniad hwn, ni allai Morgan Llwyd ymroi yn gyfan gwbl i achos y Crynwyr. Erbyn 1656, er enghraifft, yr oedd yn pwysleisio ar goedd fod yn rhaid parchu awdurdod Cromwell, a derbyn nad oedd monopoli ar dywalltiad yr Ysbryd gan yr un sect. Ac eto, daliai i amddiffyn y Crynwyr, ac i gydnabod fod y wedd gyfriniol ar eu crefydd yn agos iawn at ei galon. Y mae Dr Geoffrey Nuttall wedi dangos droeon fod y profiad cyfriniol yn rhan annatod, gynhenid o grefydd y Piwritaniaid i gyd.[41] Mae'r profiad hwnnw'n cael ei fynegi cyn loywed gan y Presbyteriad Richard Baxter, a'r Bedyddiwr John Bunyan, ag ydyw gan y Crynwr George Fox. Ond rhaid cyfaddef mai profiad y Crynwr oedd yn tebygu fwyaf i brofiad Morgan Llwyd. Ac erbyn heddiw mae mynegiant gwych George Fox o'i weledigaeth gyfriniol ef yn adnabyddus i bawb bron sy'n ymddiddori ym maes crefydd. *'Now was I come up in spirit through the flaming sword into the paradise of God'*, meddai mewn un man. *'All things were new, and all the creation gave another smell than before, beyond what words can utter.'* Ac meddai eto bryd arall: *'I saw also that there was an ocean of darkness and death, but an infinite ocean of light and love which flowed over the ocean of darkness. In that also I saw the infinite love of God; and I had great openings.'*[42] Hefyd, medrai Fox gyflwyno'i neges am oleuni Crist oddi mewn i

157

dywyllwch y dyn cnawdol, mewn ffordd ddeniadol, hud-
olus, yr un fath â Morgan Llwyd: *'with the light you are seen,
with the light you are judged. To the light in you I speak, which
will let you see the vanity, one vanity upon another.*[43]

Ond gan fod gwaith Fox yn waith sy'n gyfarwydd, bydd-
ai'n fwy buddiol inni sylwi ar brofiadau cyfriniol Crynwr
cynnar arall yr oedd Morgan Llwyd, mae'n bur debyg, yn
gwybod yn iawn amdano, sef Richard Farnsworth. Nid yw
gwaith y gŵr dinod hwnnw wedi cael y sylw y mae'n ei
haeddu hyd yn hyn, ac felly dyma ddyfynnu un darn
sylweddol o'r hyn sydd ganddo i'w ddweud am rym y
goleuni dwyfol:

> But all that is seen with the light to be out of the true ground, and not
> in the life of truth, which stands out of the light in the man's will, and
> with the light which calls the light within, and crosseth the will in the
> ground, is all that with the light is discovered, reproved, and with the
> light judged and condemned, and peace comes into the soul, as the
> light is submitted to and obeyed; and so through the obedience to the
> light, the will and will-worship is denied, and with the light is the
> heart searched, and the reign is tried; and so, the light being submitted
> unto, it judgeth the selfish principle, and cuts down the fleshly
> wisdom, which light reproveth and judgeth the ground of the deceits
> with its fruits and effects; which light being obeyed, openeth the
> understanding and also shutteth out the pride and vain glory; and the
> light crosseth the ground of self and self-actings, and judgeth all that
> is acted in the man's will and fleshly wisdom; which light being
> submitted unto and contained in, it worketh into a reformation and
> changeth the heart, begetteth a love to the truth and a hatred against
> the deceit; which light guideth out of self unto the power of light.[44]

Hwyrach mai ein hymateb cyntaf wrth ddarllen y darn
hwn yw fod y mynegiant yn rymus ar brydiau, ond ei fod
ar yr un pryd yn amrwd, yn drwsgl, ac yn ddryslyd. A dyna
ni wedyn wyneb yn wyneb yn syth â chwestiwn dyrys: pam
yr ysgrifennai Farnsworth fel hyn? Onid oherwydd ei fod
am gael hyd i arddull a fyddai'n gweddu i wirioneddau
ysbrydol a dorrai ar draws ffordd arferol y dyn cnawdol o
feddwl? Dyma'r her yr oedd pob radical yn ymwybodol
ohoni, ac mae'n werth craffu ar y ffordd y mae Farnsworth
yn ymateb iddi, oherwydd fe rydd olwg newydd inni ar

arddull Morgan Llwyd yn ogystal. Hwyrach, felly, y dylid rhoi'r gorau, am y tro, i gymharu diwinyddiaeth y Crynwyr â diwinyddiaeth Morgan Llwyd, ac efallai ei bod hi hefyd yn bryd inni orffen chwilio am ôl dylanwad y naill ar y llall. Trown, yn hytrach, i drafod ymhellach y pwnc cyfoethog a nodwyd uchod, sef y berthynas gymhleth, hynod ddiddorol honno rhwng gweledigaeth ysbrydol, ysol, radicaliaid fel Morgan Llwyd a'r Crynwyr, a'u dulliau gwreiddiol, trawiadol, creadigol hwy o ddefnyddio iaith.

* * * *

Ysgrifennwyd llawer erbyn hyn am wreiddioldeb, yn ogystal â gwychder, y cyfraniad a wnaeth Morgan Llwyd i ryddiaith Gymraeg; a chydnabyddir bellach ei fod ef yn un o brif awduron Cymru. Eithr mae'n bwysig cofio mai cynnyrch berw ysbrydol, cymdeithasol a gwleidyddol y cyfnod hwnnw oedd ei weithiau ef i gyd yn y bôn. Yn wir, gellir dadlau mai enghraifft yn y Gymraeg oedd ysgrifeniadau Morgan Llwyd o ffenomen y mae haneswyr, a haneswyr llên, Lloegr wedi sôn llawer amdani. Pan roddwyd y gorau i sensoriaeth yn 1641, fe esgorwyd ar gyfnod heb ei ail yn holl hanes cyhoeddi llyfrau yn Lloegr. Am y tro cyntaf er cyn cof rhoddwyd hawl a rhyddid i bawb ysgrifennu yr hyn a fynnent, yn y dull a fynnent. O ganlyniad, cafwyd cyfnod o arbrofi beiddgar, o ran cynnwys y llyfrau ac o ran dulliau mynegiant. Ac yn y diwedd fe gafwyd cynhaeaf o gyhoeddiadau heb eu bath. Hon oedd oes aur ysgrifennu rhyddiaith yn Lloegr, ac 'roedd y radicaliaid crefyddol a gwleidyddol ymhlith yr awduron mwyaf mentrus a mwyaf dawnus, fel y pwysleisiodd Christopher Hill yn ddiweddar.[45] Meddylier am John Milton, John Bunyan, Gerrard Winstanley, Abiezer Coppe a William Walwyn, i enwi dim ond rhai ohonynt.[46] Yn wir, pan aeth Thomas Sprat ati, ar ôl adferiad y brenin, i ysgrifennu ei lyfr enwog, *The History of the Royal Society,* fe gyfeiriodd ag edmygedd at ryddiaith cyfnod y Rhyfel Cartref, gan nodi'n graff fod cynnwrf yr amserau wedi cyffroi meddwl a dychymyg llu o awdurdon: *'all languages*

. . . increased by extraordinary degrees, for in such busy and active times there arise more new thoughts of men which must be signified and varied new expressions.[47]

Er mai yn y Gymraeg yr ysgrifennai Morgan Llwyd, mae sylwadau Sprat yn berthnasol i'w lyfrau yntau, hefyd. Rhannai'r Cymro ddyhead y radicaliaid ysbrydol eraill am gael hyd i ddull gwahanol o ysgrifennu a fyddai'n gweddu i'w gweledigaeth newydd. 'Roedd y gobaith a fynegwyd yn ddwys gan Milton yn *Paradise Lost* yn rhan o'u profiad hwy i gyd: *'If answerable style I can obtain.'*[48] Chwilio am arddull 'atebol' yr oeddynt – sef dull newydd o ysgrifennu a fyddai'n cyfateb i'r gweddnewidiad ysbrydol mewnol yr oeddynt wedi ei brofi. Ac yn y cyswllt hwn, eto, mae esiampl y Crynwyr yn goleuo gwaith y Cymro.

Sylwyd eisoes ar un enghraifft drawiadol o hynodrwydd arddull y Crynwyr, sef y darn lle y mae Richard Farnsworth yn sôn am briodoleddau'r golau mewnol. Hwyrach y cyfoethogir ein gwerthfawrogiad o gynllun y darn hwnnw pan sylweddolwn fod yr awdur yn bwriadu chwalu cyfundrefn feddyliol y dyn cnawdol drwy newid cystrawen yr iaith sy'n gynhaliaeth ac yn gyfrwng mynegiant i'r ymagweddiad hwnnw. Y tu cefn i hyn oll y mae cred y Crynwyr mai dim ond dull y byd llygredig o gyfathrebu a chyfathrachu yw iaith, oni fedyddir hi gan yr Ysbryd. Felly arferai'r Crynwyr ymatal rhag siarad yr un gair, a chadwent yn berffaith ddistaw, nes bod yr Ysbryd yn eu meddiannu ac yn eu cymell i lefaru.[49] Pan ddigwyddai hynny, nid iaith gyffredin a siaradent, ond iaith a aned o'r newydd: iaith ddiwygiedig a burwyd, ac a rymuswyd, ac a weddnewidiwyd gan yr Ysbryd, er mwyn eu galluogi hwy i ddilyn yr Apostol Paul: 'A'm hymadrodd a'm pregeth i, ni bu mewn geiriau denu o ddoethineb ddynol, ond yn eglurhad yr Ysbryd a nerth. Fel na byddai eich ffydd mewn doethineb dynion, ond mewn nerth Duw ... A nyni a dderbyniasom, nid ysbryd y byd, ond yr Ysbryd sydd o Dduw, fel y gwypom y pethau a rad roddwyd i ni gan Dduw. Y rhai yr ydym yn eu llefaru hefyd, nid â'r geiriau a ddysgir gan ddoethineb ddynol, ond a ddysgir gan yr

Ysbryd Glân; gan gydfarnu pethau ysbrydol â phethau ysbrydol.' (I Cor.2: 4,5,12,13)

'Roedd tyndra mawr iawn yn nodweddu'r ffordd y defnyddiai'r Crynwyr iaith, wrth siarad a hefyd wrth ysgrifennu. Mynegir hyn yn gryno ac yn awgrymog yng ngeiriau John Woolman, ganrif ar ôl i Gymdeithas y Cyfeillion gael ei sefydlu: *'when my mouth was opened* [ar ôl iddo aros am yn hir mewn distawrwydd amyneddgar am ddyfodiad yr Ysbryd] *it was like the raising of a gate in a watercourse when a weight of water lay upon it.'*[50] Mae'r gymhariaeth yn fynegiant gwych o'r pwysedd seicolegol yr oedd y Crynwr mor ymwybodol ohono. Pe bai'n siarad ar ei gyfer, heb i'r Ysbryd ei gymell a'i gynnal, byddai'n siarad yn ofer ac yn pechu. Hefyd ped anwybyddai orchymyn yr Ysbryd i dewi, fe âi'n ysglyfaeth wedyn i ysbryd myfiol y byd cnawdol hwn. Ar y llaw arall, pe bai'n gwrthod llefaru o gwbl, oherwydd fod arno ofn gwneud cam â'r Ysbryd oddi mewn iddo, yna byddai hynny'n waeth na dim: 'Na ddiffoddwch yr Ysbryd', meddai'r Apostol Paul wrth yr eglwys yn Thesalonica (I Thes.5:19).

Fe ddywed Llyfr y Pregethwr mai ymadrodd y ffŵl a ddaw o laweroedd o eiriau, felly 'na fydd ry brysur â'th enau, ac na frysied dy galon i draethu dim gerbron Duw. canys Duw sydd yn y nefoedd, a thithau sydd ar y ddaear; ac am hynny bydded dy eiriau yn anaml.' (5:2). Fe gofir ein bod eisoes yn y llyfr hwn wedi sôn am yr amheuon a gyniweiriai ddefnydd Morgan Llwyd o eiriau. Mae 'ysbryd dyn siaradus yn farch i ddiafol heb un ffrwyn yn ei safn', meddai'r Cymro: 'O pa sawl mil yn yr wythnos o eiriau segurllyd y mae pawb agos yn eu traethu?' (*Ll*,66: *G*,1.223) Awgrymwyd yn y bennod honno am 'Sisial y Sarff' fod coethder arddull Morgan Llwyd, a'r iaith gyfoethog a ddefnyddiai, i'w priodoli, i raddau, i'r gofid a oedd ynghlwm wrth ei holl ymwneud ef â geiriau – gofid a oedd ar yr un pryd yn magu gwerthfawrogiad eithriadol ddwys ynddo o adnoddau iaith, ac a barai iddo ddychryn wrth feddwl am y modd y medrai iaith gael ei defnyddio er drwg. 'Roedd cyfrwng geiriau yn gyfrwng amwys i Forgan

Llwyd ac i'r Crynwyr fel ei gilydd, ac ni fedrent fyth ei gymryd yn ganiataol. Nid oedd geiriau yn bethau niwtral, dinod iddynt hwy. Hudai iaith eu holl sylw: fe'u poenid ac fe'u gwefreiddid ganddi. Wedi'r cyfan, gallai fod yn fodd i bechadur fyw, neu farw. O'r herwydd, 'roedd yn rhaid bod yn hynod wyliadwrus o bob gair a ddefnyddid. Mae geiriau'r Crynwr William Dewsbury yn mynegi'r petruster hwn i'r dim: '*All mind to feel the Word of the Lord speaking in you, so you might be fully assured it is not your own work, as man speaking of God, but the Lord alone uttering his own voice in the forcible power of His own Spirit . . . whether it be to pray in sighs or groans, or in words, or to speak in exhortations or praises.*'[51]

'Roedd yr ymdrech i wahaniaethu rhwng yr iaith gyffredin, gnawdol, a'r iaith bur a eneinid gan yr Ysbryd, yn ymdrech gyffredin i'r grwpiau crefyddol radical i gyd, fel y dangosodd Nigel Smith yn ddiweddar yn ei lyfr ardderchog *Perfection Proclaimed.*[52] Mae ei astudiaeth ddysgedig ef yn crynhoi ac yn dadansoddi llu o enghreifftiau o'r ymdrechion a wnaed gan y radicaliaid, gan gynnwys y Crynwyr a Morgan Llwyd, i ddod o hyd i ffordd o annerch eu gwrandawyr a fedrai fynegi'r bywyd ysbrydol newydd oddi mewn i'r awdur. 'Roeddynt yn argyhoeddedig eu bod yn llefaru geiriau Duw ar brydiau, neu o leiaf bod Duw yn llefaru drwyddynt. Felly 'roedd eu dulliau hwy o siarad ac o ysgrifennu bron yn ddieithriad yn ddulliau hynod iawn.

Credent fod eu hiaith hwy yn cael ei bedyddio gan yr Ysbryd weithiau, a bod nodweddion sanctaidd yn perthyn iddi bryd hynny. Er enghraifft pan fydd Morgan Llwyd yn ysgrifennu, mae yn fwriadol yn benthyg iaith y Beibl, ac eto nid yw fel arfer yn dyfynnu o'r Beibl, er bod digon o gyfeiriadau at adnodau penodol ar ymyl ei ddalen. Yn hytrach, mae'n gweu ei iaith ysbrydol ef ei hun allan o ymadroddion Beiblaidd. Y rheswm am hynny, wrth gwrs, yw nad yn llythyren yr Ysgrythur Lân y mae'r gwirioneddau yn trigo, ond yn yr Ysbryd Glân sy'n llenwi'r geiriau ac sydd hefyd yn goleuo ac yn llywio deall Morgan Llwyd. A phan fydd yr Ysbryd yn llywodraethu ei feddwl, mae

Morgan Llwyd yn anorfod yn defnyddio iaith ysbrydol ysbrydoledig, sy'n cyfateb i iaith y Beibl.

Beirniadwyd y radicaliaid yn hallt gan eu gwrthwynebwyr yn yr eglwysi uniongred am beidio â pharchu testun cysegredig Llyfr Duw. 'Nid oes un o'r pregethwyr newyddion yn canlyn ei dext', meddai'r Gigfran yn wawdlyd. 'Maen nhw fel gwiwerod yn neidio o'r naill gainc i'r llall, heb ŵr doeth yn eu mysg.' Ond ceir ateb manwl gan yr Eryr, ateb sydd wrth gwrs yn cyfiawnhau arfer ac arddull Morgan Llwyd ei hun:

> Am hyn, cofia di mai mynych y pregethodd Iachawdwr y byd ar y ddaear, weithiau ym mhen mynydd, weithiau mewn llong, weithiau mewn tŷ, ac weithiau mewn synagog. Ond nid ydym ni yn darllen iddo gymryd erioed un text o'r Bibl, ond unwaith allan o Esai. A thrwy na bo y rhain yn pregethu ond y gwir, nid oes fater am ddilyn llythyren un text. Text pregethwr yw gwirionedd. Testun gŵr Duw yw'r holl Fibl. Ac mae llyfr ym mhob dyn, er na fedr fawr ei ddarllain. (*Ll*,28–9: *G*,1.186)

Wrth ddanfon copi o un o'i weithiau at ei fam, mae'n sôn amdano fel hyn: ''Rwy'n danfon i chwi lyfr i'w gyffelybu a'r llyfr oddifewn' (*G*,2.269) Rhannai'r Crynwyr y gred hon ag ef, sef y gred mai mynegiant o'r Ysbryd a drigai yn eu calonnau oedd geiriau llafar a geiriau ysgrifenedig y saint ar adegau.

Meddyliai George Fox amdano'i hun fel un a berthynai i linach proffwydi'r Hen Destament, neu fel un a ymdebygai i Apostolion y Testament Newydd. Hynny yw, teimlai fod yr Arglwydd yn llefaru drwyddo. Un tro daeth nifer o offeiriaid ato gan hawlio eu bod hwythau, cystal ag yntau, yn medru siarad o ddyfnder profiad ysbrydol: *'one of them burst out into a passion and said he could speak his experiences as well as I, but I told him experience was one thing, but to go with a message and a word from the Lord, as the prophets did and the Apostles had and did, and as I had done to them, this was another thing.'*[53] 'Roedd James Parnell, hefyd, yn hoffi meddwl am y Crynwyr fel rhai a feddiennid gan yr Ysbryd yn yr un modd â'r proffwydi a'r Apostolion. *'The [prophets] had visions and revelations and the word of God dwelt in them, by which they was led, guided.*[54] O ganlyniad, arferai radicaliaid megis y Crynwyr ddynwared rhai o hoff ddulliau mynegiant yr Apostolion. Er enghraifft, llunient epistolau, ar batrwm epistolau'r Apostol Paul. Ac wrth gwrs y mae Morgan Llwyd yn gwneud rhywbeth tebyg yn ei *Lythyr i'r Cymry Cariadus,* er mai ysgrifennu at y rhai sydd heb eu hachub y mae ef, ac nid at aelodau ffyddlon o Eglwys Iesu Grist, fel y gwna Paul. Felly, ar ôl i'r Cymro fabwysiadu ffurf yr epistol, mae'n ei chymhwyso wedyn at ei ddibenion ef ei hun: 'Dyma'r llythyr cyntaf a ddanfonais i erioed atat ti mewn print (ac megis mewn awr) ac ni wn i nad hwn yw'r olaf, er bod gennyf ragor i'w ddywedyd wrthyt os rhoddai Duw gennad a gorchymyn.' (*YB*,5: *G*,1.123)

Ymhellach, ceisiai'r radicaliaid ddatblygu dulliau newydd o ysgrifennu a fedrai fynegi eu profiad o gael eu meddiannu a'u gweddnewid gan nerth deall a oedd y tu hwnt i'w gallu meidrol hwy. Yn wir yr oedd y rhai mwyaf eithafol yn eu plith yn ymddwyn ac yn llefaru fel petai eu personoliaeth hwy wedi mynd yn eiddo i fod arall yn gyfan gwbl. Er nad yw Morgan Llwyd yn gwneud yn union felly y mae ef, yn *Llyfr y Tri Aderyn,* yn siarad nid fel ef ei hun ond yn rhith y Golomen. A hwyrach ein bod wedi pwysleisio'r wedd alegorïol, a'r wedd addysgiadol, ar y dechneg hon yn ormodol, gan roi'r argraff nad yw'n ddim ond dyfais rethregol ddramatig er mynegi neges yr Efengyl. Eithr enghraifft ydyw mewn gwirionedd o un o hoff arferion y Piwritaniaid mwyaf radical, sef yr arfer o broffwydo drwy adael i'r Ysbryd lefaru drwyddynt yn Ei ffordd arbennig Ef ei hun, ac yn Ei briod iaith. Hynny yw, fe ddylem gymryd y Golomen o ddifrif, yn hytrach na synied amdani fel ffigur, neu symbol, neu fetaffor.

Pan feddiennir ef yn llwyr gan y Golomen, mae personoliaeth gyffredin Morgan Llwyd yn cael ei disodli gan y presenoldeb dwyfol hwnnw. Bryd hynny, caiff yr awdur ei ddefnyddio fel cyfrwng sy'n galluogi'r Ysbryd tragwyddol i lefaru yn y presennol. Yn y darn o *Lyfr y Tri Aderyn* a elwir, yn arwyddocaol, yn 'hanes y Golomen', y gwelir hyn orau:

Ar y cyntaf, mi fûm yn Enoch yn ymryson â'r hen fyd, ond nid oedd neb a'm derbyniodd ond Noa annwyl a'i deulu. Wedi hynny mi ddeuthum at Abraham, ac yn y fan fe daflodd ymaith ei reswm ei hun ac a'm dilynodd i drwy ffydd. Mi fûm yn ffenestri yr holl Batrieirch a'r Proffwydi hefyd. Ac ar ôl y Proffwyd Malachi ni chefais i fawr le i ddisgyn nes dyfod Ioan. Ond mi orffwysais ar Iesu Grist a'i Apostolion, ac mi a ehedais drwy'r eglwysydd hynny. Ond cyn ymadel ohonynt hwy â'r byd, fe ddaeth Brân y nos (sef ysbryd Anghrist) ac a gafodd gennad i'm herlid i. Ac yno mi a ddihengais i fynwes y merthyron, ac yn y tân yr oeddwn i yn eu cysuro hwynt. Ond yn ddiweddar mi ddisgynnais yn ffenestri yr eglwysydd newyddion, ac weithiau ar rai o'u pregethwyr, er bod llawer o fudreddi yn eu nythoedd. (*Ll*,99–100: *G*,1.256–7)

Dro arall, mae'r Golomen yn chwarae ar enw awdur meidrol y llyfr, Morgan Llwyd: 'Canys yr wyf dan gariad Duw er fy mod dan gerydd pawb, gwael yn y tir, llwyd gan môr, llawn o brofedigaethau, ond llawen mewn gobaith a gogoniant nefol.' (*Ll*,105: *G*,1.261–2) Nid chwarae plant yw hyn, wrth gwrs: rhoi enw newydd iddo y mae'r Golomen – enw sy'n arwyddo nad yw ei hen bersonoliaeth bellach yn bod, gan ei fod wedi ei eni o'r newydd yn yr Ysbryd. Yr un modd, ac i'r un perwyl, arferai'r Crynwyr osod llythrennau cyntaf eu henwau o chwith, wrth dorri eu henwau. Felly 'F. G.' fyddai llofnod George Fox – a 'LL. M.' fyddai llofnod Morgan Llwyd yntau pe bai o ddifrif yn mabwysiadu'r enw 'Llwyd gan Môr'.

'Yna y gelwir arnat enw newydd', meddai'r proffwyd Esaia, 'yr hwn a enwa genau yr Arglwydd' (62:2). Ac meddai'r Golomen wrth yr Eryr: 'Mae'r addewid yn perthyn i ti wrth dy enw, os cedwi afael ynddi. Dy enw di (wrth naturiaeth) yw Drygddyn annuwiol: y Pechadur ffiaidd, creulon: Carcharwr dall, byddar; i'r rhain wrth eu henwau yn yr Ysgrythur y mae gair yr addewid.' (*Ll*,83: *G*,1.240) Felly, wrth dderbyn mai pechadur ydyw, ac un sy'n 'llwyd gan môr', mae Morgan Llwyd ar yr un pryd yn gafael yng 'ngair yr addewid.' Mae ei hen enw balch yn y cnawd yn cael ei chwalu a'i ail-batrymu, yn union 'run fath â'i hunanrwydd. Ymhellach, mae'r Golomen yn datguddio'r ystyr dirgel, pur, a'r ramadeg ysbrydol, gudd, sy'n llechu dan wyneb yr iaith lygredig a ddefnyddir gan drigolion byd y Cwymp. Felly, mae'r Golomen yn trin enw Morgan Llwyd yr un ffordd yn union ag y mae Morgan Llwyd ei hun yn trafod yr iaith Gymraeg – sef gan sylwi ar y geiriau cyfrin sydd ynghudd mewn geiriau cyffredin ('Gwaedd-gwae'), neu ar y cwlwm synau sy'n plethu seiniau'n un ('Gweiddi – gweddi'). Esbonia'r Golomen fod yn yr hunan ddau fath ar feddyliau, sef y meddyliau cnawdol, a'r 'rhai dyfnion cuddiedig pwrpasol dewisedig annwyl (fel aur yn y meddwl).' (*Ll*,91: *G*,1.248) Yr un modd y mae Morgan Llwyd yn dangos fod dau fath ar ystyron mewn geiriau.

Mae'n ddiddorol sylwi fod llawer o'r radicaliaid crefydd-ol yn trin iaith yn y dull uchod, wrth geisio dod o hyd i'r 'gair o'r Gair', chwedl Morgan Llwyd. 'Roedd chwarae ar eiriau yn arfer cyffredin ganddynt. Mynnai John Cole-Venman, er enghraifft, mai '*spy-right*' oedd gwir ystyr cudd y gair '*spirit*', gan esbonio ymhellach mai Ysbryd Duw yn unig a alluogai ddynion i wahaniaethu rhwng y gau a'r gwir. Ychwanegai wedyn mai '*spi-right-to-all*' oedd ystyr gwreiddiol, pur y gair '*spiritual*'.[55] Sylwer fod damcan-iaethu fel hyn yn peri i awduron graffu ar synau geiriau, ac yr oedd y radicaliaid yn aml yn hoff o gynganeddu seiniau. Ac, wrth gwrs, arbenigai Morgan Llwyd ar y grefft honno: 'Trom yw'r gyfraith, creulon yw'r felltith, erchyll yw'r pwll diwaelod. Tomen yw'r ddaear: taer yw Beelsebub, brenin y domen.' (*YB*,4: *G*,1.120) Fe welir bod cadwyn, neu rwyd-waith, o ledodlau mewnol cynnil yn cydio'r geiriau ynghyd, gan greu un gwead cymhleth. 'Trom ... tomen ... creulon; gyfraith ... felltith ... erchyll ... pwll; ddaear ... taer', ac yn y blaen.

Er nad oedd y radicaliaid i gyd yn rhannu'r un syniadau diwinyddol am darddiad ac am swyddogaeth iaith, yr oeddynt serch hynny yn gytûn fod yr Ysbryd Glân yn medru meddiannu iaith y saint, gan ei newid yn llwyr. Pan ddigwyddai hynny, yr oedd geiriau yn cael eu cyfoethogi ac yr oedd mynegiant dynol yn dwysáu. O ganlyniad, medrai brawddeg ymrithio, yn ddisymwth, yn rhigwm, yn salm, neu'n emyn. Gwelir hyn yn digwydd o bryd i'w gilydd yn ysgrifeniadau Morgan Llwyd:

Duw a doddodd fy nghalon galed i, ac a'm dysgodd i yn siriol i ganu iddo gyda'i holl seintiau mewn ysbryd a nerth: 'Duw a'm carodd, Duw a'm cofiodd – ceisiodd, cafodd, cadwodd, cododd; haul fy mywyd drwy farwolaeth; ffynnon fy ysbryd, swm fy hiraeth; gwreiddyn byd, a Phen angylion; Tad fy Arglwydd, carwr dynion; ac ohono, drwyddo, iddo, mae pob peth: pwy all ei chwilio?' (*Ll*,87: *G*,1.244)

Yn ei lyfr *Perfection Proclaimed*, sylwa Nigel Smith yn fanwl ar y dulliau newydd o ysgrifennu a ddatblygwyd gan y radicaliaid wrth iddynt geisio llunio cyfrwng mynegiant a fyddai'n gweddu i'r Ysbryd. Ac y mae'n syndod sawl un o'r dulliau neu'r arddulliau hynny a ddefnyddiwyd hefyd gan Forgan Llwyd. Er enghraifft, arferai'r awduron Saesneg ddefnyddio'r rhagenwau personol *'I'* a *'you'* yn fynych iawn, yn eu hymdrechion i gyfleu grym eu neges broffwydol i'w darllenwyr. Rhydd Nigel Smith enghraifft ardderchog inni o'r arfer hwn, a godwyd o waith Laurence Clarkson: 'notwithstanding your displeasure herein, I dare not, I cannot; but what I have seene and heard, declare unto you (yea, you) my Countrymen.'[56] Wrth roi amlygrwydd mawr i *'I'* a *'you'*, mae Clarkson yn peri i'w ddarllenwyr deimlo bod cwlwm perthynas eithriadol glòs, ac eithriadol ddwys, yn ei gydio ef â hwy. Cymharer ei ddarn ef â darnau cyffelyb yng ngweithiau Morgan Llwyd: 'Ond O y Cambero (y Cymro, ni wn i mo'th enw di, er fy mod i, drwy oleuni Duw, yn canfod dy naturiaeth di)' (*YB*,2: *G*,1.117). 'Pam yr wyf i yn sgrifennu atat ond i'th ddeffro mewn pryd ac i'th ddwyn i'r drugaredd dragwyddol?' (*YB*,3: *G*,1.120) 'Gad inni ofyn i'n gilydd yr awron (yn nirgelwch y daran, ac er hynny mewn cariad) y peth a ofyn y barnwr ar osteg ddydd a ddaw.' (*YB*,10: *G*,1.134)

Sylwer ymhellach fod Morgan Llwyd, yn y darnau uchod, yn gosod nifer o sylwadau mewn cromfachau. 'Roedd hyn, eto, yn arfer cyffredin ymhlith y radicaliaid. 'Roedd yn fodd iddynt fynegi dyfnder a dwyster eu profiad, drwy roi'r argraff fod y meddwl yn gweithio ar fwy nag un lefel ar yr un pryd. Fel hyn y mae Coppe yn defnyddio'r dechneg: *'For I was (really, in very deed) besides myself, and NO FLESH (no, not the FLESH OF FOWLES which soar aloft) can stand before it.'*[57] A dyma enghraifft arall, y tro hwn o *Gwaedd yng Nghymru:* 'Ond nid rhaid myned ymhellach, ond gofyn i ti (pwy bynnag wyt drwy holl Gymru), oni wnaethost ti lawer peth (neu ryw beth) yn erbyn dy gydwybod?' (*YB*, 14: *G*,1.141)

Eto fyth, 'roedd y radicaliaid yn hoffi llunio rhestr hirfaith o bechodau neu o rinweddau, am fod y llifeiriant enwau yn arwydd fod meddwl carlamus yr awdur wedi cael ei symbylu a'i gyffroi gan yr Ysbryd. Wele ddarn a godwyd o un o weithiau John Webster lle y dyfynna *Galatiaid* 5.19–21: *'Now the works of the flesh are manifest, which are these: adultery, fornication, uncleanness, lasciviousness, idolatry, heresies, envyings, murders, drunkenness, and such like.'*[58] A dyma ddarn cyffelyb o *Lyfr y Tri Aderyn:* 'Y cnawd yma yw gelyn Duw, gwenwyn dyn, lifrai uffern, delw anifail, anwylyd pechadur, lloches rhagrithiwr, rhwyd y pryf copyn, marsiandwr eneidiau, cartref y colledigion, a thomen y cythreuliaid.' (*Ll*,63: *G*,1.220)

Manteisiai'r awduron radical hefyd ar y gwahanol fathau o deip a ddefnyddid gan y cysodwyr wrth argraffu llyfrau. Sylweddolent fod modd defnyddio print er mwyn arwyddo'r gwahaniaeth rhwng yr hen ddyn cnawdol a'r dyn newydd ysbrydol. Felly mae Joseph Salmon yn defnyddio'r llythyren *I* (wedi ei hitaleiddio) i arwyddo'r naill, a'r llythyren 'J' (yn y dull Rhufeinig) i arwyddo'r llall.[59] Gwyddys, wrth gwrs, fod *Llyfr y Tri Aderyn* wedi ei argraffu yn 1653 mewn tri math gwahanol o deip, er mwyn arwyddo cyflwr ysbrydol gwahanol y tri aderyn – Gothig henffasiwn i'r Gigfran, llythrennau cyffredin Rhufeinig i synnwyr cyffredin y llywodraethwr, yr Eryr, ac italig y Dadeni i'r Golomen.

* * * *

Gobeithio y gwelir, erbyn hyn, mai'r prif reswm paham y
mae syniadau Morgan Llwyd a syniadau'r Crynwyr am fyd
yr ysbryd yn cyd-daro yw bod y naill a'r llall yn cyfranogi
o'r un ffynhonnell, sef y gronfa fawr o syniadau a grëwyd
gan radicaliaid crefyddol ar ddechrau'r cyfnod rhwng dau
frenin. Hefyd, esboniwyd uchod fod y radicaliaid bron i
gyd yn credu fod yr Ysbryd, pan ymwelai â'r meddwl
dynol, yn esgor ar ddull newydd o siarad ac o ysgrifennu.
Dangoswyd eisoes fod Morgan Llwyd a'r Crynwyr yn
rhannu'r gred honno, ond cyn gorffen fe dâl inni sylwi ar
un enghraifft arall o'r modd yr oedd yr iaith a ddefnyddid
ganddynt yn ymgorffori'r athroniaeth.

Sylwer, felly, ar y darn hwn a godwyd o un o epistolau
George Fox – darn sy'n ymddangos mor drwsgl â'r darn
hwnnw gan Richard Farnsworth y cyfeiriwyd ato'n barod
yn y bennod hon:

And so you that are gathered in the Name of Jesus, who have bowed to
the Name of Jesus, whose Name is called the Power of God, and the
Word, Light, Life and Truth; and for bowing to his Name, for his
Name sake have you suffered all along by many powers; but the Name
is a strong Tower: so who is bowed to the Name, and gathered in the
Name of the Lord, ye are in the strong Tower, in which is safety and
peace; for being gathered in the Name of Christ Jesus, whose Name is
above every Name, for all things that was made, was made by Christ,
whose Name is above every Name, into his Name are you gathered,
who are gathered in the Name of Jesus Christ, by whom all things were
made and created; and being gathered in the Name of Jesus Christ by
which salvation is brought, by the Name of Christ, and not by any
other Name under Heaven, but by the Name of Jesus Christ is
salvation brought, by whom all things were made; for you being
gathered in this Name by which salvation is given, here you come to be
heirs of salvation, and then to inherit salvation, which is Christ; and
by this you come to fathom all other names under the whole Heaven,
and to see them, that there is no salvation in them; and so likewise all
other gatherings in all other names, no salvation in them; therefore
cry people, There is no assurances of salvation upon earth, who are
gathered in other names, but not in the Name of Christ, by whom all
things were made; and this is the standing gathering in the Name, in
the strong Tower, where is the safety, where is the salvation, given and
brought. Rejoice ye all that are brought into this gathering, and have
bowed to the Name of Jesus.[60]

169

Mewn erthygl eithriadol werthfawr a gyhoeddwyd ddeng mlynedd ar hugain yn ôl, canolbwyntiodd Jackson I. Cope ei sylw ar y darn hwn, oherwydd ei fod yn grynhoad defnyddiol iawn o brif briodoleddau arddull ysgrifenedig y Crynwyr.[61] Ar un olwg, meddai, ymddengys fod yr awdur yn colli ei ffordd yn llwyr. Gan fod y cymal cyntaf ('And so . . .') fel petai am gyrchu at ryw nod, disgwyliwn i'r awdur ein harwain ni'r gwrandawyr, fesul brawddeg, at ddigwyddiad neu ddarganfyddiad pendant. Ond nid yw hynny'n digwydd. Yn hytrach mae ei feddwl yn sefyll yn stond, ac yn troi yn ei unfan. Mae'n pentyrru sylwadau, ac yn amlhau geiriau, eithr heb ddatblygu syniadau drwy ymresymiad clir a phendant. O'r dechrau tan y diwedd mae'r darn cyfan yn cylchdroi o gwmpas un testun, sef y nerth dwyfol sy'n perthyn i enw Iesu Grist, ac y mae George Fox yn adrodd yr enw hwnnw drosodd a throsodd. Fel y dengys Jackson Cope, mae'r dechneg hon o ailadrodd un gair neu un ymadrodd yn barhaus yn gweddu i'r weithred o fyfyrio, oherwydd pan fydd dyn yn ymgolli mewn myfyrdod dwys mae ei feddwl yn hofran ac yn ymdroi uwchben un testun sy'n hudo ei sylw i gyd. Yn wir, gall y weithred o adrodd un gair drosodd a throsodd fod yn fodd i feithrin myfyrdod. Dyna yw'r bwriad pan gorgenir y *mantra,* a dyna, hefyd, sy'n rhannol yn cyfrif am yr ailadrodd defodol sy'n nodweddu litwrgi'r eglwys.

Yr hyn a wna George Fox, felly, yw mynegi'r profiad o ollwng y rheswm dynol heibio, ac ymollwng i drobwll, neu lynclyn, dirgelion yr ysbryd. Cyfareddir y meddwl gan rythm yr ymadrodd. Wrth iddo suo'r meddwl i gysgu mae ar yr un pryd yn esgor ar ymwybyddiaeth newydd. Hynny yw, mae'r arddull yn arwyddo cred y Crynwyr fod y gwirionedd, sef Crist, yn llechu'n ddistaw ac yn llonydd oddi mewn i feddwl llygredig, prysur y dyn cnawdol. Dim ond drwy ymlonyddu ac ymddistewi y gall ef ddarganfod *'the still point of the turning world',* chwedl T. S. Eliot, sef *'the Name of Christ'* sy'n diasbedain yn nhraethiad George Fox.

Yr un oedd cred Morgan Llwyd a chred George Fox yn yr achos hwn, felly afraid ychwanegu fod y Cymro, cystal â'r Crynwr, yn ysgrifennu mewn arddull gylchol ar bryd-iau. Sylwodd Hugh Bevan ar y nodwedd hon, yn arbennig wrth drafod *Gair o'r Gair*. Yn y llyfr hwnnw, meddai, mae'r awdur 'yn gweithio o gwmpas i'w ffigur canolog a'i ddefnyddio ymhob agwedd arno.' 'Nid ymresymiad a rydd unoliaeth i *Gair o'r Gair*, eithr y ffigur canolog y seilir y llyfr arno, ac nid yw'r hyn a ymddengys fel elfen ymresymiadol yn ddim ond dadleniad araf o ystyron y ffigur hwnnw.' 'Ysgrifenna lyfr am ffigur', meddai eto, 'ac felly pa faint bynnag o esbonio a wna, y mae'n rhaid iddo ddychwelyd o hyd at gyflawnder cymysgryw ei fan cychwyn.' (*ML1*, 106 & 122)

Mae'n wir nad yw Morgan Llwyd yn ysgrifennu yn null gwasgaredig George Fox. I'r gwrthwyneb, mae dull y Cymro o ysgrifennu bob amser yn gryno ac yn ddisgybled-ig. Er hynny, mae yna debygrwydd trawiadol, debygwn i, rhwng arddull Fox ac arddull y ddau ddarn nesaf hyn o *Gair o'r Gair:*

GAIR Duw dirgel yw, ac Uchenaid y Galon druan sŷdd ddirgel hefŷd; a'r Ddau ynghŷd sŷdd fel Gwr a Gwraig. Y Gwr yw'r GAIR i'th reoli, i'th garu, i'th gesio, ac i'th ddwyn ar ei Braich tragwŷddol yn dy Wendid; a'th Galon dithau yw'r Wraig i wrando ar y GAIR ymma, i'w ofni, i'w berchi i'w ufyddháu, i'w roesawi, ac i'w gadw, Preswŷlied y GAIR ymma ynnoch yn Helaeth. (*G*,2.148)

COFIA yn fynŷch y GAIR a ddywedodd *Moesen* a'r Apostol *Paul* yn NUW. Galw fe eilwaith i'th Gof, sef, Dymma'r GAIR sŷdd yn dy Enau ac yn dy Galon, ac am hynny mae'n rhaid fod hwn yn gweled y Meddwl sŷdd yn dy Galon, a phob GAIR arall ar sŷdd ar dy Dafod yn dy Enau. Am hynny y dywedodd *Dafydd* wrth DDUW'r GAIR. 'Rwyti yn gwybod fy Meddwl ym mhell o'r blaen, ac nid oes Air ar fy nhafod cyn ei draethu ond ti a'i gwyddost oll. Etto O Ddŷn nid wyti di hunan yn canfod mor Nerth ymma sŷdd yn dy Galon nag yn deall y GAIR sŷdd yn dy Enau dy hunan. Wele fe alle mae tramgwŷddo a wnei ar y Maen ymma, ac mi wn ar ôl fy Ymadawiad (o'r pellaf) y bŷdd gan rai Eiriau neu Feddyliau yn fy erbyn i o achos y GAIR hwn. (*G*,2.152-3)

Wrth gymharu gwaith George Fox â gwaith Morgan
Llwyd yn yr achos hwn, sylweddolwn eu bod, wedi'r cyfan,
yn rhannu gweledigaeth ysbrydol waelodol, a bod honno'n
cael ei hamlygu yn eu harddull hwy. Teimlir rywsut fod
eneidiau'r Cymro a'r Crynwr yn cynganeddu am y tro,
oherwydd eu bod megis yn cyfarfod ar lefel ddyfnach nag
athrawiaeth neu grediniaeth. Ai ysbryd yr amseroedd,
ynteu'r Ysbryd Glân, sydd yn cyfrif am hyn, sydd gwestiwn
anodd i'w ateb.

[1] 'Morgan Llwyd and the Early Friends', *Friends Quarterly*
(Ionawr, 1954), 48–57.
[2] Am hanes y Cyfeillion yng Nghymru, gw. J. Gwynn Williams,
'Crynwyr Cynnar Cymru: Cipolwg', yn E. Stanley John, gol.,
Y Gair a'r Genedl: Cyfrol Deyrnged i R. Tudur Jones (Abertawe,
1986), 127–42.
[3] Dyma rai o'r llyfrau a'r ysgrifau pwysicaf am hanes cynnar
mudiad y Crynwyr. W. C. Braithwaite, *The Beginnings of
Quakerism* (Caergrawnt, ail argraffiad, 1955). R. M. Jones,
Spiritual Reformers in the Sixteenth and Seventeenth Centuries
(Glos.,Mass., adargraffiad, 1971). H. Barbour, *The Quakers in
Puritan England* (New Haven, 1964). W. A. Cole, 'The
Quakers and the English Revolution', yn T. Aston, gol., *Crisis
in Europe* (Llundain, 1965). T. L. Underwood, 'English
Quaker Eschatology', in P. Toon, gol., *Puritans, the Millennium
and the Future of Israel* (Caergrawnt, 1970). H. Barbour and
A. Roberts, goln., *Early Quaker Writings* (Grand Rapids, 1973).
Hefyd gweler William Penn, *The Rise and Progress of the People
Called Quakers* (1694, adargraffwyd yn F. Tolles and E. G.
Alderfer, goln., *The Witness of William Penn* (Efrog Newydd,
1957).
[4] *The Autobiography of Richard Baxter* (1696, talfyrrwyd gan
J. M. Lloyd Thomas, 1925), 74.
[5] *Times Literary Supplement*, (6 Ebrill, 1984), 364.
[6] *The Holy Spirit in Puritan Faith and Experience* (Rhydychen,
1946). Mae Dr Nuttall yn trafod y gwahaniaethau rhwng y
Crynwyr a'r Piwritaniaid yn gyffredinol yn *The Puritan Spirit:
Essays and Addresses* (Llundain, 1967), pennod 17. Ceir
esboniad diddorol ar ddylanwad y 'Grindletonians' ar dwf
mudiad y Crynwyr yn *The Beginnings of Nonconformity*, gan
Dr Nuttall ac eraill (Llundain, 1964).

7 Barry Reay, *The Quakers and the English Revolution* (Llundain, 1985), 9.

8 George Fox, *Journal*, gol., Norman Penny (Llundain, 1924), 42.

9 William Dewsbury, *The Discovery of the Great Serpent* (dim enw cyhoeddwr, 1655).

10 Christopher Hill, *The World Turned Upside Down* (Llundain, 1972), pennod 11.

11 James Parnell, *A Shield of Truth* (dim enw cyhoeddwr, 1654).

12 Richard Farnsworth, *The Spiritual Man Judgeth All Things* (dim enw cyhoeddwr, 1654), 2, 5.

13 David Hume, 'Of Superstition and Enthusiasm', yn Richard Wollheim, gol., *Hume on Religion* (Llundain, 1968), 248, 249.

14 Robert Barclay, *An Apology for the true Christian Divinity* (Llundain, argraffiad 1841).

15 'Of Superstition and Enthusiasm', 250.

16 Henry Tuke, *The Principles of Religion* (Llundain, 1805), 1.

17 James Parnell, *A Shield of Truth*, 13.

18 Farnsworth, *Spiritual Man*, 7.

19 Richard Farnsworth, *Caesar's Penny to be paid by Caesar's Friends* (dim enw cyhoeddwr, 1654), 7.

20 Gw. Nuttall, *Puritan Spirit*, pennod 17.

21 *Apology*, 204.

22 *The Autobiography of William Stout of Lancaster, 1665–1752*, gol., J. D. Marshall (Manceinion, 1967), 70.

23 Fox, *Journal*, 2.

24 Parnell, *A Shield of Truth*, 29.

25 Gw. A. L. Morton, *The World of the Ranters* (Llundain, 1970); J. F. McGregor, 'Seekers and Ranters', yn *Radical Religion*, goln., J. F. McGregor a B. Reay (Rhydychen, 1984), pennod 5; Christopher Hill, *The World Turned Upside Down*, pennod 9.

26 John Whitehead, *The Enmitie Betweene the Two Seeds* (dim enw cyhoeddwr, 1654), 34.

27 Parnell, *A Shield of Truth*, 38.

28 Dewsbury, *Great Serpent*, 21.

29 Parnell, *A Shield of Truth*, 34.

30 John Pain, *A Discovery of the Priests that say they were sent from the Lord* (dim enw cyhoeddwr, 1654), 16.

31 George Fox, *The Discovery of the Great Serpent* (dim enw cyhoeddwr, 1655), 16.

32 Richard Farnsworth, *The Brazen Serpent Lifted Upon High* (dim enw cyhoeddwr, 1654), 1.

33 Francis Ellington, *The Ranters Principles and Deceits Discovered* (dim enw cyhoeddwr, 1654), 2.

[34] *Proceedings at the Assize at Northampton against William Dewsbury, Joseph Stor and Henry Williamson* (dim enw cyhoeddwr, 1655), 12.

[35] Parnell, *A Shield of Truth*, 15.

[36] Fox, *Journal*, 8.

[37] Er enghraifft, gw. James Nayler, *A True Discoverie of Faith* (dim enw cyhoeddwr, 1655), 7–14.

[38] James Parnell, *A Tryal of Faith* (dim enw cyhoeddwr, 1655), 21.

[39] F. D. Tolles, rhagymadrodd i W. C. Braithwaite, *The Second Period of Quakerism* (Caergrawnt, ail argraffiad, 1961), 2.

[40] Louis Bouyer, *The Spirit and Forms of Protestantism*, cyf., A. V. Littledale (Llundain, 1956), 87.

[41] Geoffrey Nuttall, 'Puritan and Quaker Mysticism', *Theology* 78 (1975), 518–31.

[42] George Fox, *Journal*, 11, 17.

[43] George Fox, *The Vials of Wrath* (dim enw cyhoeddwr, 1655).

[44] Richard Farnsworth, *The Brazen Serpent*, 20–21. Mae gan Geoffrey Nuttall nodyn diddorol am Farnsworth, *Journal of Friends Historical Society*, XLVIII, 79–84.

[45] Christopher Hill, 'Radical Prose', yn *Essays in Criticism*, XXXIII (1982).

[46] Ceir beirniadaeth lem ar ddaliadau'r Crynwyr gan John Bunyan, *Grace Abounding to the Chief of Sinners* (Llundain, argraffiad 1966), 41.

[47] Thomas Sprat, *A History of the Royal Society*, gol., J. I. Cope a H. W. Jones (Llundain, 1959), 1.

[48] John Milton, *Paradise Lost*, Llyfr IX, llinell 20.

[49] Gw. Richard Bauman, *Let Your Words Be Few: Symbolism of Speaking and Silence Among Seventeenth Century Quakers* (Caergrawnt, 1983), *passim*. Hefyd Cyril Williams, *Tongues of the Spirit* (Caerdydd, 1982).

[50] John Woolman, *The Journal of John Woolman* (Llundain, dim dyddiad), 310. Esbonia mewn man arall fod Duw wedi dangos iddo *'[how] to wait in silence, sometimes many weeks together, until I felt that rise which prepares the creature to stand like a trumpet, through which the Lord speaks to his flesh'*, 175–6.

[51] Dyfynnir geiriau Dewsbury gan Bauman, *Let Your Words*, 128.

[52] Nigel Smith, *Perfection Proclaimed: Language and Literature in English Radical Religion, 1640–60* (Rhydychen, 1988).

[53] George Fox, *Journal*, 54.

[54] James Parnell, *The Watcher Striking at the Feet of the Image* (dim enw cyhoeddwr, 1655).

[55] *Perfection Proclaimed*, 283.

[56] *Perfection Proclaimed*, 331.

[57] *Perfection Proclaimed*, 335.

[58] *Perfection Proclaimed*, 331.

[59] *Perfection Proclaimed*, 61.

[60] George Fox, *A General Epistle to be Read in all the Christian Meetings in the World* (dim enw cyhoeddwr, 1662).

[61] Jackson I. Cope, 'Seventeenth Century Quaker Style', *PMLA*, 76 (1956), 725–54.

VIII

Rhethreg Gysegredig

'Mae llyfrau fel ffynhonnau, a dysgawdwyr fel goleuadau lawer yr awron ymysg rhai dynion. Cymer dithau, O Gymro caredig, air byr mewn gwirionedd i'th annerch yn dy iaith dy hun.' (*YB*,1: *G*,1.115) Fel yna y mae'r llyfr cyntaf a gyhoeddwyd erioed gan Forgan Llwyd yn cychwyn, a gwelwn yn syth mai gwaith cenhadol ydyw. Ond os yw hynny'n amlwg o'r dechrau, y mae gwedd arall ar y gwaith sydd hefyd yn ymddangos yn glir yn y brawddegau agoriadol. Sylwer ar blethwaith cywrain y seiniau, ac ar y cystrawennau cyfochrog. Dyma ddarn o ryddiaith sydd wedi ei batrymu'n grefftus. Sylwn, er enghraifft, fod dwy sain yn atseinio droeon yn y ddwy frawddeg, ac yn pwytho'r cyfan ynghyd: 'llyfrau . . . ffynhonnau . . . goleuadau . . . rhai . . . dithau . . . air . . . iaith'. 'Does gennym ni ddim term cyfarwydd bellach a'n galluoga i ddisgrifio'r gyfundrefn synau hon. Ond yng nghyfnod Morgan Llwyd ei hun yr oedd term ar gyfer y fath gynghanedd. *Similiter cadens* oedd yr ymadrodd a ddefnyddid yn y llyfrau rhethreg, a byddai'r sawl a fyddai wedi darllen y llyfrau hynny yn siwr o sylwi ar un wedd arall ar y brawddegau hyn hefyd, sef y ffordd y mae'r awdur yn closio at ei ddarllenwr ar unwaith. 'Cymer dithau, O Gymro caredig, air byr mewn gwirionedd i'th annerch yn dy iaith dy hun.' Dyma enghraifft ragorol o'r hyn a alwai'r llyfrau rhethreg yn *familiaritas*.[1]

Bwriedir dadlau, yn y man, ei bod hi'n bur debyg i Forgan Llwyd ei hun, yn llanc, gael rhywfaint o hyfforddiant mewn rhethreg, a bod yr hyfforddiant hwnnw wedi gadael ei ôl ar ei ddychymyg. Ond cyn ymhelaethu ar y testun hwnnw, sylwer eto ar baragraffau agoriadol *Llythyr i'r Cymry Cariadus*, gan graffu ar rai o'r patrymau geiriol sy'n cyfateb i'r hyn a alwai'r llyfrau rhethreg yn 'ffigurau'. Yn ein hiaith ni, heddiw, cyffelybiaeth neu drosiad a ddynoda'r gair 'ffigur', ond nid felly yr oedd hi yng nghyfnod Morgan Llwyd. *Trope*, sef 'tro', oedd y gair a arferid gan y rhethregwyr i ddisgrifio'r dulliau hynny o ddefnyddio iaith. Ystyr 'ffigur' iddynt hwy oedd 'trefn geiriau', a hoffent restru'r gwahanol *schemata*, neu batrymau geiriol, y medrai areithiwr neu awdur eu defnyddio'n gelfydd er mwyn dwysáu ei neges, ac er mwyn grymuso mynegiant.

Dim ond sylwi ar ddalen gyntaf *Llythyr i'r Cymry Cariadus* sy'n rhaid er mwyn sylweddoli bod Morgan Llwyd yn feistr ar y ffigurau. 'Oferedd', meddai, 'yw printio llawer o lyfrau; blinder yw cynnwys llawer o feddyliau; peryglus yw dwedyd llawer o eiriau' (*YB*,1: *G*,1.115). Dyna enghraifft gampus o *similiter desinens*, sef y dechneg o gloi cyfres o frawddegau neu ymadroddion â chyfres o seiniau sy'n odli. Ychydig ymhellach ymlaen gwelir bod yr awdur yn defnyddio patrwm arall o ailadrodd, eithr y tro hwn mae'n cychwyn cyfres o ymadroddion â'r un gair. Nid yw'r Cymry pechadurus, meddai, yn 'adnabod y Duw anweledig a'u gwnaeth na'r Duw bendigedig a'u prynodd, na'r Duw caredig sy'n gweiddi wrth eu drysau am gael dyfod i mewn iddynt i aros ynddynt.' (*YB*,1: *G*,1.116) Gair syml y cyfnod i ddisgrifio'r dechneg hon oedd *repetitio*.

Ochr yn ochr ag esiamplau o ailddweud, ceir enghreifftiau o ymadroddion cyferbyniol ar ddechrau'r *Llythyr*. 'Llawer sydd yn ymwthio, ychydig yn mynd i'r bywyd; llawer yn breuddwydio, ac ychydig yn deffro; llawer yn saethu, ac ychydig yn cyrhaeddyd y nod.' (*YB*,1: *G*,1.115) *Contrarium* fyddai term y rhethregwyr am y ddyfais hon. Ond y mae'r brawddegau hyn hefyd yn arddangos y grefft o *commoratio*, oherwydd y mae'r un pwynt sylfaenol yn cael ei fynegi deirgwaith, mewn tair ffordd wahanol. Mae'r un peth yn digwydd eto mewn paragraff cyfagos: 'yn byw yng ngogr oferedd, ac ym mustl chwerwedd, yn gorwedd yn rhwymyn anwiredd yng ngwely Babel, yn pori yng ngweirglodd y cythraul i borthi y cnawd' (*YB,*1: *G,*1.116). Yn wir, un o brif nodweddion arddull Morgan Llwyd yw ei ddefnydd helaeth o *expolitio,* sef yr arfer o aros am yn hir uwchben un testun drwy sôn amdano mewn nifer o amrywiol ffyrdd.

Wrth iddo syllu ar gyflwr ysbrydol truenus ei gyd-Gymry, ni all Morgan Llwyd ymatal rhag gollwng ochenaid o'r galon: 'Ac och, och, och fod llaweroedd o'r Cymry hefyd, doethion cystal ag annoethion, yn byw yng ngogr oferedd' (*YB,*1: *G,*1.115). *Copulatio* oedd y term i ddynodi ailadrodd gair dan bwysau teimlad. Mae'r awdur wedi ei gynhyrfu, ac mae'n cyfleu'r cyffro hwnnw i'w ddarllenwyr er mwyn eu cyffroi hwythau yn eu tro. *Excitatio* oedd digwyddiad felly, yn iaith y llyfrau rhethreg. Galarnadu y mae Morgan Llwyd, yn null proffwydi'r Hen Destament, oherwydd bod ei bobl wedi cefnu ar yr Arglwydd, a *lamentatio* oedd y gair a ddisgrifiai lef un yn llefain yn y modd hwnnw. Ceisia'r awdur ddeall ymagweddiad meddwl y bobl drwy dreiddio i'w dyheadau cudd, a thrwy roi mynegiant ar goedd iddynt. 'Pe cawn i, medd un, synnwyr naturiol i ddeall pa fodd y mae'r droell dan yr haul yn troi . . . Medd arall, pe cawn i fwynhau had ieuenctid' (*YB,* 1: *G,*1.116). Fan yma, mae'n cymeriadu'r bobl drwy ddefnyddio'r grefft o *sermocinatio,* sef yr arfer o lunio ymson sy'n crynhoi ac yn mynegi cyflwr moesol y traethydd dychmygol.

Y drafferth, wrth gwrs, yw bod rhaid chwalu'r cyfanddarnau cymhleth a gyfansoddwyd mor gelfydd gan Forgan Llwyd, er mwyn codi'r enghreifftiau unigol hyn. Mae paragraffau agoriadol *Llythyr i'r Cymry Cariadus* yn un plethwaith cywrain o 'ffigurau', ac y mae'r rheini'n esgor ar gynghanedd urddasol a chyfareddol. 'Rydym ni, heddiw, yn amharod iawn i arfer y gair 'rhethreg' wrth ganmol godidowgrwydd rhyddiaith, oherwydd bod y gair ynghlwm, bellach, wrth ansoddeiriau dirmygus megis 'ffuantus' a 'gwag'. Felly tybiwn nad yw 'rhethreg' yn air gweddus i ddisgrifio gwaith awdur ysbrydol didwyll, dwys, fel Morgan Llwyd. Ond os ydym am werthfawrogi gwir fawredd Morgan Llwyd y llenor, dylem sylwi'n fanylach ar y feistrolaeth a oedd ganddo ar batrymau geiriau. Ond erbyn hyn, ysywaeth, yr ydym yn brin iawn o dermau sy'n goleuo crefft yr awdur rhyddiaith, ac felly rhaid benthyg rhai o dermau dadansoddiadol hynod soffistigedig a threiddgar yr hen lyfrau rhethreg. Serch hynny, rhaid cofio nad ar gyfer darllenwyr yn bennaf y bwriadwyd y llyfrau hynny. Yn hytrach fe'u defnyddid yn rheolaidd mewn ysgol ac mewn coleg i ddysgu'r disgyblion sut i ysgrifennu'n effeithiol, a chredir i Forgan Llwyd ei hun gael ei hyfforddi yn y modd hwn. Os yw hynny'n wir, yna hwyrach y gall gwybodaeth bellach am gyfraniad y traddodiad rhethreg i fyd addysg ein cynorthwyo i ddeall twf athrylith Morgan Llwyd y llenor ychydig bach yn well.

* * * *

Gwyddom fod Morgan Llwyd wedi gadael cartre'r teulu yng Nghynfal pan oedd yn llanc, ac wedi teithio i Wrecsam yng nghwmni ei fam er mwyn mynd i'r ysgol ramadeg enwog a oedd wedi ei sefydlu yn y dref yn 1603.[2] Ffrwyth y Dadeni Dysg yn Ewrop oedd yr ysgolion hyn i gyd, ac un o brif ddyletswyddau'r athrawon oedd sicrhau bod y disgyblion, cyn gadael, yn siarad Lladin yn rhugl ac yn ysgrifennu'r iaith yn gywir. Erbyn 1575 yr oedd 360 o ysgolion eisoes wedi eu hagor yng Nghymru a Lloegr, ac nid ar hap y gelwid hwy'n ysgolion *gramadeg*. 'Roedd rhaid i bob disgybl feistroli rheolau gramadeg yr iaith Ladin yn drylwyr, ac yr oedd yr ymarfer o drosi darn o'r Lladin yn fodd i'r bechgyn ymestyn eu geirfa ac ymgyfarwyddo â chystrawen ddieithr.[3] Dysgai'r disgyblion hefyd sut i ddadansoddi darnau dethol o ryddiaith a barddoniaeth Ladin, er mwyn meithrin y grefft o ysgrifennu. Defnyddient lawlyfrau rhethreg i'w cynorthwyo i ddeall cynllun a chrefftwaith geiriol y cyfansoddiadau. Ac ar ôl canfod sut yn union yr oedd rhai o feistri llên enwocaf y gorffennol yn defnyddio technegau arbennig, byddai'r disgyblion wedyn yn ceisio'u hefelychu drwy ddefnyddio rhai o'r patrymau iaith a ddisgrifid yn y llyfrau rhethreg i gyfansoddi darnau bach eu hunain yn yr iaith Ladin a hefyd yn yr iaith Saesneg.

Yr un oedd patrwm y dysgu ym mhob ysgol ramadeg ym mhob cwr o'r wlad. 'Roedd hi'n gyfundrefn haearnaidd, ond yr oedd hi hefyd yn gyfundrefn effeithiol dros ben, a dyna paham y goroesodd am fwy na thair canrif heb fawr o newid arni. Yng nghyfnod Morgan Llwyd, fel yn oes y Frenhines Elisabeth, yr oedd y disgyblion yn gaeth i amserlen hynod lawn. Ar ôl codi'n blygeiniol byddent yn cael gwersi o chwech o'r gloch tan amser brecwast am naw. Bryd hynny, caent chwarter awr o saib i lyncu bwyd cyn dychwelyd i'r dosbarth i astudio eto tan un ar ddeg. Wedyn 'roedd dwy awr ganddynt i fwyta'u cinio ac i hamddena cyn i sesiwn y prynhawn ddechrau, ac yr oedd hwnnw'n ymestyn o un o'r gloch hyd bump. Wedi awr o swpera 'roedd rhaid iddynt astudio eto am awr cyn y gallent roi'r gorau i'w gwaith am y diwrnod.

Ac eithrio'r Sul, dyna oedd y drefn bob dydd o'r wythnos, a hynny am 36 o wythnosau bob blwyddyn. Ymhellach, byddai'r gwersi'n dilyn patrwm gosod gweddol fanwl. Yn y sesiwn cyn brecwast byddai'r athro'n mynd dros waith y diwrnod blaenorol, er mwyn sicrhau bod y cyfan gan y bechgyn yn ddiogel ar eu cof. Mentrai i faes newydd ar ôl brecwast, ond treuliai'r prynhawn wedyn yn ail dramwy'r maes hwnnw. Ar ôl swper, 'roedd rhaid i'r disgyblion ymroi i ddysgu holl waith y dydd, gan wybod y byddent yn cael eu holi a'u profi yn y wers gyntaf y bore wedyn. Ar ôl blynyddoedd o weithio dyfal, gofalus fel hyn, mae'n sicr y byddai'r disgyblion gorau wedi eu trwytho yn y prif bynciau; ac yr oedd rhethreg yn un o'r pynciau craidd ym mhob ysgol ramadeg, gan gynnwys Ysgol Ramadeg Wrecsam.

Am amryw resymau, yr oedd rhethreg yn bwnc a oedd yn uchel iawn ei barch ymhlith ysgolheigion ac ymhlith ysgolfeistri drwy gydol cyfnod y Dadeni. 'Roedd yn ffordd systematig o ymgydnabod ag adnoddau mynegiant iaith, boed yr iaith honno yn Lladin neu Saesneg. Ymhellach yr oedd yn ffordd hynafol o astudio iaith, oherwydd yr oedd gwŷr y Dadeni'n cydnabod mai gan yr hen Roegwr Aristotlys, a chan y Rhufeiniaid Cicero a Quintilian, yr ysgrifennwyd y cyflwyniadau gorau i grefft y rhethregwyr. Yn wir, yr oedd llyfr enwog, cynhwysfawr Quintilian, *Institutio Oratoria* (Rheolau Rhethreg) yn destun gosod yn rhai o'r ysgolion gramadeg. Ond yn amlach na pheidio 'roedd yn well gan athrawon ysgol ddefnyddio llawlyfrau cyfoes a grynhoai reolau ac esiamplau o sawl ffynhonnell, ac a gyflwynai'r cyfan mewn dull y medrai disgybl ei ddeall. Dyna a geir yn antholeg Susenbrotus, *Epitome troporum ac schematum,* un o hoff lyfrau ysgolfeistri'r cyfnod. Llyfr pedantig, sych yw hwnnw, ond llwyddodd yr ysgolhaig mawr Erasmus i lunio clasur o lyfr yn ymwneud â rhethreg, sef *De copia verborum ac rerum,* a pharhaodd hwnnw'n ffefryn ymhlith myfyrwyr am sawl canrif.

Gwelir, felly, mai o bair y Dadeni ar gyfandir Ewrop y daeth nifer o'r llyfrau rhethreg a ddefnyddid ar y cyntaf yn ysgolion Lloegr. Ond erbyn i Ysgol Ramadeg Wrecsam gael ei hagor yn 1603 'roedd llyfrau newydd ardderchog ar rethreg ar gael, ac yn Lloegr yr ysgrifennwyd llawer o'r rheini. Fel y gellid disgwyl, enillodd y rhain eu lle'n gyflym ym myd addysg y cyfnod. Erbyn iddynt ymddangos, yr oedd pwyslais cynyddol ar ddefnyddio rhethreg er mwyn dysgu bechgyn sut i ysgrifennu'n effeithiol, yn ogystal ag er mwyn meithrin ynddynt y grefft o siarad yn gyhoeddus. Ac er bod y llyfrau rhethreg yn dal o hyd i drafod pob agwedd ar y gelfyddyd o ddefnyddio iaith yn fedrus, gan gynnwys sôn am sut i ddewis testun a sut i'w ddatblygu, y rhan o'r cynnwys a hawliai sylw pennaf yr athrawon a'r disgyblion oedd y casgliad helaeth o 'ffigurau' a restrid ac a esbonid ym mhob llyfr dan y pennawd *'elocutio',* sef 'arddull'. Felly y buasai hefyd yn Oes y Clasuron. *Ad Herennium* oedd un o'r cyfrolau poblogaidd yn ymwneud â rhethreg yn y cyfnod hwnnw, ac nid yw pedwerydd llyfr y gwaith yn ddim ond un rhestr hir o ffigurau. Yr oedd rhai cannoedd o'r rheini wedi eu disgrifio, ac y mae un ysgolhaig yn amcangyfrif bod Shakespeare yn defnyddio rhagor na dau gant ohonynt yn ei ddramâu.[4] Wrth gwrs yr oedd ef yn athrylith, ac felly yn eithriad prin, ond awgryma un arbenigwr 'fod pob person yn Ewrop a gawsai addysg mewn ysgol ramadeg ar unrhyw adeg rhwng cyfnod Ofydd a chanrif Pope, yn sicr o fod wedi dysgu enwau cant, o leiaf, o ffigurau ar ei gof.'[5] Byddai'r disgybl yn dysgu'r ffigurau ar ei gof yn union 'run fath ag y dysgai'r tabl lluosi.

O sylweddoli hyn, y perygl wedyn yw ein bod ni heddiw'n barod i gredu yn syth mai fformiwla fecanyddol yn unig oedd y ffigurau, a'u bod yn gwbl anaddas ar gyfer mynegi ffresni profiad neu ddiffuantrwydd teimlad. Ond wrth gwrs y mae gennym yng Nghymru brawf pendant i'r gwrthwyneb, oherwydd gwyddom yn dda am y modd y gall rheolau caeth y gynghanedd esgor weithiau ar fynegiant didwyll, eithriadol deimladwy. Yr un modd gwyddai'r rhai a ymddiddorai mewn rhethreg nad peirianwaith ar gyfer atgynhyrchu ystrydebau oedd y ffigurau, eithr cyfryngau mynegiannol eithriadol werthfawr. Ceisiai awduron rhai o'r llyfrau arddangos hyn drwy gynnig esiamplau o fynegolrwydd ambell ffigur dethol. Awgryment yn aml fod patrwm geiriau ffigur yn cyfateb i batrwm teimlad, ac felly bod cynseiliau seicolegol i reolau rhethreg. Fel hyn, er enghraifft, y sonia Sir John Hoskins am y grefft o ail-ddweud, yn ei lyfr *Directions for Speech and Style* (1579): *'as no man is sick in thought upon one thing but from some vehemency or distress, so in speech there is no repetition without importance'*.[6]

Sylweddolai George Puttenham yntau na wnâi rhethreg ddim ond gosod trefn ar y ffordd yr oedd pobl, wrth siarad, yn amrywio'u hiaith yn ôl y gofyn, a'u bod yn gwneud hynny'n hollol naturiol ac yn ddifeddwl. *'Nature herself suggesteth the figure in this or that form'*, meddai, *'but Art aideth the judgement of his uses and application.'*[7] Yn ei lyfr enwog, *The Arte of English Poesie* (1589), ceir disgrifiadau cynhwysfawr o'r ffigurau, ochr yn ochr ag esboniadau deallus a chraff ar y dylanwad sydd gan y ffigurau ar feddwl gwrandawr neu ddarllenydd.

Noder, felly, fod y damcaniaethwyr a astudiai rethreg yn gwahaniaethu rhwng y wedd fynegiadol a'r wedd effeithiol ar y grefft. Ar y naill law medrai rhethreg fynegi cyflwr meddwl yr awdur neu'r traethydd; ac ar y llaw arall medrai ddylanwadu ar gyflwr meddwl y sawl a fyddai'n gwrando neu'n darllen. Ac wrth gwrs yr oedd yr ail wedd hon o ddiddordeb arbennig i areithwyr o bob math, gan gynnwys pregethwyr. Bu rhethreg yn rhan bwysig o gwrs hyfforddi clerigwyr fyth er cyfnod yr Eglwys Fore, fel y dangosodd W. F. Mitchell yn ei lyfr gwerthfawr *English Pulpit Oratory*.[8] Ac yn y cyswllt hwn mae'n werth nodi fod cysylltiad yn Wrecsam rhwng yr ysgol ramadeg ac eglwys y plwyf. Yr oedd paratoi bechgyn ar gyfer eu hurddo'n offeiriaid yn rhan o swyddogaeth yr ysgol.

Mae'n dra thebyg felly i Forgan Llwyd dderbyn hyfforddiant mewn rhethreg pan oedd yn fachgen ysgol yn Wrecsam. Ond wedi dweud hynny, gwell pwysleisio ar unwaith na fernir iddo ddefnyddio sgiliau rhethreg yn fwriadus wrth lunio'i weithiau. I'r gwrthwyneb, yn wir. Mae'n bur debyg ei fod wedi cefnu'n llwyr ar rethreg erbyn hynny, am ei fod yn argyhoeddedig mai arf llygredig y byd cnawdol oedd hi. Cofier pa mor elyniaethus oedd ef i bob agwedd ar y ddysg ddyneiddiol yr oedd y prifysgolion yn ei harddel, ac fel y dangoswyd eisoes yr oedd gan rethreg ei lle diogel oddi mewn i'r gyfundrefn addysg. Mae'n wir nad oedd pob un o'r Piwritaniaid am ymwrthod yn gyfan gwbl â rhethreg. Mynnai rhai ohonynt gymhwyso'r grefft at ddibenion ysbrydol, gan ddadlau ymhellach mai un o wendidau Eglwys Loegr oedd ei methiant hi i ddysgu ei hoffeiriaid sut i bregethu'n egnïol. Ond perthynai Morgan Llwyd i'r garfan radical ymhlith y Piwritaniaid, sef y rhai a fynnai wahaniaethu'n bendant rhwng medrau meddwl naturiol cnawdol dyn a'r galluoedd a ddeuai drwy dywalltiad yr Ysbryd yn unig. Credent fod byd o wahaniaeth rhwng y gallu i siarad yn rhugl yn unol â rheolau rhethreg a'r huodledd ysbrydol, ysbrydoledig unigryw hwnnw a brofai'r saint. O darddiad dwyfol y deuai hwnnw, ac ni allai'r meddwl dynol ei greu na'i gyfarwyddo, yn wahanol iawn i'r grefft yr oedd y rhethregwyr yn ei harfer.

Ond serch fod Morgan Llwyd am ddiarddel rhethreg, ni allai lacio'r afael sicr a oedd ganddi ar ei ddychymyg.[9] Nid sôn am ei ddefnydd anfwriadus, cyson a 'greddfol' ef o ffigurau cywrain, cymhleth yn unig a wneir, er bod y defnydd hwnnw'n arwydd clir o'r trwythiad a gafodd yn y grefft pan oedd yn fachgen. Eithr awgrymwn ymhellach fod ei astudiaeth o rethreg yn rhan o'r cwlwm profiadau cynnar a fu'n gyfrifol am feithrin hydeimledd ieithyddol Morgan Llwyd.[10] Mae'n sicr fod dysgu sut i gynganeddu, yng Nghynfal, yn un arall o'r profiadau ffurfiol hynny, a bod ei adnabyddiaeth o grefft y canu caeth a'i adnabydd-iaeth o grefft rhethreg wedi gweithio y naill ar y llall, gan feithrin ynddo werthfawrogiad eithriadol ddwys o ryth-mau rhyddiaith y Beibl. Ac yn y pen draw y Beibl, wrth gwrs, yw'r llyfr rhethreg mawr lle y cafodd Morgan Llwyd hyd, yn ddiarwybod, i batrymau rhyddiaith cyfoethog. Fel y gwyddom, yr oedd epistolau Paul yn arbennig o agos at ei galon, oherwydd yno yr oedd cnewyllyn ei genadwri ysbrydol i'w gael. Ond onid yn y llythyrau hynny y ceir llawer o'r enghreifftiau gorau yn y Beibl i gyd o rethreg wedi ei chymhwyso at ddibenion yr Ysbryd?

* * * *

Maentumiwn, felly, fod yr addysg gynnar a gafodd Morgan Llwyd wedi treiddio yn ddwfn i'w feddwl, ac o ganlyniad fod sgiliau rhethreg yn rhan o gynhysgaeth ei ddychymyg wedi iddo dyfu'n ddyn. Ymddengys y sgiliau'n eglur ym mhob un o'i weithiau, ac yn wir fe dybiwn fod llawer iawn o'r hyn a edmygwn ni heddiw yn y llyfrau i'w briodoli, yn anuniongyrchol, i'r grefft o drin geiriau a ddysgodd ef yn ifanc. Sylwyd eisoes ar y patrymau geiriau celfydd a geir ar ddechrau'r *Llythyr i'r Cymry Cariadus.* Trown nesaf at *Gwaedd yng Nghymru* er mwyn craffu'n fanwl ar y ffordd y medrai Morgan Llwyd ddefnyddio nifer o ddyfeisiau rhethreg mewn llyfr drwyddo.

Efengylu a wna Morgan Llwyd yn *Gwaedd yng Nghymru*, ac wrth wneud hynny mae'n arfer rhai o hoff dechnegau rhethregol y pregethwr, yn enwedig y rheini sy'n briodol ar gyfer trin gwrandawyr. Conglfaen y llyfr cyfan, wrth gwrs, yw'r gallu sydd gan yr awdur i ysgrifennu fel petai wyneb yn wyneb â'i gynulleidfa. *'O Bobl Cymru!* Atoch chi y mae fy llais; *O Drigolion Gwynedd a'r Deheubarth* arnoch chi yr wyf i yn gweiddi!' *(YB,7: G,1,127–8) Communicatio* oedd yr enw ar y dechneg hon, ond cynghorai'r llyfrau rhethreg yr awdur i hepgor *aversio,* neu'r cyfarchiad cyhoeddus, ar ôl ei ddefnyddio ar y cyntaf i ddenu sylw. Awgryment y dylai frysio wedyn i glosio at y gwrandawr drwy ysgrifennu mewn ffordd agosach ato: 'Edrych o'th amgylch a gwêl' *(YB,7: G,1.128).*

'Roedd *sermocinatio* yn arf pwysig yn arfogaeth rethreg y pregethwr. Dyma'r grefft o gynnwys yn eich araith yr hyn yr hoffai eich gwrthwynebydd ei ddweud, drwy ddych-mygu a thrwy leisio'r dadleuon y carai ef eu cyflwyno. Fe ddefnyddir y dechneg hon yn helaeth iawn yn *Gwaedd yng Nghymru,* a'r awdur yn dangos ei fod yn medru rhagweld y ffordd y bydd meddwl y dyn cnawdol yn gweithio, a'i fod yn gallu achub y blaen arno drwy ddarparu ateb cyflawn anatebadwy i bob cwestiwn, bron cyn iddo gael ei holi:

> Ond, meddi di, fe allai fod y gydwybod yn ddall, ac er imi ddilyn cydwybod anwybodus, nid wyf i nes . . .
> I ateb hyn, deall fod llawer yn dilyn eu hewyllys eu hunain, ac yn tybied mai eu cydwybod sydd yn eu harwain.
>
> *(YB,14: G,1.140)*

Yr argraff a roddir yw bod y sant, yn ddieithriad, yn gweld lawer ymhellach na'r pechadur, ond ei fod hefyd yn amgyffred dryswch meddwl y truan ac yn tosturio wrtho. Teimlir felly fod Morgan Llwyd yn mynd i'r afael â chyflwr y dyn cnawdol oherwydd ei fod wedi rhannu'r un profiad ag ef.

Un o brif gryfderau Morgan Llwyd fel awdur yw'r gallu hwn sydd ganddo i ymchwilio i ddyfnderoedd bodolaeth dyn drwy arfer dulliau dirfodol. Yn *Gwaedd yng Nghymru* defnyddia *imaginatio* i greu ymdeimlad o'r anesmwythyd meddwl sy'n poenydio'r dyn cnawdol:

> edrych i mewn a gwêl: mae yno sarff gyfrwys yn hedeg mewn rhagrith a dichell yn y meddwl; mae yno fwystfil anllad yn byw yn chwantau'r cnawd; mae yno megis teirw Basan yn rhuo yng nghyndynrwydd yr ewyllys; mae yno gŵn yn cyfarth yn y gydwybod ddrwg; mae yno flaidd yn difa pob meddwl da (*YB*,12: *G*,1.136).

Yn yr achos hwn, mae *repetitio*, neu ailadrodd, yn peri i'r darllenydd deimlo fod pethau'n cau amdano o bob cyfeiriad, ac nad oes modd i'r enaid ddianc o afael yr anifeiliaid rheibus sy'n ei amgylchynu. Profwn glawstroffobia wrth ddarllen, ac y mae'r cyfan fel hunllef na fedrwn ymryddhau ohoni.

Cynydda'r awdur y pwysedd seicolegol drwy ddefnyddio *contrarium*, sef dywediadau bachog lle ieuir dau ymadrodd cyferbyniol: 'Dos ymlaen, ond fe a'th rwystrir; cymer dy rwysg, ond fe a'th fernir' (*YB*,13: *G*,1.139). Fan yma teimlir fod cosb y pechadur yn anorfod, beth bynnag a wna. Ond gellir defnyddio'r un ffigur i berwyl gwahanol iawn, sef er mwyn gwarantu bod iachawdwriaeth sicr ar gael i'r sawl sy'n edifarhau:

> Er cynted hefyd y gwywo dy synnwyr di, fe dardda doethineb Duw ynot ti, a phan ballo dy nerth di, fe a roddir cryfder i'r dirym. Pan dduo dy holl bleserau di y tywynna diddanwch Duw arnat ti. (*YB*,15: *G*,1.142)

Ynghyd â *contrarium*, ceir yma enghraifft o *disjunctio*, sef y dechneg o ailadrodd patrwm brawddeg droeon er mwyn ailgyflwyno'r neges, eithr gan ddefnyddio geiriau gwahanol bob tro wrth wneud hynny. Yn y cyswllt arbennig hwn, manteisir ar y dechneg i ymhelaethu ar yr un pwynt canolog, sef bod yn rhaid i'r 'hen ddyn' pechadurus beidio â bod, yn llwyr, cyn y cenhedlir y 'dyn newydd' yn ei le.

Gan fod y rhaniad absoliwt rhwng byd y cnawd a byd yr ysbryd yn brif fwrdwn i waith Morgan Llwyd, mae'n naturiol iddo droi at y patrwm a alwyd yn *dissimilitudo*, oherwydd dyna'r ffigur gorau ar gyfer cymharu neu wrthgyferbynnu dau gyflwr gwahanol. Wele un enghraifft dda ohono: 'Mae'r tri hyn yn ymddangos yn y rhai cadwedig, a Mab Duw fel hyn yn byw ei fywyd ei hunan ynddynt. Ond mae'r eneidiau eraill yn chwennych fyth fwyta o *bren gwybodaeth da a drwg*, yn ymofyn am bethau naturiol, ac yn gadael pren y bywyd ym Mharadwys Duw heb ei brofi' *(YB,*11: *G,*1.136). A phan fydd am gyferbynnu mewn ffordd gynilach, gall droi at *commutatio,* sef ailadrodd ymadrodd, ond fod rhai o'r geiriau yn cyfnewid lle â'i gilydd: 'Mae rhai yn crynu i orffwys, ac eraill yn gorffwys i grynu.' *(YB,*10: *G,*1.133)

Un ffordd effeithiol y gall yr awdur ddenu'r darllenwr i mewn i'r drafodaeth yw drwy holi cwestiwn, ond y mae mwy nag un ffordd o wneud hynny. Defnyddir *percontatio* os yw'r awdur am i'r cwestiwn weithredu fel llef: 'O elyn cyfrwys, pa bryd y lleddir di? O flaidd yn y meddyliau, pa bryd y caiff y defaid lonydd gennyt?' *(YB,*13: *G,*1.138) Pan fydd yr awdur dan deimlad, yna ceir cyfres o gwestiynau o'r math hwn, yn unol â'r patrwm a elwir yn *quaestium:* 'pa fodd y rhown ni gyfrif am bob gair ofer, meddwl segurllyd, ac am bob gweithred anghyfreithlon? Pwy a ddadlau drosom yn erbyn ein cydwybodau ein hunain? Pa fodd y gwyddom ddarfod glanhau'r gydwybod hyd y gwaelod?' *(YB,*10: *G,*1.134) Ond os hola'r awdur gwestiwn a chynnig ei ateb ei hun, yna gelwir y patrwm hwnnw yn *rogatio:*

Ond beth a wneir i ti, ac i'r enaid truan yn yr hwn yr wyt ti yn gweithio?

O Gymro, fy mrawd a'm cymydog, rhan ohonot ti dy hunan yw'r gelyn gwaethaf. Ni allai neb niwed i ti, oni bai dy fod di yn dy niweidio dy hunan *(YB,*13: *G,*1.139).

Gan fod Morgan Llwyd yn *Gwaedd yng Nghymru* yn ysgrifennu ar hyd yr amser fel petai dan deimlad mawr, manteisia ar nifer o ffigurau sy'n fodd iddo ddwysáu mynegiant. Un o'r rhain yw *acervatio,* sef cyfres hir o gysyllteiriau, y naill yn dilyn y llall. 'Nid oedd y gair drwyddynt nac yn forthwyl i dorri'r garreg, nac yn dân i losgi'r cnawd, nac yn wenith i borthi'r gydwybod, ond megis us a breuddwydion, sef pregethau ysgafn gweigion.'

(*YB*,8: *G*,1.129–30) Ffigur arall a chanddo rym mynegiannol arbennig yw *articulus*. Y tro hwn mae'r awdur yn gollwng cysyllteiriau heibio, er mwyn pentyrru enwau:

> Rhaid iti fynd allan o gof a golwg y byd, a chymeryd dy gyfrif yn ffŵl, yn ynfyd, yn ddim, yn llai na dim, cyn i ti gael gwybod dim fel y dylit; ac ni ddealli nad oes *Dim ond Dim* a ŵyr bob peth (*YB*,15: *G*,1.143).

Sylwer ymhellach fod y gair 'Dim' yn newid ystyr sawl gwaith wrth iddo gael ei ailadrodd yn y darn hwn. *Heratio* yw'r enw ar y patrwm hwn, a gwelir ef eto yn y dyfyniad nesaf, gan fod 'gwaedd' yn golygu 'bloedd o rybudd' ar y dechrau, ond yn gyfystyr â chri y galon ddolurus erbyn y diwedd. Y mae'r gair 'llefain' yntau'n newid yn yr un modd:

> Wele'r Cymro, dyma'r *waedd;* dyma'r llefain, yr utgorn o'r tu mewn. Ac onid yw'r gydwybod yn datseinio, fe a dry'r *waedd* yn *wae* i ti. Ond os wyt ti yn deffro, ac yn agoryd dy lygaid i edrych i mewn, yna mae'r galon yn rhoi gwaedd hefyd, ac yn llefain. (*YB*,14: *G*,1.141)

Try'r 'waedd' yn 'wae', wrth gwrs, drwy fod Morgan Llwyd yn gollwng cytsain derfynol y gair cyntaf heibio, yn unol â'r ffigur *allusio*. Ceir enghraifft wych arall o'r chwarae hwn ar eiriau yn *Gwaedd yng Nghymru*: 'Rhaid yw dy ddiddymu di, cyn dy ddiddyfnu; a rhaid yw dy ddiddyfnu di, cyn dy ddiddanu di.' (*YB*,15: *G*,1.142) Yma y mae Morgan Llwyd hefyd yn arfer y ffigur *reduplicatio,* gan ei fod yn defnyddio'r gair 'diddyfnu' ddwywaith er mwyn creu dolen gyswllt rhwng dwy frawddeg.

Pan fydd Morgan Llwyd am roi amlygrwydd i eiriau arbennig, er mwyn ei gwneud hi'n glir bod cysylltiad agos rhyngddynt, gall fanteisio ar y ffigur *similiter cadens* a chreu odl fewnol: '*dyna'r ddamnedigaeth,* fod dyn yn ddiofal am ei iechydwriaeth.' (*YB*,9: *G*,1,131) Fe all greu'r ffigur *similiter desinens* drwy sicrhau bod y geiriau terfynol mewn cyfres o frawddegau yn odli. 'Ac er hynny hyd yn ddiweddar, y tywyllwch a reolodd, a'r *Offeren Ladin* a'n twyllodd, a'r llyfr gwasanaeth a'n bodlonodd, a'r gobaith o anwybodaeth a'n suodd i gysgu: gyda hynny y degymau a'r trethi

a'n llwythodd, a'r rhyfeloedd a'r trwst a'n dotiodd. Yr
offeiriaid mudion hefyd a'r prcgethwyr chwyddedig a'n
hanrheithiodd.' *(YB,8: G,*1.129) Yma mae'r ailadrodd
parhaus yn peri i'r darllenydd ymdeimlo â'r profiad o
wasgfa sy'n llethu'r enaid ac yn ei fygu. Ond dro arall
defnyddir *similiter desinens* a *similiter cadens* ynghyd â
repetitio i arwyddo na all y dyn cnawdol ddianc o afael yr
Hunan sy'n llywodraethu ei fywyd:

> Os tewi a wna, mae fo yn rhagrithio; os dywedyd a wna yn
> synhwyrol, mae fo yn ymchwyddo, fel un a ganodd gân wych;
> os methu a wnaeth ganddo barablu yn iawn, mae fo yn
> gwridio, rhag ofn i gywilydd gwympo arno. Pa beth bynnag a
> wnelo, mae'r cwbl ynddo ac iddo ei hunan. *(YB,*12: *G.*1.137)

Fel y dywedodd George Puttenham yn ei astudiaeth o'r
defnydd a wnâi'r beirdd o rethreg: *'For the eare is properly
but an instrument of conveyance for the minde, to apprehend the
sense by the sound.'*[11] Ni ellir gwell enghraifft o'r modd y
medr awdur ddefnyddio'r glust fel cyfrwng i oleuo'r deall
na'r darn uchod o *Gwaedd yng Nghymru.*

Ar ddechrau'r llyfr ceir darn lle y gwelir un wedd ar
ryddiaith Morgan Llwyd ar ei gorau. Sylwer ar y modd y
mae'r awdur yn cynllunio dilyniant o frawddegau sy'n
ymchwyddo megis ton ar ôl ton, nes cyrraedd penllanw,
cyn i'r ddwy frawddeg olaf dreiddio i gilfachau'r meddwl:

> Mae dydd mawr yr Arglwydd yn chwilio ac yn profi pob
> meddwl dirgel; a llawer yn ceisio lle i ymguddio dan eu dail eu
> hunain, a than arffedogau yr hen *Adda;* mae'r rhai doethion
> yn amhwyllo, a'r cryfion yn crymu; mae'r ymadroddwyr yn
> llyncu eu geiriau, a'r rhai cyfrwys yn cnoi eu tafodau; mae
> cyfeillion annwyl yn cyhuddo ei gilydd, a phob dyn agos yn
> ymrannu ynddo ei hunan. Fe a darawyd y tai mawr â holltau,
> a'r tai bychain ag agennau. Mae'r hen eglwysydd yn cwympo,
> a'r rhai newyddion yn amharu; mae *Suddas* yn gwerthu ei
> feistr, a *Phedr* yn ei wadu; mae llawer wedi cychwyn o'r *Aifft,* ac
> ychydig yn cyrraedd *Canaan,* drwy fyned i mewn i'r porth
> cyfyng, eisiau bod yn blant digon bychain. Mae'r awron
> gyfrinach yr ystafell yn yr heolydd, a'r geiriau a ddywedwyd
> yn y glust a glywir ymysg pob math ar gyhoedd. Mae'r fath
> gynnwrf yn y bobloedd fel pe bai Tywysogion yr Awyr (*yr*

Angylion Drwg) wedi ymgasglu fel gwybed i'r rhan yma o'r byd, ac mae nerthoedd y tywyllwch yn daerach ac yn brysurach nag o'r blaen, am fod amser eu cynhaeaf hwynt yn fyr. Mae einioes ac amser pob dyn yn rhedeg fel gwennol gwehydd a'r byd mawr tragwyddol yn nesáu at bawb, ac atat tithau sydd yn darllen neu yn gwrando hyn. Am hynny mae hi yn llawn amser i ti i ddeffro o'th gwsg, ac i chwilio am y llwybr cyfyng, ac i adnabod y Gwirionedd, ac i'w ddilyn yn ofalus. (*YB*,7–8: *G*,1.128–9)

Yr hyn a rydd urddas Beiblaidd ar y darn cyfan hwn yw'r gyfres hir o frawddegau ac o gymalau ynddo sy'n gwrthbwyso'i gilydd. Er mwyn creu argraff o ddifrifwch mawr, mae Morgan Llwyd yn defnyddio'r math o *compar* a elwir yn *parison* yn yr iaith Roegaidd. Golyga'r ffigur hwn fod elfennau gramadegol dau gymal neu ddwy frawddeg olynol yn cyfateb. (e.e. 'Mae'r hen eglwysydd yn cwympo, a'r rhai newyddion yn amharu.') Ymhellach, defnyddir *repetitio* – sef y ffigur sy'n peri i gyfres o frawddegau gychwyn â'r un gair. Eto fyth, noder sut y mae'r cymalau a'r brawddegau sy'n gwrthbwyso hefyd yn cyd-fynd o ran ystyr (e.e. 'Mae'r rhai doethion yn amhwyllo, a'r cryfion yn crynu'), ac eithrio'r gwrthgyferbyniad pwysig ar ganol y darn: 'Mae llawer wedi cychwyn i'r *Aifft,* ac ychydig yn cyrraedd *Canaan* . . .' Ond yna, i gloi, ceir cadwyn o gymalau gyda chyfres o gysyllteiriau yn eu cydio ynghyd, ac y mae'r drefn newydd hon (*acervatio*) yn chwalu'r patrwm gosod o ddeuoedd gydag un uned yn gwrthbwyso'r llall ar hyd yr amser.

* * * *

Byddai'n hawdd codi nifer o esiamplau pellach o'r defnydd a wneir o ffigurau rhethreg yn *Gwaedd yng Nghymru.* Ond cyn gorffen, hwyrach y byddai'n well craffu ar enghreifftiau tebyg yn *Llyfr y Tri Aderyn,* rhag i neb feddwl mai dim ond pan y mae'n ymdebygu i bregethwr yn mynd i hwyl y mae Morgan Llwyd yn patrymu brawddegau yn gelfydd. Ac wrth sylwi'n fanwl ar rai o'r ffigurau hyn, sylweddolwn ar yr un pryd eu bod yn aml yn darlunio gweddau pwysig iawn ar ffydd Morgan Llwyd. Cymerer y darn hwn i ddechrau:

190

Er hynny, nid yw dyn ohono ei hun ond swp o wenwyn, a thelpyn o bridd, ac anifail brwnt, cysglyd, anneallus, neu welltyn glas yn gwywo, twr o esgyrn yn pydru. (*Ll*,60: *G*,1.218)

Yma mae cyfres o gysyllteiriau (*acervatio*) yn cydio nifer o gymalau byrion ynghyd, cymalau sy'n cynnig cipolygon gwahanol inni ar yr un testun (*conglobatio*), sef stad ysbrydol y dyn sydd heb ei achub. Felly, mae'r ffigurau yn arwyddo argyhoeddiad dyfnaf Morgan Llwyd, na all y dyn naturiol cnawdol, ceisied fel y mynno, fyth ddianc o gyrraedd llygredigaeth y natur ddynol. Mae wedi ei ddal yn rhwydwaith y pechodau sy'n plethu yn ei gilydd, fel yr awgryma Morgan Llwyd wrth restru nifer ohonynt, eithr gan hepgor cysyllteiriau (*articulus*): 'Canys lle y bo balchder mae ynfydrwydd, ewyllys-gryfder, anghofustra, creulondeb, drwglygad, cenfigen, ymrafael, anfodlonrwydd, gwaed, cynnen, malais, ymladd, gwagfost, dirmyg, anair, ymgystadlu, ac ymchwyddo ym mhob drygioni.' (*Ll*,60–1: *G*,1.218) Rhoddir yr argraff fod y cyfan yn un cymhlethdod ysbrydol arswydus y mae'n amhosibl i'r pechadur ymryddhau o'i afael, oni dderbynia ras Duw.

Un o hoff ddyfeisiau'r Golomen yn *Llyfr y Tri Aderyn* yw *disjunctio*, oherwydd galluoga'r ffigur hi i ddweud yr un peth drosodd a throsodd, tra'n amrywio'r pwyslais er mwyn ailgyfeirio'r neges sylfaenol: 'nid aur pob disglair, nid Gilead yw Effraim, nid Asdod yw Seion, ac nid gwiw nofio a boddi wrth y lan, nid gwell rhedeg a blino cyn diwedd. Nid nes dyn, er iddo gychwyn o'r Aifft a chael ei ladd yn y diffaethwch drwy anghrediniaeth.' (*Ll*,73: *G*,1,230) Hefyd mae'n ffordd iddi amlhau enghreifftiau er mwyn argyhoeddi'r Eryr mai'r un yw cyflwr y natur ddynol yn ddieithriad: 'Mae yn sicr efrau ymysg y gwenith, ac mae eto wlydd ymysg y llysiau, a Jwdas ymysg yr Apostolion, a nadroedd dwfr ymysg y pysgod' (*Ll*,72: *G*,1.229). Ffigur arall sy'n ymddangos yn aml yn y *Llyfr* yw *interjectio* – yr arfer o wneud sylwadau megis wrth fynd heibio, a'u gosod o fewn cromfachau. 'Cafwyd fi (medd y Goruchaf) gan y rhai ni'm ceisiasont' (*Ll*,77: *G*,1.234). 'Ac mae rhai eraill (druain) yn edrych am Dduw o hirbell' (*Ll*,70: *G*,1.227).

'Dyma gydwybod ledradaidd yn ceisio (pe bai bosibl) ddianc o'r tu cefn i Dduw allan o'i olwg.' (*Ll*,67: *G*,1.224) Sylwer na ddefnyddir y dechneg hon i'r un perwyl ym mhob achos, ond rhydd argraff gyson fod y Golomen yn siarad ar y pryd, yn ddifyfyr, ac felly bod ei geiriau yn codi'n syth o'r galon.

Serch hynny, gall y Golomen greu plethwaith geiriau go gymhleth ar brydiau. Defnyddir *commutatio* weithiau: 'Mae llawer cythrel nad â allan drwy ympryd a gweddi heb ffydd, na thrwy ffydd heb ympryd a gweddi.' (*Ll*,65: *G*,1.222) Dro arall ceir cyfres o frawddegau yn cychwyn â'r un gair ac yn gorffen bob un â'r un gair (*complexio*): 'Ac mae'n agos dro mawr ar dywydd: mae taranau ysbrydol, mae daeargrynfâu ysbrydol, mae lleisiau ysbrydol, mae cenllysg ysbrydol. Mae mellt ysbrydol. mae dreigiau ysbrydol, a barn ysbrydol' (*Ll*,65: *G*,1.222). Oni bai am yr ailadrodd byddai'r pwyslais yn disgyn ar yr ansoddair yn yr ymadroddion hyn. Ond yn yr achos hwn, ar yr enw sy'n newid y daw'r pwyslais, gan gyfleu lluosowgrwydd yr arwyddion arswydus. Dro arall ailadroddir un gair, eithr mewn moddau gwahanol (*adnominatio*): 'na ddiffodded mo'r golau sydd yn ei gydwybod, ond chwythed ef i oleuo, a dilyned oleuni Duw, a'r seren fore ynddo, ac fe a gyfyd yr haul yn ddisglair arno.' (*Ll*,64: *G*,1.221)

Dangoswyd eisoes sut y medr *parison* roddi urddas Beiblaidd ar ddarn o ryddiaith, ac yn wir mae'r ffigur hwn yn britho traethiad y Golomen. Ond 'does dim rhaid i gystrawen dwy frawddeg gyfateb i'r blewyn cyn y crëir argraff o gydbwysedd. Medrir rhoi'r argraff honno hefyd drwy sicrhau fod dwy frawddeg neu ddau gymal olynol yr un hyd (*isocolon*): 'Llawer a ddyweder ynghylch y cyfamod newydd, ac am hynny ni ddywedaf i ond hyn yr awron.' (*Ll*,83: *G*,1.240) Sylwer eto sut y defnyddir *isocolon* i gloi'r darn nesaf, ar ôl i'r awdur ddefnyddio *repetitio* a *parison* drwyddo:

Eryr: Ond pa fodd y caiff dyn adnabod dydd ei iechydwriaeth?
Colomen: Tra fo'r adar yn canu, tra fo'r felin yn troi, tra fo'r gwynt yn chwythu. Tra fo'r haearn yn dwymyn, tra fo'r awr

hon yn parhau. Tra fo'r meddwl yn ymgeisio, tra fo'r gydwybod yn rhybuddio. Cyn diffyg yr anadl, cyn cau porth y ddinas, cyn hedeg o'r enaid, cyn torri o'r edau, cyn cwympo'r pren. Cyn caledu'r ewyllys, cyn serio'r gydwybod, cyn diffodd y gannwyll. Cyn pasio y farn, cyn i heddiw ddarfod. Cyn i'r munud yma fyned heibio. Dychwelwch, O blant dynion. Pa hyd yr oedwch gymryd bywyd? (*Ll*,77: *G*,1.234)

Afraid dweud nad yw'r Golomen yn defnyddio rhethreg yn fwriadus. Lladmerydd byd yr ysbryd yw hi, ac ar brydiau hi, yn wir, yw llais yr Ysbryd Glân. Nid yw awdur *Llyfr y Tri Aderyn* yntau'n defnyddio rhethreg yn fwriadus ychwaith. Wrth sôn am y cysylltiadau rhwng Morgan Llwyd a mudiad y Crynwyr, ceisiwyd dangos ei fod ef yn rhannu cred y radicaliaid bod yn rhaid ymroi i gyfarwydd-yd yr Ysbryd, gan ollwng heibio bob medr dynol. Serch hynny, fel y gwelwyd yn y bennod hon, yr oedd yr hyfforddiant cynnar a gafodd wedi gwneud patrymwr geiriau greddfol ohono, a phan aeth ati i gyhoeddi gwirioneddau'r Efengyl, manteisiai'n gyson, eithr yn ddiarwybod iddo ef ei hun, ar dechnegau yr oedd wedi ei drwytho ynddynt pan oedd yn fachgen. Priodol felly yw synied amdano fel awdur a oedd yn feistr ar gyfrwng mynegiant go arbennig, sef rhethreg gysegredig byd yr ysbryd.

---

[1] Daw'r termau rhethregol a ddefnyddir yn yr ysgrif hon i gyd o lyfr Lee A. Sonnino, *A Handbook to Sixteenth Century Rhetoric* (Llundain, 1968). Defnyddir yr enwau Lladin, ac eithrio yn achos *parison* ac *isocolon*. Yr enwau Groegaidd yw'r rhain, am nad oes termau Lladin hwylus sy'n cyfateb iddynt.

[2] Gw. A. H. Dodd, gol., *A History of Wrexham* (Wrexham, 1957), 47. Hefyd gw. A. N. Palmer, *History of the Town of Wrexham* (Wrexham, 1893); Charles Dodd, *Wrexham Schools and Scholars* (Wrexham 1924); a L. S. Knight, *Welsh Independent Grammar Schools in 1600* (Y Drenewydd, 1926).

[3] Daw'r wybodaeth ganlynol am waith ysgol cyfnod y Dadeni yn bennaf o lyfr Brian Vickers, *Classical Rhetoric in English Poetry* (Llundain, 1970), 46–54. Ymhellach, gw. T. W. Baldwin, *William Shakespere's Small Latine and Lesse Greeke*, 2 gyfrol,

(Urbana, 1944), a M. L. Clarke, *Classical Education in Britain* (Caergrawnt, 1959).

4 Gw. Sister Miriam Joseph, *Shakespeare's Use of the Arts of Language* (Efrog Newydd, 1947), a Brian Vickers, 'Shakespeare's Use of Rhetoric', yn *A New Companion to Shakespeare Studies*, gol., Kenneth Muir and S. Schoenbaum (Caergrawnt, 1971), 83–98.

5 Vickers, 'Shakespeare's Use of Rhetoric', 86. Cyfieithwyd y dyfyniad gan awdur y gyfrol hon.

6 Dyfynnir gan Vickers, 90.

7 *Ibid.*, 91.

8 W. F. Mitchell, *English Pulpit Oratory from Andrewes to Tillotson* (Efrog Newydd, 1932).

9 Ceir astudiaethau cynhwysfawr o rethreg yn y llyfrau canlynol: Brian Vickers, *In Defence of Rhetoric* (Rhydychen, 1988); Peter Dixon, *Rhetoric* (Llundain, 1971); Wilbur S. Howell, *Logic and Rhetoric in England, 1500–1700* (Princeton, 1956). Bu sawl astudiaeth hefyd o'r llyfrau rhethreg a baratowyd yn y Gymraeg: G. J. Williams, gol., *Gramadeg Cymraeg gan Gruffydd Robert* (Caerdydd, 1939); W. Alun Mathias, 'Llyfr Rhetoreg William Salesbury', *Llên Cymru*, I, 259–68, a *Llên Cymru*, II, 71–81; Bedwyr Lewis Jones, 'Sion ap Hywel ab Owain a'r *Rhetorica ad Herennium* yn Gymraeg', *Llên Cymru*, VI, 208–16.

10 Am drafodaeth fywiog a threiddgar ar grefft rhethreg yn ystyr ehangaf y gair, gw. Kenneth Burke, *The Rhetoric of Religion* (Boston, 1969).

11 Dyfynnir yn Vickers, *Classical Rhetoric*, 113.

Mynegai

195